Märchen von der Luft Im Märchen ist die Luft alles andere als ein leerer Raum! In zahllosen Märchen spielen Luftgeister (Wetterhexen, das »Wilde Heer«) eine wichtige Rolle, die vier Winde entfalten ihre wirkungsvolle Kraft. Schwanenjungfrauen verwandeln sich von Menschen in Wesen mit einem Federkleid, Vögel sind Boten zwischen Himmel und Erde. Der Menschheitstraum vom Fliegen gehört in diesen Zusammenhang, und in mythennahen Märchen spielt die »Luft« auch als schöpferisches Urelement eine zentrale Rolle.
Über zwei Jahrtausende, von den antiken Philosophen bis zum Zeitalter der Aufklärung, hat die sogenannte Elementenlehre das Bild der Menschen vom Aufbau der Welt geprägt. Man stellte sich vor, daß die gesamte belebte und unbelebte Welt aus den vier Grundelementen Wasser, Erde, Feuer, Luft zusammengesetzt und von ihnen durchzogen ist. Im mythischen Denken wurden diese mit Wesen und Kräften verbunden, die uns als Märchenfiguren noch heute geläufig sind.
Mit dem Erscheinen dieses Bandes ist der kleine Zyklus über die Urelemente innerhalb der Märchenreihe des Fischer Taschenbuch Verlages abgeschlossen: »Märchen vom Wasser« (Bd. 12810), »Märchen von der Erde« (Bd. 13675), »Märchen vom Feuer« (Bd. 13183), »Märchen von der Luft« (Bd. 14129). Dieses nicht nur für Märchenliebhaber, sondern auch für kulturhistorisch interessierte Leser äußerst reizvolle Thema mit seinen vielfältigen Facetten und den zahlreichen Bezügen zur Mythologie wird in diesen vier Bänden von der Herausgeberin Barbara Stamer kenntnisreich und umfassend ausgebreitet.

Barbara Stamer, 1945 in Korntal bei Stuttgart geboren, studierte an der Universität Tübingen Germanistik und Anglistik. Nach einem Aufenthalt in England und in den USA trat sie in den höheren Schuldienst ein und ist heute Gymnasialrätin. Sie lebt mit ihrer Familie bei Tübingen. In der Reihe »Märchen der Welt« im Fischer Taschenbuch Verlag ist von ihr außer den oben genannten Bänden über die Urelemente *Wasser, Erde, Feuer* und *Luft* der Band »Märchen von Katzen« (Bd. 12546) erschienen.

Märchen von der Luft

Herausgegeben und mit einem
Nachwort von Barbara Stamer

Mit Originalscherenschnitten
von Hedwig Goller

Fischer
Taschenbuch
Verlag

Originalausgabe
Veröffentlicht im Fischer Taschenbuch Verlag GmbH,
Frankfurt am Main, August 1998

Umschlaggestaltung: Thomas & Thomas Design, Heidesheim
Satz: Fotosatz Otto Gutfreund GmbH, Darmstadt
Druck und Bindung: Clausen & Bosse, Leck
Printed in Germany
ISBN 3-596-14129-X

Für Uwe und Carmen

Inhalt

Luft als schöpferisches Lebenselement

Eurynome und der Nordwind Boreas 11
Die Nacht, das Ei und der Eros 13
Leda, die Schwänin 15
Der Fischer und die Urme 17
Ilmatar, die Jungfrau der Lüfte 21

Vögel als Boten zwischen Himmel und Erde

Die Schwanenfrau 29
Die weißen Vögel vom Arpsee 34
Das Schloß unten im See 37
Der schönste Vogel und die lieblichste Frau 39
Warum Adler nie sterben 46
Der Adler, der Ochsen verschlang 47
Die Geburt des Gilgamesch 57
Die Krähen 58
Tulungersaq oder Vater Rabe 62
Der weiße Falke 68

Luftgeister

Der Wilde Jäger 75
Fru Gauden oder Goden 77
Das Wilde Heer 81

Das Mutesheer 82
Der Hexenflug 83
Hexentanzplätze 87
Die Hexe vom Brigittenschloß 89
Die Flugbahn der Toten 91

Der Menschheitstraum vom Fliegen

Der fliegende Koffer 95
Dädalos und Ikaros 102
Das hölzerne Pferd 107
Wie Doktor Faustus in das Gestirn hinaufgefahren 110
Der geschnitzte Vogel 115
Die Schwanfrau als Stammutter der burjatischen Schamanen 122
Wie die Rabenkinder zu Schamanen wurden 126

Die vier Winde

Odysseus beim Windgott Äolos 131
Sonne, Mond und Wind 134
Der Schiffer und Herr Urian 137
Die drei Winde 139
Der Herr der Winde 144
Das Geschenk des Windes 154
Der Windmann, die Windfrau und die Wolkenfrau 158

Nachwort 160
Quellenverzeichnis 186
Literaturhinweise 189

Luft als schöpferisches Lebenselement

Die schöpferische Verbindung der Urelemente Wasser und Luft (Geist/Wind) steht im Mittelpunkt vieler Weltentstehungsmythen. Der erste Gesang des finnischen Epos »Kalevala« geht auf ein altes Weltentstehungslied zurück, in dem viele Mythologeme verschmelzen: der Mythos von dem Vogel der Lüfte und dem Urei, der jungfräulichen Wassermutter, die den ersten Helden gebiert, und der schwimmenden Insel beziehungsweise dem Urhügel im Meer.

H
G

Eurynome und der Nordwind Boreas

Am Anfang war Eurynome, die Göttin aller Dinge. Nackt erhob sie sich aus dem Chaos. Aber sie fand nichts Festes, darauf sie ihre Füße setzen konnte. Sie trennte daher das Meer vom Himmel und tanzte einsam auf seinen Wellen. Sie tanzte gen Süden; und der Wind, der sich hinter ihr erhob, schien etwas Neues und Eigenes zu sein, mit dem das Werk der Schöpfung beginnen konnte. Sie wandte sich um und erfaßte diesen Nordwind und rieb ihn zwischen ihren Händen. Und, siehe da! Es war Ophion, die große Schlange. Eurynome tanzte, um sich zu erwärmen, wild und immer wilder, bis Ophion, lüstern geworden, sich um ihre göttlichen Glieder schlang und sich mit ihr paarte. So ward Eurynome vom Nordwind, der auch Boreas genannt wird, schwanger. Dies ist der Grund, warum Stuten oft ihr Hinterteil dem Winde entgegenhalten und trächtig werden ohne Hilfe eines Hengstes.

Dann nahm Eurynome die Gestalt einer Taube an, ließ sich auf den Wellen nieder und legte zu ihrer Zeit das Weltei. Auf ihr Geheiß wand sich Ophion siebenmal um dieses Ei, bis es ausgebrütet war und aufsprang. Aus ihm fielen all die Dinge, die da sind: Sonne, Mond, Planeten, Sterne, die Erde mit ihren Bergen und Flüssen, ihren Bäumen, Kräutern und lebenden Wesen.

Eurynome und Ophion schlugen ihr Heim auf dem Berge Olympos auf. Hier rief er ihren Unwillen hervor, weil er behauptete, der Schöpfer der Welt zu sein. In ihrem Zorn trat sie ihm mit der Ferse auf den Kopf, schlug ihm dabei die Zähne aus und verbannte ihn in die dunklen Höhlen unter der Erde.

[Pelasgischer Schöpfungsmythos]

Die Nacht, das Ei und der Eros

Eine andere Erzählung vom Anfang der Dinge war lange in heiligen Schriften überliefert, die die Anhänger und Verehrer des Sängers Orpheus bewahrten, blieb aber zuletzt doch nur durch einen Komödiendichter und in Anspielungen von Philosophen erhalten. Man erzählte sie ursprünglich eher unter Jägern und Waldbewohnern als bei den Menschen am Meere.

Am Anfang war die Nacht – so begann diese Geschichte. In unserer Sprache hieß die Nacht Nyx, eine der größten Göttinnen auch für Homer, vor der selbst Zeus eine heilige Furcht empfand. Nach dieser Erzählung war sie ein Vogel mit schwarzen Flügeln. Befruchtet vom Wind legte die Urnacht ihr silbernes Ei in den Riesenschoß der Dunkelheit. Aus dem Ei trat der Sohn des wehenden Windes, ein Gott mit goldenen Flügeln, hervor. Er wird Eros, der Liebesgott, genannt; das ist aber nur *ein* Name, der lieblichste unter allen Namen, die dieser Gott trug. Die übrigen Namen, die wir noch kennen, klingen sehr gelehrt, aber auch sie drücken nur einzelne Begebenheiten dieser alten Erzählung aus.

Heißt der Gott Protogonos, so will das sagen, daß dieser Gott der »Erstgeborene« unter allen Göttern war. Heißt er Phanes, so drückt dieser Name genau das aus, was der aus dem Ei soeben Geborene alsbald tat: Er zeigte und brachte alles ans Licht, was bis dahin im silbernen Ei verborgen lag. Und das war die ganze Welt. Oben ein Hohlraum: der Himmel. Unten: das Andere. In unserer alten Sprache gibt es ein Wort für den hohlen Raum, das eigentlich nur soviel bedeutet, daß es »gähnt«: Es ist das Wort Chaos. Für ein Gemisch, ein Durcheinander, gab es ursprünglich nicht einmal dieses Wort, das erst später, nach der Einführung der Lehre von den vier Elementen, die heute geläufige Bedeutung erhielt. So war auch das »Andere«, unten im Ei, kein unnatürliches Gemisch. Man erzählte diese Geschichte auch so, daß unten im Ei die Erde war und Himmel und Erde sich begatteten. Das war die Wirkung des Gottes, der beide ans Licht brachte und dann zur Vermischung zwang, des Eros. Sie zeugten das Geschwisterpaar Okeanos und Tethys. Die alte Erzählung in unserem meerumflossenen Lande ging aber wahrscheinlich so weiter, daß sich ursprünglich Okeanos unten im Ei befand, doch nicht allein, sondern mit Tethys, und sie empfanden als erste die Wirkung des Eros. Wie es in einem Gedicht des Orpheus hieß: »Okeanos war der erste, der schön fließende, der mit der Begattung begann: Er nahm die Schwester von derselben Mutter, die Tethys, zur Frau.« Die gemeinsame Mutter aber war jene, die das silberne Ei gelegt hatte: die Nacht.

[Griechischer Mythos]

Leda, die Schwänin

Als Zeus der Nemesis lüstern nachstellte, floh sie vor ihm ins Wasser und wurde zu einem Fisch. Schnell verwandelte er sich in einen Biber und sprang ihr nach. Nemesis rettete sich ans Ufer und verwandelte sich in ein wildes Tier, konnte aber ihren Verfolger nicht abschrecken, weil dieser die Gestalt eines noch wilderen und schnelleren Tieres annahm. Zu guter Letzt versuchte sie, als Wildgans in die Luft zu entkommen. Zeus verwandelte sich in einen Schwan und bemächtigte sich ihrer triumphierend zu Rhamnos in Attika. Ergeben schüttelte Nemesis ihr Gefieder und zog sich nach Sparta zurück. Dort, in den Marschen, fand eines Tages Leda, Gemahlin des Königs Tyndareos, ein hyazinthenfarbenes Ei. Sie brachte es in ihr Haus und verbarg es in einer Truhe. Nach einiger Zeit schlüpfte daraus Helena von Troia. Nach einer anderen Version soll dieses Ei vom Mond herabgefallen sein, gleich dem, das die Babylonier im Euphrat gefunden hatten. Letzteres war von Fischen an die Küste gebracht und dort von Tauben ausgebrütet worden. Aus dem aufbrechenden Ei trat die syrische Göttin der Liebe.

Nach einer weiteren Lesart soll Zeus sich in Gestalt eines Schwanes, der vorgab, von einem Adler verfolgt zu werden, in den Schutz der Nemesis geflüchtet und sie vergewaltigt haben. Die Geschändete legte im Laufe der Zeit ein Ei, welches Hermes zwischen die gespreizten Schenkel der Leda warf. So wurde Leda die Mutter der Helena. Zur Erinnerung an sein Gaunerstückchen setzte Zeus die Sternbilder des Schwanes und des Adlers an den Himmel.

In der am meisten verbreiteten Sage hat Leda selbst am Ufer des Flusses Eurotas den Gott in der Gestalt eines Schwanes empfangen. Die Frucht dieser Vereinigung war ein Ei, dem Helena, Kastor und Polydeukes entsprangen. Leda wurde als Nemesis unter die Götter aufgenommen.

[Griechischer Mythos]

Der Fischer und die Urme

Es war einmal ein junger Fischer, der beschloß, in die Welt zu ziehen und sein Glück zu versuchen. Er nahm ein Stück Brot und Speck in den Sack und machte sich auf den Weg. Als er in einen Wald kam, setzte er sich nieder und aß vom Speck und Brot. Da kam ein schöner Jüngling zu ihm und sprach: »Freund, habe die Güte und gib mir auch etwas von deinem Vorrat. Ich bin müde und will hier im Wald ein wenig rasten.« Der Fischer gab ihm ein Stückchen Speck und Brot, und als der Jüngling gegessen hatte, sprach er: »Ich danke dir gar schön! Wenn du meine Hilfe benötigst, so blase nur dreimal in diese eiserne Flöte, und ich werde gleich erscheinen. Ich bin der König der Winde!« Er gab hierauf dem Fischer eine eiserne Flöte und verschwand in der Luft.

Gegen Abend kam unser Fischer an einen großen See, setzte sich und aß wieder von seinem Vorrat. Da kam ein wunderschöner Jüngling in strahlendem Gewand, setzte sich zu ihm und sprach: »Ich bin heute durch die ganze Welt gewandert und habe vergessen, etwas zu essen. Sei so gut und gib mir etwas von deinem Vorrat.« Der Fischer gab ihm bereitwillig ein Stück Brot und Speck, und als der Jüngling gegessen hatte, gab er ihm eine goldene Flöte und sprach: »Wenn du meine Hilfe benötigst, so blase dreimal in diese Flöte, und ich werde erscheinen. Ich bin der König der Sonne.« Darauf verschwand der Jüngling, und es begann Abend zu werden; der Fischer streckte sich unter einem Baum aus und schlief ein.

Kaum daß er eingeschlafen, wurde er durch ein Geräusch

aufgeweckt und sah einen Jüngling in silbernem Gewand vor sich stehen. Der Jüngling sprach: »Gib mir etwas zu essen, denn ich habe einen langen Weg vor mir und finde hier weit und breit keinen Bissen Brot.« Der Fischer gab ihm Brot und Speck, und als der Jüngling gegessen hatte, gab er ihm eine silberne Flöte und sprach: »Wenn du meine Hilfe benötigst, so blase dreimal in diese Flöte, und ich werde erscheinen. Ich bin der König des Mondes.« Darauf entfernte sich der Jüngling.

Inzwischen wurde es Mitternacht, und der Fischer stand auf und setzte sich am Ufer des Sees nieder. Lange sah er dem Spielen der Fische zu, als sich ihm eine wunderschöne Jungfrau näherte. »Was suchst du denn in dieser Gegend, wohin sich kein Mensch verirrt?« fragte ihn die Jungfrau.

»Ich bin ein armer Fischer, der in die Welt zieht, um sein Glück zu finden«, antwortete der Jüngling. Sie sprachen noch viel und verliebten sich so sehr ineinander, daß die Jungfrau dem Fischer in der Frühe, als die Hähne zu krähen begannen, sagte: »Geliebter! Ich bin eine gute Urme und will dich in mein Haus führen; dort sollen wir glücklich und zufrieden miteinander leben, aber du sollst mich in der Nacht dahin gehen lassen, wohin ich will, und es ja nicht versuchen, mich zu belauschen, wohin ich gehe!« Der Jüngling willigte ein und wurde nun von der Urme in ihr schönes Schloß geführt, wo sie lange Zeit hindurch in Glück und Zufriedenheit miteinander lebten.

Einmal konnte der Fischer in der Nacht nicht schlafen; der Mond schien hell, und er blickte zum Fenster hinaus. Da sah er seine Frau, in prachtvollen Kleidern angezogen, sich aus dem Haus entfernen. Rasch folgte er ihr nach und vergaß sein Versprechen. Er sah seine Frau sich auf einen Stein setzen und ihre Brüste entblößen. Drauf flog ein riesiger Vogel durch die Luft, ließ sich vor der Urme nieder und begann an ihren Brüsten zu saugen. Da sprang der Fischer aus seinem Versteck hervor, um den Vogel zu vertreiben, doch dieser erfaßte die Frau und flog mit ihr von dannen.

Der Fischer ging nach Hause, in die Wohnung der Urme, und wartete auf die Rückkunft seiner Frau; doch vergebens, und als ihn das Warten verdroß, entschloß er sich, seine Gattin aufzusuchen und sei sie auch an das Ende der Welt gezogen. Nachdem er lange Zeit hindurch vergeblich in der Welt herumgewandert war, dachte er an seine drei Flöten, nahm die eiserne hervor und blies dreimal hinein.

Da erhob sich in der Luft ein Sausen und Brausen, ein starker Wind stürmte heran, und der König der Winde erschien vor dem Fischer. Er wußte schon sein Begehr und sagte: »Ich weiß nicht, wo deine Frau sich befindet. Du mußt den König des Mondes fragen.« Darauf verschwand er, und der Fischer blies dreimal in die silberne Flöte.

Da erschien der König des Mondes und sagte: »Ich habe deine Frau zum letztenmal gesehen, als du dein Versprechen brachst und sie belauscht hast. Du mußt den König der Sonne fragen.«

Als sich der König des Mondes entfernt hatte, blies der Fischer dreimal in die goldene Flöte. Da erschien der König der Sonne und sagte: »Weiß schon, was du willst. Deine Frau hält der Vogel Tscharana gefangen und saugt jede Nacht an ihrer Brust, denn sonst muß er sterben. Ich will dich hinführen.«

Und er führte den Fischer auf einen hohen Berg und sprach: »Dort in der eisernen Burg wohnt der Vogel Tscharana. Wie ich soeben sehe, ist deine Frau an siebenfache Ketten geschmiedet. Rufe meinen Bruder, den König der Winde, zu Hilfe. Ich will so heiß auf die Ketten scheinen, daß sie schmelzen, und mein Bruder, der König der Winde, soll kühl blasen, damit deine Frau nicht verbrennt.«

Der Fischer blies in die eiserne Flöte, und heran brauste der König der Winde. Da begann der König der Sonne so heiß zu scheinen, daß die Ketten von den Händen und Füßen der Urme schmolzen, und der König der Winde blies inzwischen eiskalt; so geschah's, daß die schöne Frau weder verbrannte noch erfror. Als der Fischer in die Burg gehen wollte, war auch die schon geschmolzen, und seine Frau lief ihm entgegen und sagte: »O weh! Warum hast du mich belauscht? Was nützt es, daß ich jetzt frei bin? In einer Stunde kommt der Vogel Tscharana nach Hause und wird uns gar bald einholen, denn er fliegt wie der Wind.« Da sprach der König der Winde: »Ich werde alle meine Winde blasen lassen und euch von dannen führen. Doch mußt du auch den König des Mondes bitten, daß er uns hilft und euch seinen Mantel leiht, der euch durch die Lüfte tragen soll.« Da blies der Fischer in die silberne Flöte, und der König des Mondes brachte seinen Mantel.

Der Fischer setzte sich mit der Urme auf den Mantel; darauf erhoben sie sich in die Luft und wurden von den Winden in rasender Eile weitergeführt. Am Tage leuchtete ihnen der König der Sonne, in der Nacht der König des Mondes, und vom Vogel Tscharana verfolgt, wurden sie von den Winden neunmal um die Erde geführt, und als der nächste Tag anbrach, starb der Vogel Tscharana, denn er hatte in der vergangenen Nacht nicht an den Brüsten der Urme gesaugt, die nun mit ihrem Gatten in das Schloß heimkehrte, wo sie lange Zeit in Glück und Zufriedenheit lebten, und weil sie eben gestern gestorben sind, so endigt auch mein Märchen.

[Märchen der Sinti und Roma]

Ilmatar, die Jungfrau der Lüfte

So hab ich es sagen hören, so den Sang einst selbst erfahren:
Einsam nahen uns die Nächte, einsam dämmern auf die Tage,
Einsam wurde Väinämöinen, einsam ward der Urzeitsänger
Aus dem Wesen, das ihn austrug, Ilmatar, der teuren Mutter.

Jungfrau war der Lüfte Tochter, dieses schöne Schöpfungswesen,
Lange lebte sie in Reinheit, allezeit in Unberührtheit
In dem langen Luftgehöfte, auf den ebnen Luftgefilden.

Leidig ward sie ihres Lebens, ihres Daseins überdrüssig,
Immer einsam nur zu weilen, jungfräulich dahinzuleben
In dem langen Luftgehöfte, in der unermeßnen Öde.

Sieh, da steigt sie schon hernieder, senkt sich auf die Wasserwogen,
Auf den offnen Meeresrücken, auf die weite Wasserfläche;
Plötzlich kam ein wilder Windstoß, aus dem Osten böses Wetter,
Hob sie auf die Meeresbrandung, warf sie auf die wilden Wogen.

Wind trieb hin und her die Jungfrau, Meereswoge wiegt' das Mädchen
Auf dem blauen offnen Wasser, auf den weißgekrönten Wellen:

Schwanger wehte sie der Windstoß, schwellen ließ den
Leib die Woge.

Ihres Schoßes Schwere schleppt sie, ihres Bauches volle
Bürde
Siebenhundert lange Jahre, über neun der Mannesalter,
Und es kommt nicht zum Gebären, zeigt sich nicht das
Ungezeugte.

Wassermutter war das Mädchen, schwamm im Osten,
schwamm im Westen,
Schwamm im Nordwest, auch im Süden, schwamm an alle
Himmelsränder
In der Pein der Feuerwehen, in dem schlimmen Schmerz
des Schoßes,
Und es kommt nicht zum Gebären, zeigt sich nicht das
Ungezeugte.

Da begann sie leis zu weinen, sagte so, sprach solche
Worte:
›Ach ich Arme all mein Lebtag, Dauernswerte all mein
Dasein,
Schon ist dieses mir beschieden: Ewig unter freiem
Himmel,
Hin und her gewiegt vom Winde, von den Wogen auch
geworfen
Auf den unbegrenzten Fluten, auf der weiten Wogenfläche.

Besser wär es mir gewesen, lebt' ich als der Lüfte Jungfrau,
Statt daß ich zu dieser Stunde mich als Wassermutter
wälze:
Bitter kalt ists hier zu bleiben, traurig ist es, hier zu trei-
ben,
Auf den Wogen hier zu wohnen, mich im Wasser zu
bewegen.

Ukko du, o Herr der Höhe, der du trägst den ganzen Luftraum,
Komm herbei, weil ich dich brauche, komm hierher, weil ich dich rufe,
Lös das Mädchen aus der Marter, lös das Weib aus Leibeswehen,
Mach nur schnell und lauf geschwinde, schneller noch bedarf ich deiner!‹

Wenig Zeit nur war verstrichen, eine kleine Frist verflossen,
Da kam eine Tauchérente, schwang sich her in schnellem Fluge,
Sich fürs Nest die Stelle suchend, einen Ort zur Wohnstatt wählend.

Flog nach Osten, flog nach Westen, flog nach Nordwest, auch nach Süden,
Konnte keine Stelle finden, nicht die allerschlimmste Stätte,
Um ihr Nest dort einzurichten, ihren Aufenthalt zu nehmen.

Langsam schwebt sie, weithin schweifend, überdenkt und überlegt es:
›Bau ich in den Wind die Wohnung, auf die Wogen meine Wohnstatt,
Wird der Wind das Haus zerstören, wird die Welle es entführen.‹

Da erhob die Wassermutter, Wassermutter, Maid der Lüfte,
Schon ihr Knie aus Meereswogen, ihre Schulter aus der Welle
Als ein Nistort für die Ente, als ein sehr erwünschter Wohnplatz.

Dieser schöne Entenvogel schwebt nun langsam, weithin schweifend,
Merkt das Knie der Wassermutter auf dem blauen, offnen Wasser,
Hälts für einen Gräserhügel, eine frische Rasenbülte.

Er fliegt langsam, gleitet leise, auf das Knie läßt er sich sinken,
Darauf baut er seinen Brutplatz, legt dort seine goldnen Eier,
Legt sechs Eier ganz von Golde, doch das siebte ist aus Eisen.

Fängt die Eier an zu brüten, Kniees Wölbung zu erwärmen;
Brütet einen Tag, den andern, brütet auch am dritten Tage:
Schon verspürt die Wassermutter, Wassermutter, Maid der Lüfte,
Eine große Glut entstehen, spürt die Haut sich stark erhitzen,
Fühlt ihr Knie schon fast verbrennen, alle ihre Adern schmelzen.

Jäh ließ sie ihr Knie erzittern, schüttelte sogleich die Glieder;
In die Flut entflohn die Eier, rollten in des Meeres Wogen,
Es zerbrachen alle Eier, splitterten in viele Stücke.

Nicht verschlingt der Schlick die Eier, nicht verschluckt die See die Stücke;
Sie verwandeln sich zum Guten, schön gestaltet alle Stücke:
Aus des Eies untrer Hälfte wird die Mutter Erde unten,
Aus des Eies obrer Hälfte wird der hohe Himmel oben;

Aus dem obren Teil des Gelbeis wird die Sonne weithin strahlend,
Aus dem obren Teil des Weißeis wird der Mond mit mildem Glanze;
Was gesprenkelt in dem Ei ist, wird zu Sternen hoch am Himmel,
Das, was dunkel in dem Ei ist, wird zu Wolken in den Lüften.

[Auszug aus: »Kalevala«, Finnisches Epos]

Vögel als Boten zwischen Himmel und Erde

Vögel galten in allen großen Kulturen als Urbilder des Göttlichen. In Märchen und Mythen legt der Mensch seine Erdenschwere ab und schwingt sich in Vogelgestalt hinauf in den Himmel. Der königliche Adler, der schwarze Rabe, der kluge Falke, die sanfte Taube und insbesondere der majestätische Schwan sind Sinnbilder für diese Metamorphose zwischen Tier und Mensch. Der Mythos von der Schwanenjungfrau, die ihr Schwanenkleid ablegt, um einen menschlichen Gemahl zu ehelichen, ist auf der ganzen Welt verbreitet.

Die Schwanenfrau

Eine arme Frau hatte einen Sohn, der war nun groß und stark und wollte in die Fremde gehen, um etwas zu verdienen. Er verdingte sich bei einem Herrn auf ein Jahr und sollte dessen Schafe hüten. Als er einmal zur Zeit der Ernte auf dem Feld war, sah er einen schönen weißen Vogel im Kornfeld. Er lief hin, um ihn zu fangen, der Vogel aber erhob sich langsam und flog in einen Wald. Der Junge lief ihm immer nach, doch es war vergeblich, er konnte ihn nicht erreichen. Er wollte umkehren, aber er wußte sich aus dem Wald nicht mehr herauszufinden. Schon fing es an dunkel zu werden, da sah er in der Ferne ein Licht. Er ging darauf zu und kam in ein Schloß. Da saß ein alter Mann am Feuer und kochte sich eine Suppe. Der Junge bat um Herberge und erzählte dem Alten, wie er in den Wald gekommen war. »Wenn du mir ein Jahr treu dienst, so will ich dir zu dem Vogel verhelfen!« Der Junge willigte gern ein, um den Vogel zu bekommen.

Am folgenden Morgen sprach der Alte: »Jetzt gehe ich aus und kehre nur spät abends heim. Sorge du hier. Da hast du alle Schlüssel, in jedes Zimmer darfst du gehen, nur in das letzte nicht!« Der Junge befolgte genau das Gebot, und als der alte Mann abends heimkehrte, war er mit ihm zufrieden. So geschah es auch den andern und alle folgenden Tage, daß der Alte ausging und dem Jungen denselben Auftrag machte. Lange Zeit dachte der Junge nicht einmal an das verbotene Zimmer. Aber in der letzten Woche des Jahres wurde er doch neugierig. »Du bist ein ganzes Jahr hiergewesen und ziehst nun bald von dannen und sollst nicht wissen, was für Schätze dort sind«, sprach er bei sich, und es ließ ihm keine Ruhe. Am letzten Tag ging er bis zur Tür und wollte auch nicht. Schließlich steckte er den Schlüssel ins Schloß und öffnete.

Da war ein großer Saal und in der Mitte ein blauer Teich und darüber der freie Himmel. Im Teich aber waren drei wunderschöne Schwanenjungfrauen, die badeten. Kaum hatten sie den Jungen erblickt, husch, flogen sie alle drei als weiße Schwäne auf und fort. Voll Angst kehrte der Junge zurück und hatte keine Ruhe. Als der alte Mann heimkam, fiel der Junge gleich vor ihm nieder und sprach: »Herr, strafe mich, ich habe dein Gebot übertreten!«

Der Alte sagte freundlich: »Weil du deinen Fehler gestanden hast und bereust, will ich dir verzeihen; aber du mußt jetzt noch ein Jahr treu dienen, willst du den Vogel haben.«

Da fiel es dem Jungen wie ein Stein vom Herzen; gern willigte er ein, und von nun an hatte die Neugierde keine Gewalt mehr über ihn.

Als das Jahr vergangen war, trat der Alte zu ihm und sprach: »Jetzt folge mir!« Er führte ihn in das verbotene Zimmer, da waren die drei wunderschönen Jungfrauen und badeten. Alsbald aber verwandelten sie sich in weiße Schwäne, hoben sich aufwärts und flogen fort.

Der alte Mann fragte den Jungen, welche ihm am besten gefallen habe. »Die Jüngste!« sprach er. »Wohlan, so gehe heute abend in jenes Zimmer; da findest du unter dem Bett drei Schachteln. Bringe die, welche in der Ecke liegt, dann zu mir.« Der Junge konnte den Abend kaum erwarten, eilte dann hin und brachte sie.

»So nimm jetzt diese Schachtel und gehe damit nach Hause, die auserwählte Jungfrau wird dir auf dem Fuße folgen. Aber sieh ja nicht hinter dich, bis du zu Hause angelangt bist. Dann magst du mit der Jungfrau bei deiner Mutter Hochzeit halten, aber hüte die Schachtel wie

deinen Augapfel und unterstehe dich nicht, sie deiner Braut zu geben, wie sehr sie dich auch bittet, sonst verlierst du sie auf immer!« Der Junge versprach, alles so zu machen. Das erste wurde ihm leicht. Er sah nicht zurück, obgleich er gern gewollt hätte; denn er hatte ja für die Neugierde schwer gebüßt, und daran dachte er jetzt.
Als er endlich daheim bei seiner Mutter war, wandte er sich rasch um, erblickte die Jungfrau, fiel ihr um den Hals und küßte sie. Sie hatte ein schneeweißes Kleid an und war schön wie der heitere Tag, und der Junge konnte sich nicht sattsehen an ihr. Da wurde die Verlobung gehalten, und der Junge war ganz selig, aber die Jungfrau war traurig und niedergeschlagen. Der Junge gab sich alle erdenkliche Mühe, sie zu erheitern. »Oh, was gäbe ich nicht dafür, wenn ich dich jetzt fröhlich sähe!« sprach er zuletzt.
»So gib mir meine schönen Kleider, die in der Schachtel sind!«
Da wurde der Junge bleich vor Schrecken; wie hatte er so unbesonnen und töricht versprochen, was zu seinem Unglück führen sollte. Er zögerte lange, lange. Endlich siegte die Treue und übergroße Liebe zu seiner Braut. Er überredete und tröstete sich auch: »Das wird doch nicht gleich ihr Tod sein!« sprach er bei sich. »Und fort soll sie mir auch nicht können«, denn er verschloß vorsichtig alle Türen und Fenster. Kaum hatte er die Schachtel geöffnet und sie das Kleid hastig ergriffen und übergeworfen, so war sie sogleich ein Schwan und flog durch den Ofen zum Schornstein hinaus.
Da ergriff den Jungen ein unendlicher Schmerz; er lief hinaus, sah dem Vogel nach und eilte in einem fort bis in den Wald zu dem alten Mann und klagte ihm seinen Jammer. »Ist sie nicht hier«, sprach er zuletzt, »so sage mir, wo ich sie finden kann. Ich will sie suchen bis ans Weltende, denn ich habe sie gar zu lieb!«
Da sagte der Alte: »Sie ist weit weg auf einer Insel über

dem Meer und wird von einem siebenköpfigen Drachen bewacht, und da ist schwer hinzukommen. Doch selbst wenn du hingelangen solltest, wird dich der Drache umbringen!«

Aber der Junge ließ sich nicht abschrecken. Er nahm alle seine Kleider und Schuhe mit und wanderte sieben Jahre lang in einem fort und hatte schon alle Kleider und Schuhe zerrissen und konnte vor Müdigkeit nicht weiter, aber noch war weit und breit kein Meer zu sehen. Er fiel an einem Hügel nieder und gedachte schon da zu sterben. Da hörte er nur einmal in der Ferne einen Lärm, der kam immer näher und näher; endlich sah er drei mächtige Hünen, welche einander hin- und herzerrten.

Der Junge fragte sie alsbald, was die Ursache für ihren Streit sei. »Oh«, sagten sie, »es handelt sich um das Kostbarste in der Welt, um einen Mantel, der den unsichtbar macht, der ihn trägt; um einen Hut, der den überall hinführt, der ihn aufsetzt, und um ein Schwert, womit der alles besiegen kann, der es schwingt. Wer diese drei Stücke besitzt, kann die schönste Jungfrau, die auf der Insel über dem Meer gefangen liegt, erretten und mit ihr das größte Königreich erwerben.« Der Junge freute sich und hegte neue Hoffnung. »Wenn es euch recht ist, so will ich den Streit entscheiden. Bringt jene Stücke her und kämpft dann miteinander.« Die einfältigen Hünen brachten sogleich Mantel, Hut und Schwert zu ihm hin und fielen nun einander in die Haare. Der Junge ergriff schnell das Schwert, warf den Mantel um und setzte den Hut auf und sprach: »Wäre ich doch nur gleich auf der Insel!« Husch! war er fort, und die dummen Hünen hatten das Nachsehen.

Als der Junge auf der Insel ankam, legte er Hut und Mantel ab, nahm nur das Schwert und ging auf die Burg los. Der Drache sonnte sich eben vor derselben, und die schöne Jungfrau mußte ihn lausen. Kaum roch der Drache Menschenfleisch, da brauste er auf und ringelte sich vor Wut. Aber der Junge kam unerschrocken heran und hieb ihm alle Häupter auf einmal ab. Er hüllte sich darauf schnell wieder in seinen Mantel, eilte ins Schloß, nahm die Schachtel mit den Kleidern und warf sie ins Meer, dann legte er den Mantel ab und zeigte sich der Jungfrau, seiner Braut, und die erkannte ihn auch gleich und war nun über die Maßen froh. Der Junge flog mit Hilfe des Wunschhutes schnell zu seiner Mutter und brachte sie auch zu der fernen Insel in die Drachenburg. Dann feierte er mit seiner Braut in Lust die Hochzeit und war König und Herr über alles Land und alle Schätze, welche der Drache besessen hatte.

[Märchen aus Siebenbürgen]

Die weißen Vögel vom Arpsee

Ein armer Geißbub trieb alle Tage seine Ziegenherde zu dem Arpsee hinauf. Am Ufer dieses tiefblauen, einsamen Bergsees konnte er seine Zeit vertreiben. Er schieferte flache Steine über die glatte Wasserfläche oder sah, wie die Fische nach den Mücken schnappten, oder wie hie und da ein Stein von den Steilhalden hinunterpolterte und in den Wassern des Sees verschwand. Hätte er nicht seine Ziegen um sich gehabt, so wäre ihm oft recht bange geworden in der seltsamen Stille, die hier oben herrschte. Aber seine Ziegen fraßen das dünne Futter und glockten mit den Blechschellen dazu, und wenn sie sich zu weit von ihm entfernen wollten, so eilte er ihnen nach, um nicht allein zu sein, oder trieb sie wieder an den früheren Platz zurück.

Als er einmal zur Mittagszeit sein schwarzes Ledertäschchen öffnete und Käse und Brot herausnahm, flogen drei weiße Vögel heran, deren Flügelspitzen in der Sonne glitzerten, und ließen sich auf dem See nieder. So große Vögel hatte er noch nie gesehen. Die anderen Vögel mieden den Arpsee, weil er zu hoch lag oder aus anderen Gründen, die er nicht kannte, und nun gar drei mächtige Schwimmvögel, das war etwas höchst Seltsames! Ihr Federkleid war schneeweiß, der Hals lang und dünn und der Schnabel gelb. Sie schwammen eilig zu ihm heran und schienen vor ihm keine Furcht zu hegen.

Die Vögel gefielen dem Geißbuben sehr, und er ergriff Steine, um den einen oder anderen zu töten. Er traf aber nicht, und die Vögel ließen sich durch sein böses Vor-

haben nicht erschrecken und rückten dem Ufer immer näher.
Da dachte er: »Wenn ihr fremden Vögel so dumm seid und euch um jeden Preis fangen lassen wollt, soll es mir recht sein«, und er trat ans Wasser heran, ergriff den Vogel, der ihm zunächst war, am Hals und zerrte ihn ans Land. Aber im Nu ließ er ihn wieder los und fuhr zusammen wie noch nie in seinem Leben, denn der Vogel fing an zu reden: »Ach, was willst du mich so grob behandeln. Ich bin nur der geringste der drei Vögel, und wir sind gar keine Vögel, sondern verwunschene Jungfrauen. Der schöne, zierliche Schwan mit dem goldenen Schnabel ist eine Prinzessin vom Land der Radamanten. Das liegt weit, weit von hier, dort wo die Sonne aufgeht. Wir zwei andern sind Kammerzofen, und wir sind alle drei von einem Hexenmeister verwandelt worden, weil die Prinzessin nicht heiraten wollte. Jetzt müssen wir so lange Vögel bleiben, bis wir drei Sachen erhalten!«
Der Bube hatte sich von seinem Schrecken erholt und fragte, was denn das sein müsse.
»Drei Pflanzen müssen es sein, und wenn du uns diese verschaffen kannst, so werden wir wiederkommen und dann bald erlöst werden!«
»Nennt mir die drei Pflanzen«, sagte der Bub.
»Natterkraut, Baldrian und Nachtschatten müssen es sein!«
Der Geißhirt sagte, er kenne die Kräuter nicht, aber seine Mutter sei Kräutersammlerin und werde sie schon kennen.
»So geh und komm bald wieder«, sagte der Schwan und schwamm zu den Gefährten zurück, dann flogen sie alle drei zusammen auf und verschwanden in raschem Flug hinter dem Berg.
Der Bub trieb die Herde bald darauf nach Hause und erzählte seiner Mutter, was ihm heute begegnet war.

Drei schöne weiße Vögel seien auf dem Arpsee herumgeschwommen; er habe den einen erwischt, und der habe ihn angesprochen und die drei Kräutlein von ihm verlangt zu Erlösung.
Die Mutter sagte: »Wenn nur das fehlt, so ist bald geholfen. Ich kenne die Kräuter wohl, sie wachsen hier in der Nähe!«
Sie sammelte sie noch im Verlauf des Abends und legte sie zu der Speise ins schwarze Täschlein. Am nächsten Morgen mit dem ersten Sonnenstrahl zog der Bub mit den Ziegen wieder hinauf zum See. »Die Pflanzen lasse ich noch in der Tasche«, sagte er, »es ist dann Zeit genug, sie herauszunehmen, wenn ich die Schwäne sehe!« Aber als er aufblickte, flogen sie schon daher, ließen sich auf dem blauen, kühlen Wasser nieder und schwammen eilig auf ihn zu.
Der Bub rief ihnen voller Freude entgegen: »Ich habe es im Täschlein, was euch fehlt, ich habe es im Täschlein«, und er zog die drei Kräutlein heraus. Die Schwäne ruderten mit aller Kraft zu ihm hin, und er steckte jedem eines der Kräutlein in den Schnabel. Der eine fing wieder an zu reden und sagte: »Wir danken dir sehr, du lieber Bub, für den großen Dienst, den du uns erwiesen hast. Wir fliegen jetzt wieder zurück ins Land der Radamanten, wo man uns mit Hilfe der drei Kräutlein erlösen wird, der Zauberer aber muß sterben. Wenn du willst, so nehmen wir dich mit. Du brauchst nur zwei von uns an den Flügeln zu ergreifen, dann geht es durch die Lüfte, und bevor die Sonne sinkt, sind wir zu Hause!«
Der Geißbub sagte: »Ich danke schön, ich bleibe lieber Geißbub im Walliser Land, als daß ich mit euch zu den Radamanten fliege, ich danke schön!«
Da flogen die Vögel auf und verschwanden.

[Märchen aus dem Wallis]

Das Schloß unten im See

Ein Knabe bemerkte einmal in der Mitte eines Sees, welcher in einem Wald gelegen war, drei schneeweiße Schwäne. Die Schwäne hatten den Knaben kaum gesehen, so schwammen sie auf das Ufer zu. Dem Knaben gefiel das zutrauliche Wesen der Tiere so, daß er am Ufer entlangging und eine Stelle suchte, wo er sich ihnen nähern konnte. Endlich fand er eine seichte Stelle. Er wollte schon in das Wasser hineinwaten, als er einen Kahn mit einem Ruder am Ufer erblickte. Er stieg sogleich in den Kahn, ergriff das Ruder und folgte den Schwänen, welche immer dicht vor ihm herschwammen, allein so nahe er ihnen auch kam, ergreifen ließen sie sich nicht.

Kaum hatte der Knabe auf diese Weise die Mitte des Sees erreicht, da verfiel er in einen tiefen Schlaf. Als er nach langer Zeit erwachte, fand er sich in einem himmelblauen Bett, vor ihm aber standen drei schöne Jungfrauen. Er fragte, wo er sich befinde. Die Jungfrauen sagten, er sei tief unter dem See in einem Schloß, sie selbst seien die drei Schwäne, welche er auf dem See gesehen habe.

Darauf forderten ihn die Jungfrauen auf, er solle ihnen folgen, sie wollten ihn überall im Schloß herumführen. Der Knabe folgte den schönen Mädchen. Nachdem sie im Schloß alles angesehen hatten, führten sie ihn in den Schloßgarten. Dort stand alles in üppiger Pracht: Das Gras war so hoch, daß es dem Knaben über dem Kopf zusammenschlug.

Der Knabe verbrachte eine lange Zeit bei den Jungfrauen, endlich aber wurde doch die Sehnsucht nach der Oberwelt in ihm wach. So lag er eines Tages im tiefen Gras und gedachte voll Trauer seiner alten Mutter. Da stand plötzlich ein altes Weib vor ihm und fragte, warum er so traurig sei. Der Knabe sagte den Grund seines Schmerzes. Da forderte ihn das alte Weib auf, er solle ihr folgen, sie werde ihn zu seiner Mutter führen. Der Knabe sagte aber, er werde das nicht tun, er könne seine Freundinnen, welche ihn mit Wohltaten überhäuft hätten, nicht heimlich verlassen.

Kaum hatte der Knabe das gesagt, so standen die drei Jungfrauen vor ihm, das alte Weib aber war verschwunden.

Von den drei Mädchen sagte das eine zu ihm: »Wir haben dich nur versuchen wollen und dir deshalb das Weib gesandt; da wir dich aber treu befunden haben, so wollen wir dich, wenn du darauf bestehst, selbst auf die Erde zurückbringen.« Der Knabe blieb bei seinem Wunsch. Da brachten ihn die Schwanjungfrauen auf die Oberwelt zurück, also daß er zu seiner Mutter heimkehren konnte.

Aber sein ganzes Leben hindurch hat der Knabe eine tiefe Sehnsucht behalten nach seinen drei schönen Freundinnen im Schloß tief unten im See.

[Wendisches Märchen]

Der schönste Vogel und die lieblichste Frau

Es wohnten einmal viele Menschen an der Mündung eines großen Flusses. Sie hatten einen Häuptling, der ihren Fang leitete. Er ruderte sie in seinem Fellboot auf das Meer hinaus und betrieb den Seehundfang gemeinsam mit ihnen. Am gleichen Wohnplatz lebte ein kinderloses Ehepaar. Der Mann pflegte mit den andern auf die Jagd zu gehen. Aber er war kein großer Jäger, und oft hatten sie kein Essen im Hause.

In einem Frühjahr, als das Eis des Meeres aufzubrechen begann und der Schnee von den Berghalden verschwand, gingen Mann und Frau hinaus, um Wurzeln zu sammeln, denn etwas anderes Eßbares konnten sie sich nicht verschaffen. Sie standen beieinander und gruben in der Erde. Da hörten sie plötzlich das Weinen eines Kindes. Die Frau fing sofort an, zwischen den niedrigen Hügeln zu suchen. Und sie fand ein kleines Kind unter einem Baum, unmittelbar am Waldrand. Es war ein Knabe, und die Alten freuten sich sehr über diesen Fund. Die Frau legte den Knaben in die Ärmel ihres Pelzrockes und trug ihn heim. Lange forschte man vergeblich nach seinen Eltern, doch es fand sich keine Mutter für das Kind. Zuletzt nahmen ihn die beiden als ihr eigenes Kind zu sich. Es war ein gesunder Knabe, der schnell heranwuchs, aber er war kleiner als andere Kinder. Sie gaben ihm den Namen Migssôrqhê; aber die meisten nannten ihn nur Hügelkind.

Da geschah es, daß Jäger des Dorfes, die auf der Jagd waren, verschwanden; sie kehrten nie mehr nach Hause zurück.

Und eines Tages sagte Hügelkind zu seiner Mutter: »Mutter, ich will nach all den Menschen suchen, die nicht zurückkehrten. Wenn ich nur einen kleinen Bogen und Pfeil bekäme!« Und er erhielt einen Bogen und einen Pfeil und ging fort in der Richtung, in der die Männer zu jagen pflegten.

Weit drinnen im Lande erblickte er merkwürdige Spuren und folgte ihnen. Und es dauerte auch nicht lange, da sah er ein Tier, das ihm nie zuvor auf seinen Jagden begegnet war, ein wildes und gefährliches Tier. Aber der Knabe, der kein gewöhnlicher Mensch war, schlich sich an das Tier heran und schoß es mit seinem kleinen Bogen nieder, und seit dieser Zeit verschwand kein Jäger mehr. Das war Hügelkinds erste Tat als halberwachsener Jüngling. Dann wuchs er heran und wurde ein junger Mann, und alle hatten ihn sehr gern.

Eines Tages kamen Fremde zum Wohnplatz, vier junge Männer mit langen, dünnen Stäben in der Hand. Diese jungen Männer erzählten des Abends im Festhaus, daß sie gekommen seien, um Hügelkind zu holen. Sie sagten, sein älterer Bruder habe sie geschickt; Hügelkind dürfe aber nur kommen, wenn er den Vogel »Qinersinaituaq« mitbringen könnte, jenen merkwürdigen Vogel, der so schön war, daß niemand seinen Anblick ertragen konnte. Ein jeder, der ihn anschaute, riß vor Verwunderung die Augen auf, so daß sie brachen; das Menschenauge konnte seinen Anblick nicht ertragen. Darum nannte man den Vogel »Quinersinaituaq«, und das bedeutet: »der Unanschaubare«.

Hügelkind war nicht bange. Er sagte, die Einlader möchten nur warten, er würde den Vogel schon finden. Als er anfing zu suchen, schlossen sich ihm viele junge Männer an. Sie gingen ins Binnenland hinauf und jagten überall. Aber unter den Vögeln, die sie fanden, war niemals einer »unanschaubar«. Zuletzt wurde Hügelkind schweigsam.

Es aß nichts und wurde dünn und mager. Vergebens kamen die Leute zu ihm und boten ihm Speise und Trank an, doch stets antwortete er: »Nicht eher werde ich essen, und nicht eher werde ich trinken, bis ich den Vogel gefunden, den ich suche.«

Schließlich ließ er seine Mutter rufen und sagte: »Mutter, du weißt wohl, wo der Vogel lebt.«

»Das weiß ich«, antwortete die Mutter, »aber er wird dich töten. Du wirst dir die Augen aus dem Kopf starren, wenn du ihn siehst. Darum will ich dir nicht sagen, wo er lebt.«

»Aber Mutter, wenn ich doch sterben muß, so laß mich lieber durch den Anblick des Vogels sterben. Wenn ich nicht fortkomme, werde ich ja doch vor Hunger sterben.«

Und nun sagte die Mutter, daß er weit, weit ins Land hinein gehen müsse. Dann solle er nach einem Gebirge suchen, das leicht zu finden sei, denn es rage hoch über alle anderen empor. Hinter diesem hohen, steilen Gebirge, fern von den Menschen, lebe der schönste Vogel der Welt.

Da wurde Hügelkind froh. Es aß und trank und war bald wieder der alte. Sobald er nur einigermaßen wieder zu Kräften gekommen war, eilte er ins Binnenland und fing an, nach dem höchsten Gebirge der Erde zu suchen.

Er fand es, bestieg es und kam in ein Tal hinunter. Das Tal durchströmte ein großer, großer Fluß, der von dichten Wäldern umgeben war. Hier verbarg sich Hügelkind zwischen den Baumstämmen. Es dauerte nicht lange, da sah er einen großen Vogel durch die Luft heransegeln, einen wunderbaren Vogel von ungeahnter Schönheit. Hurtig zielte er auf ihn, ohne daß er wagte, ihn richtig anzusehen, und dann schoß er ihn mit seinem Pfeil herunter. Der Vogel fiel dicht neben ihm nieder, und nun sah Hügelkind, daß er so viele und starke Farben hatte, daß alle diese

Farben die Augen aufrissen. Man schaute ihn an, und die Augenlider fingen an zu zucken, die Haut um die Augen spannte sich; die Augen konnten die vielen schönen Farben nicht ertragen. Hügelkind nahm das Gefieder des Vogels mit nach Hause, hütete sich aber wohl, es irgend jemand am Wohnplatz zu zeigen.

Hügelkind war ein merkwürdiger junger Mann. Es schien, als ob er gleichsam im voraus wüßte, was geschehen würde, und eines Tages zog er aus und schoß eine Eule. Niemand wußte, was er mit der Eule wollte. Aber nun war er wieder lebhaft geworden und sagte zu den vier jungen Männern, die sein Bruder gesandt hatte, daß er nun bereit sei, ihnen zu folgen. Sie brachen auf und gingen weit, weit ins Land hinein, fern von allen Wohnplätzen der Menschen. Und sie kamen zu einem gewaltigen Pfahl, der wie ein Baumstamm ohne Ende aussah. Er stand da wie ein Pfeiler, der von der Erde geradewegs zum Himmel führt.

Hier fingen die Einlader plötzlich an zu schweben; sie hoben sich von der Erde empor, und Hügelkind folgte ihnen. Sie schwebten rund um den Pfahl und kamen höher und höher hinauf in die Luft, bis die Erde beinahe ihren Augen entschwand. Hoch oben kamen sie an ein Loch, das geradwegs in den Himmel führte. Sie schlüpften hindurch und standen nun oben im Himmelsland, einem großen und schönen Land, wo viele Menschen lebten. Hier wurden sie gut empfangen und mit allerlei auserlesenen Speisen bewirtet. Als sie gegessen hatten und alle satt waren, trat Hügelkinds Bruder im Festhaus vor und sagte: »Ich bat dich zu kommen, aber nur wenn du den Vogel töten könntest, den anzuschauen niemand ertragen kann. Hast du das getan?«

Sogleich zog Hügelkind das Federkleid hervor und legte es auf den Boden, und alle mußten die Augen schließen wegen der starken Farben. Niemand konnte seinen Anblick ertragen, und die Augenwinkel zuckten bei allen. Hügelkind beeilte sich, den Vogelbalg zu verbergen und legte statt dessen das Federkleid der Eule hin, die er geschossen hatte. Die Leute ließen ihre Augen auf dem Eulenbalg ruhen, der ohne starke Farben war, und der Bruder, der beinahe umgefallen wäre, sagte, sobald er wieder zu sich gekommen war:

»Wunderbare Dinge hast du uns gezeigt, und noch seltsamere Taten hast du vollbracht, da du den Vogel getötet hast, den ich selbst vergeblich jagte. Du bist ein großer Mann, und ich will mit dir zu deinem Wohnplatz gehen.«

Aber nun ergriff Hügelkind das Wort und sagte: »Du kannst mir zu meinem Wohnplatz folgen, doch nicht eher, als bis du eine Frau gefunden hast, die so schön ist, daß niemand ihren Anblick ertragen kann.«

Der Bruder ging darauf ein, und er fing sofort an zu suchen, genau so, wie Hügelkind nach dem Vogel gesucht hatte. Aber er konnte keine Frau finden, die so schön war. Zuletzt wurde er schweigsam und verlor alle Lebenslust, aß nicht und trank nicht. Eines Tages rief er seine Mutter zu sich und sagte: »Mutter, du weißt, wo eine Frau lebt, die so schön ist, daß man ihren Anblick nicht ertragen kann.«

»Das weiß ich«, antwortete die Mutter, »aber du wirst sterben, wenn du sie siehst.«

»Wenn ich zu Hause bleibe, sterbe ich vor Hunger«, antwortete der Sohn. Und dann sagte ihm die Mutter, wohin er gehen mußte. Er sollte quer über die Höhen einer gewaltigen Bergkette im Himmelsland gehen, und wenn er darübergegangen sei, sollte er nach einem See suchen, und hier würde er die schönste Frau der Welt finden.

Es war Frühling, und der Schnee war an den Sonnenhängen der Gebirge geschmolzen. Der Mann ging über Land, um die große Bergkette dort zu besteigen, wo sie am höchsten war. Und er kam über das Gebirge hinüber und gewann Aussicht über einen See. Dort erblickte er vier Frauen, die am Strande des Sees im Wasser wateten. Er ging hinunter, verbarg sich zwischen Steinen und Gebüsch und schlich sich ungesehen an jene Stelle, wo die vier Badenden ihr Zeug verborgen hatten. Sobald er sich ihres Zeuges bemächtigt hatte, gab er sich zu erkennen, und die vier Frauen im See schrien vor Angst und kamen auf ihn zu.

»Unsere Kleider, unsere Kleider!« riefen sie, und der Mann schaute sie an, und er entdeckte, daß eine der Frauen so schön war, daß er die Augen schließen mußte; sie blendete ihn, er durfte sie nicht ansehen. Er gab den drei anderen ihre Kleider zurück, aber die schöne Frau behielt er und nahm sie in einem Kasten mit nach Hause, denn er fürchtete, daß seine Dorfgenossen von ihrem Anblick sterben würden. Darauf sandte er Festeinlader zu seinem Bruder, so wie man es zu tun pflegt, wenn eine große Botschaft von Dorf zu Dorf gebracht werden soll. Junge Männer in neuen Kleidern mit langen, dünnen Stäben in der Hand wurden ausgesandt. Sie sollten Hügelkind mitteilen, daß sein Bruder nun zu ihm käme. Und der Bruder kam, und ein großes Gastmahl wurde abgehalten, bei dem die Gäste allerlei gutes Essen bekamen. Als die Mahlzeit beendet und alles im Festhaus versammelt war, da ergriff Hügelkind das Wort und sagte zu seinem Bruder: »Du wolltest, daß ich den schönsten Vogel der Welt töten sollte, bevor ich dich besuchte, und ich tat es. Dafür bat ich dich, mir die schönste Frau der Welt zu bringen. Hast du sie bei dir?«

Und der Bruder zog einen Kasten hervor, und aus diesem Kasten sprang eine junge und schöne Frau. Es war, als ob ein großes, warmes und blendendes Licht ins Festhaus gehuscht wäre. Alle schlugen die Augen nieder, und ihre Augenwinkel zuckten. Der einzige, der ihren Anblick ertragen konnte, war Hügelkind, und so bekam er die schönste Frau der Welt als Weib und wurde seitdem ein mächtiger Mann auf der Erde.

Wer Hügelkind war, erfuhr niemand. Er wurde bei einem kleinen Hügel unter einem Baum gefunden, aber da er einen Bruder im Himmelsland hatte, glaubte man, daß er selbst auch zum Himmelsvolk gehörte. Man weiß nur, daß er sein Leben auf der Erde lebte und die Menschen durch sein Geschlecht und seine Nachkommen stärker machte.

[Eskimoisches Märchen]

Warum Adler nie sterben

Adler sterben auf keinerlei Weise, denn sie verjüngen sich immer wieder. Ihre Verjüngung geht aber auf folgende Art vor sich: Sie kennen irgendwo an einem Hochgebirge eine Quelle, aus der lebendes Wasser hervorquillt. Wird nun ein Adler alt und grau, so fliegt er an diese Quelle hin. Sobald er sich in diesem lebenden Wasser gebadet, fallen ihm die alten Federn aus, an ihrer Stelle wachsen ihm neue nach, und so verjüngt sich der Adler. Wo sich diese Quelle befindet, das weiß kein Mensch auf der Welt, nur die grauen Adler und die Samodivi kennen den Ort. Wer immer einen Schluck von diesem Quellwasser tut, der stirbt niemals.

[Märchen der Südslaven]

Der Adler, der Ochsen verschlang

Es war einmal ein Bauer, der säte Roggen, und er gedieh ihm über alle Maßen gut, so daß er Mühe hatte, ihn einzufahren. Der Bauer brachte die Garben nach Haus, drosch sie und schüttete das Korn in der Scheuer auf, fast bis unters Dach. Dabei dachte er: Nun bin ich gut dran und habe ausgesorgt!

Doch eine Maus und ein Spatz fanden den Weg zu der Scheuer und stellten sich jeden Tag dort ein, wohl an die fünf Mal. Sie fraßen sich satt und rund und machten sich wieder davon – die Maus in ihr Loch und der Spatz in sein Nest. So hielten sie es an die drei Jahre und zankten sich nie. Und als sie sich drei Jahre auf solche Weise ernährt hatten, blieb nur noch ein geringer Vorrat von dem Korn in der Scheuer, ein Viertelmaß, nicht mehr. Da sah die Maus, daß die Herrlichkeit bald ein Ende haben würde, und sie überlegte hin und her, wie sie den Spatz übers Ohr hauen und den Rest des Korns an sich bringen könnte. Sie fand auch wirklich eine List. In dunkler Nacht schlüpfte sie in die Scheuer, nagte ein Loch in den Bretterboden und ließ den ganzen Roggen bis auf das letzte Korn unter die Dielen rinnen.

Am Morgen, als der Spatz angeflogen kam, um sein Frühstück einzunehmen, fand er nichts mehr. Hungrig flog der Arme davon und dachte: Sie hat mich betrogen, die schlechte Person. Doch ich bin Manns genug, ich flieg' zu ihrem Zaren, dem Leu, und werde gegen die Maus Klage führen. Soll er nach Recht und Gerechtigkeit sein Urteil fällen.

Und er flog hin.

»O Leu, du Zar des Tierreichs«, begann er und verneigte sich bis zur Erde. »Ich lebte in Frieden mit deiner Untertanin, der Maus Nagezahn. Drei Jahre lang ernährten wir uns aus ein und derselben Scheuer, und es war keine Zwietracht zwischen uns. Doch als das Korn zur Neige ging, griff sie zu einer List. Sie nagte ein Loch in den Boden, und das ganze Korn rann zu ihr unter die Dielen, derweil ich Armer leer ausging. Urteile du nach Recht und Gerechtigkeit, und tust du das nicht, so flieg' ich zum Aar, meinem eigenen Zaren.«

»Fliege doch zu ihm, in Gottes Namen«, beschied ihn der Leu.

Der Spatz brachte darauf dem Aar seine Ehrerbietung dar und erzählte, was ihm widerfahren: von der Maus, die ihn bestohlen hatte, und vom Leu, der die Maus nicht verurteilen wollte.

Da geriet der Aar in gewaltigen Zorn und schickte allsogleich einen schnellfüßigen Boten aus. Der meldete dem Leu, er solle sich andern Tags mit seinen vierfüßigen Scharen auf einem weiten Blachfeld einfinden; der Aar mit seinem geflügelten Heer werde gleichfalls zur Stelle sein.

Wohl oder übel mußte der Leu nun den Kriegsruf erschallen lassen und sammelte die Seinen zur Schlacht. In großen Mengen strömten die Tiere herbei, Tausende und Abertausende, und sie waren kaum auf dem Feld versammelt, da führte der Aar sein Heer gleich einer finsteren Wolke durch die Lüfte. Und es begann eine große Schlacht. Sie währte drei Stunden und drei Minuten. Es siegte der Aar, und die Walstatt war bedeckt mit den Leichen seiner Feinde. Der Aar schickte seine Streitvögel nach Haus und flog selbst in einen finsteren Wald. Dort setzte er sich, krank, wund und matt, wie er war, auf einen hohen Eichenbaum und begann nachzudenken, wie er seine Kräfte zurückgewinnen könnte.

Das war vor langer, langer Zeit. Es lebte damals ein Kaufmannspaar, das hatte keine Kinder. Eines Morgens nun sprach der Kaufmann zu seiner Frau: »Ich hatte heut nacht einen schlimmen Traum. Ein großer Vogel kam zu uns und wurde uns sehr lästig. Er verschlang einen ganzen Ochsen auf einmal und leerte eine volle Bütte in einem Zug. Wir durften ihn nicht schlagen oder verjagen. Ich will ein wenig im Wald spazierengehen, vielleicht bringt mich das auf andere Gedanken.«
Er nahm seine Büchse und ging in den Wald. Über kurz oder lang gelangte er zu der Eiche, auf welcher der Adler saß. Schon wollte der Kaufmann auf ihn schießen, da sprach der Adler mit Menschenstimme:
»Schieß nicht auf mich, wackerer Mann. Du wirst keinen Gewinn haben, wenn du mich tötest. Nimm mich lieber in dein Haus und füttere mich drei Jahre, drei Monde und drei Tage, auf daß ich genese und zu Kräften komme. Habe ich erst meine starken Flügel wieder, so will ich deine Güte reichlich lohnen.«
Welchen Lohn kann man von einem Adler haben, dachte der Mann und hob wieder sein Rohr.
Doch der Adler wiederholte seinen Spruch. Und als der Kaufmann zum dritten Mal den Vogel aufs Korn nahm, bat der mit flehender Stimme:
»Töte mich nicht, guter Mann. Ernähr mich drei Jahre, drei Monde und drei Tage, auf daß ich wieder zu Kräften komme und meine Flügel erstarken. Ich will dich reichlich belohnen.«
Da erbarmte sich der Kaufmann des Adlers und nahm ihn in sein Haus. Er schlachtete einen Ochsen, füllte eine Bütte mit süßem Met und dachte in seinem Sinn, das würde dem Vogel lange reichen. Doch der Adler schlang alles auf einen Sitz. Da machte der Kaufmann ein langes Gesicht; er hatte es mit dem ungebetenen Gast übel getroffen. Bald waren wirklich alle Vorräte aufgezehrt. Als

der Adler sah, daß nichts mehr da war, sprach er zum Kaufmann:
»Hör mich an, Herr. Auf dem weiten Blachfeld liegen Tiere ohne Zahl, kalt und in Wunden. Zieh ihnen die kostbaren Felle ab und verkaufe sie in der Stadt, so wirst du genügend Geld haben, um dich und mich zu ernähren, und es wird noch ein Rest davon übrigbleiben.«
Der Kaufmann fuhr aufs Blachfeld, wie ihm gesagt, und sah dort viele Tiere liegen, kalt und in Wunden. Er zog ihnen die Felle ab, verkaufte sie in der Stadt und brachte eine Menge Geld als Erlös heim.
Als ein Jahr um war, hieß der Adler seinen Herrn, ihn dorthin zu bringen, wo die höchsten Eichen standen. Der Kaufmann spannte an, und sie fuhren los. Bei den höchsten Eichen stieg der Adler bis zu den Wolken auf, dann prallte er in vollem Flug mit der Brust gegen eine Eiche, die sprang sogleich in zwei Hälften.
»Nein, Kaufmann, das ist noch nicht die rechte Kraft. Du wirst mich noch ein Jahr füttern müssen.«
Auch das zweite Jahr ging um, und wieder stieg der Adler weit über die dunklen Wolken empor, prallte im Flug mit der Brust gegen einen Eichenbaum, und der zersprang in viele Stücke.
»Du wirst mich noch ein Jahr füttern müssen, braver Mann; auch das ist noch nicht die rechte Kraft.«
Als dann drei Jahre, drei Monde und drei Tage verflossen waren, sprach der Adler abermals zum Kaufmann: »Bring mich dorthin, wo die hohen Eichen wachsen.«
Und der Kaufmann brachte den Adler zu den hohen Eichen. Der stieg auf, höher denn je zuvor. Mit voller Kraft schlug er gegen den mächtigsten Baum, der zersplitterte von der Wurzel bis zur Krone in zahllose Stücke, und der Wald erzitterte ringsumher.
»Hab Dank, redlicher Kaufmann«, sprach der Adler. »Nun bin ich wieder bei Kräften wie ehedem. Laß Pferd

und Wagen ruhig hier und setz dich auf meine Flügel. Ich will dich in mein Reich tragen und dich für deine guten Taten belohnen.«

Der Kaufmann folgte dem Geheiß. Der Adler stieg auf, höher und höher, und flog zum blauen Meer.

»Blicke herab«, sprach er. »Ist es groß, das blaue Meer?«

»Wie ein Wagenrad«, erwiderte der Kaufmann.

Da schüttelte der Adler seine Flügel und warf den Kaufmann ab. Der fiel, und das Herz stockte ihm vor Todesangst in der Brust. Doch ehe er noch die Wellen berührte, packte der Adler ihn und schwang sich in noch größere Höhen.

»Blicke herab, ist es groß, das blaue Meer?« fragte er abermals.

»Wie ein Hühnerei.«

Und wieder schüttelte der Adler seine Flügel und warf den Kaufmann ab. Und auch diesmal ließ er ihn nicht untergehen, sondern ergriff ihn und stieg noch höher als zuvor.

»Blicke herab, ist es groß, das blaue Meer?«

»Wie ein Mohnkorn.«

Und abermals warf der Adler den Kaufmann ab aus den allerhöchsten Himmelshöhen, und erst knapp überm Meer fing er ihn auf.

»Hast du nun gespürt, was Todesangst ist?« fragte der Adler.

»O ja«, rief der Kaufmann. »Ich glaubte schon, mein letztes Stündlein habe geschlagen.«

»Siehst du, so glaubte ich auch, als du mit deiner Büchse dreimal auf mich zieltest.«

Und der Adler flog mit dem Kaufmann übers blaue Meer, geradewegs zum Kupferreich.

»Im Kupferreich ist meine ältere Schwester Königin«, erklärte ihm der Adler. »Wir werden bei ihr zu Gast sein. Von allen Geschenken, die sie uns anbietet, sollst du nichts nehmen, sondern nur die kupferne Schatulle erbitten.«

Nachdem er dies gesagt hatte, stürzte er auf die Erde nieder und stand auf einmal als ein herrlicher Jüngling vor dem Kaufmann.

Sie schritten über einen weitläufigen Hof. Die Schwester erblickte sie und rief voll Freude:

»Ach, lieber Bruder, wo kommst du her? Mehr als drei Jahre sah ich dich nicht. Ich dachte schon, du wärst nicht mehr am Leben. Was soll ich dir zu essen, zu trinken geben? Was kann ich Liebes für dich tun?«

»Frag nicht mich, liebwerte Schwester, ich gehöre ja zur Familie«, entgegnete der Jüngling. »Frage diesen braven Mann, der mich drei Jahre lang am Leben hielt.«

Und sie bat die beiden zur Tafel, der weißgedeckten, reichbestellten, und bewirtete sie königlich. Dann führte sie die Gäste in ihre wohlgefüllte Schatzkammer und sprach zum Kaufmann: »Du siehst hier Gold, Silber und Edelstein sonder Zahl. Nimm, was dein Herz begehrt, es soll dein sein.«

Entgegnete da der Kaufmann: »Gold, Silber und Edelsteine brauche ich nicht. Gib mir nur die kupferne Schatulle.«

»Ach, das willst du!« rief die Schwester. »Du ziehst den linken Stiefel auf das rechte Bein.«

Der Bruder geriet in Zorn ob der heftigen Rede der Schwester. Er wurde wieder zum Adler, zum flinken Vogel, ergriff flugs den Kaufmann und flog mit ihm davon.

»Bruder, lieber Bruder«, rief ihm die Schwester nach. »Kehr um! Ich will ja die kupferne Schatulle hergeben.«

»Zu spät, Schwester.«

Und sie flogen durch den Himmelsraum.

»Blick dich um, wackerer Kaufmann, und sag, was siehst du vor und hinter uns?«

Der Kaufmann hielt Ausschau und sagte:

»Hinter uns seh' ich Flammen glühen, vor uns seh' ich Blumen blühen.«
»Es ist das Kupferreich, das brennt, die Blumen aber blühen im Silberreich, wo meine zweite Schwester herrscht. Sie wird uns Geschenke anbieten. Du aber lehne alles ab und bitte sie nur um die silberne Schatulle.«
Und wieder stürzte der Adler auf die Erde und wurde zum Jüngling, stattlich und schön.
»Mein lieber Bruder«, begrüßte ihn die Schwester. »Wo warst du denn die ganze Zeit? Warum bist du so lange nicht hiergewesen? Was soll ich dir vorsetzen, sprich, mein Bester!«
»Frag nicht mich, liebe Schwester, ich gehöre zur Familie. Frag diesen braven Mann, der mich drei Jahre lang ernährte und nicht verhungern ließ.«
Und sie führte die beiden zur Tafel, der weißgedeckten, bewirtete sie königlich und öffnete sodann ihre Schatzkammer.
»Hier siehst du Gold, Silber und Edelstein sonder Zahl«, sprach sie zum Kaufmann. »Nimm, was dein Herz begehrt.«
»Gold, Silber und Edelstein brauch' ich nicht. Doch gib mir die silberne Schatulle.«
»Nein, Kaufmann, die silberne Schatulle ist nicht für dich bestimmt. Der Bissen ist zu groß; er kann dir im Halse steckenbleiben.«
Da zürnte der Bruder ob der unfreundlichen Rede, er wurde zum Adler, ergriff den Kaufmann und flog davon.
»Bruder, lieber Bruder, kehr um«, rief ihm die Schwester nach. »Ich will die Schatulle hergeben.«
»Zu spät, Schwester.«
Und wieder flogen sie durch den weiten Himmelsraum.
»Schau dich um, wackerer Kaufmann, und sage, was siehst du vor und hinter uns?«

»Hinter uns seh' ich Flammen glühen, vor uns seh' ich Blumen blühen.«
»Es ist das Silberreich, das brennt, und die Blumen blühen im Goldreich bei meiner jüngsten Schwester. Wenn sie uns Geschenke anbietet, so nimm nichts und bitte sie nur um die goldene Schatulle.«
Bald lag das Goldreich unter ihnen, und der Adler verwandelte sich neuerlich in einen stattlichen Jüngling.
»Ach, herzliebes Brüderlein«, begrüßte ihn die Schwester. »Woher treibt dich der Wind? Wo warst du nur die ganze Zeit, daß du uns nie mit dir erfreut? Sag, was wünschst du auf den Tisch?«
»Frag nicht mich, ich gehöre zur Familie. Frag diesen wackeren Mann, der mich drei Jahre lang ernäherte und nicht verhungern ließ.«
Sie führte die Gäste an die Tafel, die wohlbestellte, mit köstlichen Weinen und Speisen bedeckte. Alsdann schloß sie ihre Schatzkammer auf und bot dem Kaufmann Gold, Silber und Edelsteine an.
»Dies alles brauch' ich nicht«, entgegnete der. »Schenk mir nur die goldene Schatulle.«
»Sie sei dein, werde glücklich mit ihr. Du hast meinen Bruder drei Jahre lang ernährt, hast ihn nicht verhungern lassen. Als Dank ist mir nichts zu teuer für dich.«
Der Kaufmann verlebte im Goldreich eine lange Reihe von Tagen in Lust und Freude. Doch dann war es Zeit, an die Rückkehr zu denken.
»Leb wohl, behalt mich in gutem Angedenken«, sprach der Adler zu ihm. »Und laß dir nicht einfallen, die Schatulle zu öffnen, ehe daß du zu Haus bist.«
So begab sich denn der Kaufmann auf die Heimreise. Über kurz oder lang wurden seine Füße schwer, und es verlangte ihn nach einer Rast. Auf einer grünen Wiese machte er halt, die lag im Reich des Zaren von der Ungetauften Stirn. Während er so dasaß, ging sein Blick immer wieder

zu der Schatulle hin, und am Ende hielt er's nicht aus und öffnete sie. Im selben Augenblick wuchs ein herrliches Schloß vor seinen Blicken auf, mit einer großen Dienerschar. Beflissen fragten die: »Was ist Euer Begehr? Was befiehlt der Herr?«

Unser wackerer Kaufmann ließ sich Essen und Trinken auffahren, und als er gesättigt war, legte er sich aufs Ohr. Der Zar von der Ungetauften Stirn aber wunderte sich sehr, was für ein Schloß da plötzlich auf seinem Grund und Boden erstanden war, und sandte Boten aus.

»Geht hin und findet heraus, wer der Rüpel ist, der hier auf meinem Land ein Schloß erbaut hat, ohne mich um Erlaubnis zu bitten. Er soll sich schleunigst im guten fortscheren, sonst werd' ich ihm Beine machen.«

Als der Kaufmann die bedrohliche Rede vernahm, überlegte er angestrengt, wie er sein Schloß wieder in die Schatulle einpacken könnte, aber trotz allen Kopfzerbrechens fand er kein Mittel.

»Ich würd' mich ja gern fortscheren«, gab er den Boten zur Antwort, »aber ich weiß nicht wie.«

Die Boten richteten es dem Zaren aus. Der sagte: »Er soll mir geben, was er zu Haus hat und wovon er nichts weiß. Dann packe ich ihm das Schloß wieder in die Schatulle.«

Was blieb dem Kaufmann übrig: Er willigte ein, versprach dem Zaren von der Ungetauften Stirn unter Eid, ihm das zu geben, was er zu Hause habe und wovon er nichts wisse. Darauf ließ der Zar auf der Stelle das Schloß in der Schatulle verschwinden. Der Kaufmann nahm sie unter den Arm und zog davon.

Über kurz oder lang erreichte er sein Haus. Sein Eheweib kam ihm entgegen und begrüßte ihn: »Herzlich willkommen, mein lieber Mann. Wo warst du nur so lange?«

»Wo ich war, dort bin ich nicht mehr«, erwiderte der Kaufmann.

»Der liebe Herrgott hat uns ein Söhnchen beschert.«

Das war es also, was ich hatte, ohne es zu wissen, dachte der Kaufmann verzagten Mutes.
»Wie, du freust dich nicht?« fragte die Frau.
»Doch, ich freue mich, aber hör mich an«, und er erzählte ihr alles, was ihm widerfahren war.
Da härmten sich die beiden und weinten sehr, doch alle Tränen versiegen einmal. Der Kaufmann öffnete die Schatulle, und vor ihnen erhob sich ein herrliches Schloß mit prächtigem Zierwerk; in dem wohnten sie zu dritt, der Kaufmann, seine Frau und ihr Sohn, und freuten sich ihres Lebens. Wie Iwan, der Kaufmannssohn, zum Zaren von der Ungetauften Stirn kommt und Wassilissa die Weise, die Lieblingstochter des Zaren, zur Frau gewinnt, davon erzählt ein anderes Märchen.

[Russisches Märchen]

Die Geburt des Gilgamesch

Es war einst in uralten Zeiten ein König,
Enmekar mit Namen, ein Herrscher in Uruk-Gart.
Dem hatten die Wahrsagepriester verkündet:
»Wen deine Tochter gebären wird,
Der wird des Königtums dich berauben.«
Furcht befiel den König, und damit's nicht geschehe,
Schloß er die Jungfrau in einen Turm;
Aufs genaueste ließ er sie dort bewachen.

Doch nach der Götter Bestimmung, die nicht zu ändern,
Gebar sie heimlich von einem Niemandssohn.
Die Wächter, aus Furcht vor des Königs Zorn,
Warfen den Knaben vom Turme hinab.
Das erspähte ein Adler mit scharfen Augen,
Nahm das Kind, eh' zu Boden es schlug, auf den Rücken,
Zu einem Palmgarten trug er's, und setzte
Daselbst es behutsam nieder.

Der Gärtner entdeckte das schöne Knäblein,
Gewann es lieb und erzog es auf,
Gilgamesch nannte er es mit Namen.

Herangewachsen, zum Manne geworden,
Entriß Gilgamesch Enmekar, dem Vater seiner Mutter, das Königtum.
So hat sich an ihm die Bestimmung erfüllt.

[Auszug aus dem Gilgamesch-Epos,
babylonisch, 12. vorchristl. Jahrhundert]

Die Krähen

Es hatte ein rechtschaffener Soldat etwas Geld verdient und zusammengespart, weil er fleißig war und es nicht, wie die andern, in den Wirtshäusern durchbrachte. Nun waren zwei von seinen Kameraden, die hatten eigentlich ein falsches Herz und wollten ihn um sein Geld bringen, sie stellten sich aber äußerlich ganz freundschaftlich an. Auf eine Zeit sprachen sie zu ihm: »Hör, was sollen wir hier in der Stadt liegen, wir sind ja eingeschlossen darin, als wären wir Gefangene, und gar einer wie du, der könnte sich daheim was Ordentliches verdienen und vergnügt leben.« Mit solchen Reden setzten sie ihm auch so lange zu, bis er endlich einwilligte und mit ihnen ausreißen wollte; die beiden andern hatten aber nichts anders im Sinn, als ihm draußen sein Geld abzunehmen.

Wie sie nun ein Stück Wegs fortgegangen waren, sagten die zwei: »Wir müssen uns da rechts einschlagen, wenn wir an die Grenze kommen wollen.«

»Nein«, antwortete er, »da geht's gerade wieder in die Stadt zurück, links müssen wir uns halten.«

»Was, du willst dich mausig machen?« riefen die zwei, drangen auf ihn ein, schlugen ihn, bis er niederfiel, und nahmen ihm sein Geld aus den Taschen; das war aber noch nicht genug, sie stachen ihm die Augen aus, schleppten ihn zum Galgen und banden ihn daran fest. Da ließen sie ihn und gingen mit dem gestohlenen Geld in die Stadt zurück.

Der arme Blinde wußte nicht, an welchem schlechten Ort er war, tastete umher und merkte, daß er unter einem Balken Holz saß. Da meinte er, es sei ein Kreuz, sprach: »Es ist doch gut von ihnen, daß sie mich wenigstens unter ein Kreuz gebunden haben, Gott ist bei mir«, und fing an, recht zu Gott zu beten. Wie es ungefähr Nacht werden mochte, hörte er etwas flattern; das waren aber drei Krähen, die ließen sich auf dem Balken nieder.

Danach hörte er, wie eine sprach: »Schwester, was bringt Ihr Gutes? Ja, wenn die Menschen wüßten, was wir wissen! Die Königstochter ist krank, und der alte König hat sie demjenigen versprochen, der sie heilt; das kann aber keiner, denn sie wird nur gesund, wenn die Kröte in dem Teich dort zu Asche verbrannt wird und sie die Asche mit Wasser trinkt.« Da sprach die zweite: »Ja, wenn die Menschen wüßten, was wir wissen! Heute nacht fällt ein Tau vom Himmel, so wunderbar und heilsam, wer blind ist und bestreicht seine Augen damit, der erhält sein Augenlicht wieder.« Da sprach auch die dritte: »Ja, wenn die Menschen wüßten, was wir wissen! Die Kröte hilft nur einem, und der Tau hilft nur wenigen, aber in der Stadt ist große Not, da sind alle Brunnen vertrocknet, und niemand weiß, daß der große viereckige Stein auf dem Markt muß weggenommen und darunter gegraben werden, dort quillt das schönste Wasser.« Wie die drei Krähen das gesagt hatten, hörte er es wieder flattern, und sie flogen da fort.

Der Soldat machte sich allmählich von seinen Banden los, und dann bückte er sich und brach ein paar Gräserchen ab und bestrich seine Augen mit dem Tau, der darauf gefallen war. Alsbald ward er wieder sehend und waren Mond und Sterne am Himmel, und sah er, daß er neben dem Galgen stand. Danach suchte er Scherben und sammelte von dem köstlichen Tau, soviel er zusammenbringen konnte, und wie das geschehen war, ging er zum Teich, grub das Wasser davon ab, holte die Kröte heraus und verbrannte sie zu Asche. Mit der Asche ging er an des Königs Hof und ließ

die Königstochter davon trinken, und als sie gesund war, verlangte er sie, wie es versprochen war, zur Gemahlin.
Dem König aber gefiel er nicht, weil er so schlechte Kleider anhatte, und er sprach, wer seine Tochter haben wollte, der müßte der Stadt erst Wasser verschaffen, und hoffte ihn damit loszuwerden. Er aber ging hin, hieß die Leute den viereckigen Stein auf dem Markt wegheben und darunter nach Wasser graben. Kaum hatten sie angefangen zu graben, so kamen sie schon zu einer Quelle, aus der ein mächtiger Wasserstrahl hervorsprang. Der König konnte ihm nun seine Tochter nicht länger verweigern, er wurde mit ihr vermählt, und sie lebten in einer vergnügten Ehe.
Einige Zeit danach, als er durchs Feld spazierenging, begegneten ihm seine beiden ehemaligen Kameraden, die so treulos an ihm gehandelt hatten. Sie wußten nicht, wer er war, er aber erkannte sie gleich, ging auf sie zu und sprach: »Seht, das ist euer ehemaliger Kamerad, dem ihr so schändlich die Augen ausgestochen habt, aber der liebe Gott hat mir's zum Glück gedeihen lassen.« Da fielen sie ihm zu Füßen und baten um Gnade, und weil er ein gutes Herz hatte, erbarmte er sich ihrer und nahm sie mit sich, gab ihnen auch Nahrung und Kleider. Er erzählte ihnen danach, wie es ihm ergangen und wie er zu diesen Ehren gekommen sei.
Als die zwei das vernahmen, hatten sie keine Ruhe und wollten sich eine Nacht unter den Galgen setzen, ob sie vielleicht auch etwas Gutes hörten. Wie sie nun unter dem Galgen saßen, flatterte auch bald etwas über ihren Häuptern und kamen die drei Krähen. Die eine sprach zur andern: »Hört, Schwestern, es muß uns jemand behorcht haben, denn die Königstochter ist gesund, die Kröte ist fort aus dem Teich, ein Blinder ist sehend geworden, und in der Stadt haben sie einen frischen Brunnen gegraben, kommt, laßt uns den Horcher suchen und ihn bestrafen.« Da flatterten sie herab und fanden die beiden, und eh sich

die helfen konnten, saßen ihnen die Raben auf den Köpfen und hackten ihnen die Augen aus und hackten weiter so lange ins Gesicht, bis sie tot waren. Da blieben sie liegen unter dem Galgen.

Als sie nun ein paar Tage nicht wiederkamen, dachte ihr ehemaliger Kamerad: »Wo mögen die zwei herumirren«, und ging hinaus, sie zu suchen. Da fand er aber nichts mehr als ihre Gebeine, die trug er vom Galgen weg und legte sie in ein Grab.

[Brüder Grimm]

Tulungersaq oder Vater Rabe

Der Himmel entstand vor der Erde. Aber er war nicht älter; denn zu der Zeit, als dieser wurde, war auch die Erde schon im Begriff sich zu formen und eine feste Kruste zu bekommen, noch ehe sie zu Land wurde. Und hier war auch das erste lebende Wesen, von dem wir Kunde haben.

Und dieses Wesen nennen wir Tulungersaq oder Vater Rabe, denn er gestaltete alles Leben, sowohl auf der Erde wie in den Menschen, und er wurde der Ursprung von allem.

Er war kein gewöhnlicher Vogel, sondern eine heilige Lebenskraft, die der Anfang war von allem, was zu jener Welt wurde, in der wir nun leben. Doch auch er begann in Gestalt eines Menschen, und er tastete im Dunkeln, und seine Taten waren zufällige, bis ihm offenbar wurde, wer er war und was er sollte.

Er saß zusammengekauert in der Finsternis, als er plötzlich zum Bewußtsein kam und sich selbst entdeckte. Er wußte nicht, wo er war, er wußte auch nicht, wie er geworden war. Aber er atmete und besaß Leben. Er lebte.

Alles um ihn herum war Finsternis, und er konnte nichts sehen. Mit den Händen tastete er sich voran. Seine Finger strichen über Lehm, überall wohin er tastete. Die Erde war Lehm, alles rings um ihn war toter Lehm.

Er ließ die Finger über sich selbst hingleiten, fand sein Angesicht und fühlte, daß er Nase, Augen und Mund, Arme, Beine und Leib hatte. Er war ein Mensch – ein Mann.

Über der Stirn fühlte er einen kleinen, harten Knoten.

Wozu dieser da war, wußte er nicht. Er ahnte nicht, daß er selbst einmal zu einem Raben würde, und daß der kleine Knoten wachsen und zum Schnabel werden sollte.
Er versank in Gedanken. Nun begriff er, daß er ein freies Wesen war – etwas Selbständiges, das nicht verwachsen war mit all dem, was ihn umgab. Dann kroch er über den Lehm, langsam und vorsichtig. Er wollte feststellen, wo er war. Plötzlich fühlten seine Hände einen leeren Raum vor sich, einen Abgrund, und er durfte nicht weitergehen.
Da brach er einen Klumpen Ton ab und warf ihn hinunter in die Tiefe. Er lauschte, weil er hören wollte, wann dieser den Grund erreichte. Doch er hörte nichts. Er rückte weiter vom Abgrund fort und fand einen harten Gegenstand, den er im Lehm vergrub. Er wußte nicht, warum er das tat; aber er tat es, und dann saß er wieder stillversunken da und dachte nach, was wohl in all der dichten Finsternis, die ihn umgab, sein könne.
Da hörte er plötzlich ein Sausen in der Luft, und ein kleines, leichtes Wesen setzte sich auf seine Hand. Mit der anderen Hand fühlte er darüber hin und bemerkte, daß es Schnabel und Flügel hatte und warme, weiche Federn am Körper, aber winzige, nackte Füße.
Es war ein kleiner Sperling. Und plötzlich wurde ihm klar, daß dieser vor ihm da gewesen, daß er in der Dunkelheit über ihn hingeflogen und um ihn herumgehüpft war, und daß er ihn nicht bemerkt hatte, bevor er sich auf ihm niederließ.
Der Mensch hatte gerne Gesellschaft; er wurde kühner und kroch furchtloser über den Boden hin und näherte sich der Stelle, wo er zuvor etwas vergraben hatte. Dieses hatte nun Wurzeln geschlagen und war lebend geworden. Ein Strauch war aus der Erde entsprossen, die nicht länger unfruchtbar war. Der nackte Lehm hatte Büsche bekommen; es wuchs Gras darauf.
Aber der Mensch fühlte sich einsam, und er formte aus

Lehm eine Gestalt, die ihm gleich war. Und dann saß er wieder zusammengekauert da und wartete. Kaum war der neue Mensch lebendig geworden, da machte er sich daran, mit den Armen in der Erde zu wühlen. Er hatte keine Ruhe. Rastlos und unablässig schaufelte dieses Wesen die Erde rings um sich auf. Und er entdeckte, daß das neue Geschöpf einen anderen Sinn hatte als er selbst, einen hitzigen und heftigen Sinn. Das gefiel ihm nicht, und er nahm es, schleppte es mit sich fort und warf es in den Abgrund. Dieses Geschöpf, sagt man, wurde der Tornaq, ein böser Geist. Von ihm stammen alle bösen Geister.

Dann kroch der Mensch wieder zu dem Baum, den er gepflanzt hatte, und siehe: Es waren noch andere hinzugekommen. Baum stand neben Baum! Sie waren zu einem Wald mit üppigem Boden geworden. Pflanzen, viele kleine Pflanzen waren aus der Erde hervorgesproßt. Er ließ seine Hand über alle hingleiten, er fühlte ihre Form und erkannte ihren Duft, aber er vermochte nichts zu sehen.

Nun bekam er Lust, die Erde kennenzulernen, wo er sich selbst gefunden hatte. Er kroch umher mit dem kleinen Sperling, der über seinem Haupte flatterte. Er konnte ihn nicht sehen, aber immer hörte er seinen Flügelschlag. Zuweilen setzte sich dieser auf sein Haupt oder hüpfte nieder auf seine Hand. Der Mensch aber kroch weiter, denn in der Finsternis wagte er nicht zu gehen. Da fand er Wasser ringsum, und er entdeckte, daß er auf einer Insel war.

Nun wollte er auch wissen, was drunten im Abgrund war, und er bat den kleinen Sperling, hinunterzufliegen und ihn zu untersuchen. Dieser flog fort und blieb sehr lange aus, und als er endlich wiederkehrte, erzählte er, daß er tief drunten in des Abgrunds Land gewesen sei – in einem neuen Lande, das gerade begonnen hatte, eine feste Kruste zu bilden.

Der Mensch beschloß, selbst in das Land des Abgrundes hinabzusteigen. Er bat den kleinen Vogel, sich auf sein

Knie zu setzen, und er tastete über ihn hin, um herauszufinden, wie er beschaffen war und wie er es anfing, sich schwebend auf seinen Flügeln zu halten. Darauf tastete er sich weiter bis zum Wald und brach Zweige ab, die gleich Flügeln waren, und diese heftete er an seine Schultern. Und als er mit den Zweigen schlug, wurden sie plötzlich zu richtigen Flügeln, Federn wuchsen aus seinem Körper und bedeckten seinen Leib. Der Knochen an seiner Stirn stieß vor und wurde zum Schnabel. Der Mensch merkte nun, daß er fliegen konnte wie der kleine Sperling. Dann hoben sich beide empor und senkten sich nieder zum Lande des Abgrundes. Aber in demselben Augenblick, als der Mann flog, rief er: »Qaoq – qaoq!« Er war zu einem großen, schwarzen Vogel geworden. Er nannte sich selbst »Rabe«.

Das Land, aus dem sie kamen, nannte er »Himmel«, und es war so weit vom Himmel bis zum Lande des Abgrundes, daß er sehr erschöpft dort unten ankam.

Hier war alles öde und kahl. Und der Rabe bepflanzte das Land des Abgrundes in gleicher Weise wie das Land im Himmel. Er flog von Ort zu Ort mit dem Sperling, und bald war alles mit Wald bedeckt. Ein Baum stand neben dem andern, und viele Kräuter und Blumen wuchsen zwischen den Bäumen. Dieses neue Land nannte der Rabe »Erde«.

Als die Erde nun lebend und fruchtbar geworden war, erschuf der Rabe die Menschen. Einige erzählen, daß er sie aus Lehm bildete, in gleicher Weise, wie er oben im Himmel eine Gestalt nach seiner eigenen geformt hatte.

Das erste, was Vater Rabe den Menschen zu essen gab, waren Beeren, die zwischen all dem Gesträuch wuchsen, das er gepflanzt hatte. Doch das, was an Pflanzen gesammelt oder an Wurzeln ausgegraben werden konnte, reichte nicht aus. Deshalb mußte andere Nahrung beschafft werden, und zu dieser wurden die Tiere. Und der Rabe formte sie aus Lehm gleich den Menschen, und er schuf allerlei Tiere auf der Erde, in der Luft und im Meere. Er zeigte sie den Menschen und sagte, daß sie fortan davon leben sollten. Das sollte ihre Nahrung sein, wenn sie gelernt hätten, sie zu jagen. Doch das war nicht leicht. Es war dunkel auf der Erde, die Augen konnten nichts sehen. Wollte man gehen, mußte man sich mit den Händen vorantasten oder sich nach dem richten, was die Ohren hören konnten. Alles war Schall.

Man war umringt von Leben, das nur durch Töne vernommen werden konnte; aber nichts war zu sehen, überall tastete man sich in der Finsternis voran. Es war nicht leicht zu leben.

Da rief der Rabe den kleinen Sperling zu sich und sagte: »Du warst schon, ehe ich mich auf der Erde sitzend fand. Du weißt vielleicht mehr als ich. Fliege nun in die Welt hinaus und suche etwas, das die Erde erleuchten kann, so daß die Menschen einander sehen können und auch die Lande rings um ihre Wohnplätze und die Tiere, die sie jagen sollen.«

Und der kleine Sperling flog fort und blieb in der Dunkelheit. Und so lange blieb er aus, daß der Rabe zuletzt glaubte, er käme nie mehr zurück. Tage und Nächte konnte man nicht zählen, alles war eins. Es gab keine Zeit, und der Rabe wußte nicht, wie lange der Sperling fort gewesen war. Doch plötzlich hörte er seinen Flügelschlag und merkte, wie er auf ihn herniederschoß und sich auf seine Hand setzte. Im Schnabel trug er zwei Stücke Glimmer in Blätter eingewickelt, ein Stück, das hell, und eines, das dunkel war. Diese gab er dem Raben. Und der Rabe brach ein kleines Stück von dem hellen Glimmer und warf es in die Luft. Sofort flutete ein gewaltiges Licht über die Erde und blendete alles Lebende. So stark war das Licht, daß es lange dauerte, bevor der Rabe selbst sehen konnte. Zum ersten Male sahen die Menschen über das Land, in dem sie lebten. Sie sahen die Wälder, die Tiere auf der Erde und im Meere und die Vögel in der Luft, und sie freuten sich über all die Schönheit, die sie umgab. Das Leben wurde neu und groß für sie alle. Aber das Licht war zu stark, es blendete. Da brach der Rabe ein Stück von dem schwarzen Glimmerstein und warf es in die Luft. Sofort wurde das Licht gedämpft, die Menschen konnten sehen, ohne daß ihre Augen schmerzten, und mit dem schwarzen Glimmer kam die Nacht und schenkte ihnen Ruhe. Der Tag begann mit der Nacht zu wechseln.

Nun kamen alle Freuden zu den Menschen. Der Rabe lehrte sie, Häuser zu bauen, die Schutz gegen Wind und Wetter gaben, und er lehrte sie, Kajaks und Frauenboote und allerlei Fanggeräte herzustellen, so daß sie auf das Meer hinausfahren und seine Fangtiere jagen konnten.

Und als die Erde so geworden war, wie sie sein sollte, versammelte der Rabe alle Menschen und sprach so zu ihnen: »Ich bin euer Vater, mir schuldet ihr euer Land und euer Leben, und mich dürft ihr nie vergessen.« Und dann hob er sich von der Erde empor und flog hinauf zum Himmel, wo es noch dunkel war. Hier warf er den Rest des hellen Glimmers aus, und wie ein gewaltiges Feuer brach das Licht hervor über die Erde, und Himmel und Erde waren erschaffen. So wurden die Erde und die Menschen und die Fangtiere, aber vor all diesen war der Rabe, und vor ihm war der kleine Sperling.

[Eskimoisches Märchen]

Der weiße Falke

Unter den Rittern, die sich im Jahr 1096 aufmachten, um unter der Führung des Herzogs Gottfried von Bouillon Jerusalem und das heilige Grab den Seldschuken zu entreißen, war auch einer namens Kuno vom Stein. Bei seinem Abschied hatte er zu seinem Weib gesagt: »In einem Jahr bin ich wieder bei dir oder ich bin tot, und du brauchst nicht länger auf mich zu warten!« Allein der Weg vom Schwarzwald nach Jerusalem ist weit, und Sonnenbrand und Nachtfrost, Hunger und Durst hatten sich mit den Schwertern der Sarazenen verschworen, den Kreuzfahrern das Vorwärtskommen soviel als möglich zu erschweren. Wie oft, ach wie oft, gedachte Kuno der frischen Tannenwälder seiner Heimat, des schattigen Bernecktales, über dem sich seine Burg trotzig und kühn auf breiten Granitfelsen aufbaute, wenn Roß und Mann mit hängenden Köpfen in der Mittagsglut durch die Steinwüsten Kleinasiens zogen.

Freilich, den deutschen Schwertern konnte kein Feind widerstehen, und unter Kampf und Sieg rückte das Heer der Kreuzfahrer vorwärts bis vor die Mauern Jerusalems. Der Ritter vom Stein hatte sich durch seine Tapferkeit unter Freund und Feind einen Namen gemacht, und sein Knappe trug schon manches Kleinod, das Kuno der geliebten Gemahlin bald als Beute heimzubringen hoffte. Denn der Fall Jerusalems stand nahe bevor, und alsdann gedachte sich Ritter Kuno sofort nach dem Abendland einzuschiffen. Doch der Mensch denkt und Gott lenkt.

Bei einem Streifzug, den Kuno mit seinen Gefährten unternahm, um für die ausgehungerten Rosse Futter zu schaffen, gerieten sie in einen Hinterhalt. Wohl sank unter des deutschen Ritters Streichen mancher Ungläubige in den Sand; allein aus vielen Wunden blutend konnte er sich der Übermacht der Feinde bald nicht mehr erwehren: Der gewaltige Hieb eines krummen Türkensäbels raubte ihm die Besinnung, und als er erwachte, befand er sich an Händen und Füßen gefesselt in Gefangenschaft. Seine Wunden waren kaum geheilt, schon wurde er als Sklave verkauft.

Und nun begann für den deutschen Ritter eine traurige Zeit. Sein Herr spannte ihn an den Pflug und ließ ihn das Feld umackern. Und wenn unter der harten Arbeit die Kräfte zu schwinden drohten, so zwangen Peitschenhiebe den Armen, sein Alleräußerstes dranzugeben. Und nach des Tages Jammer wartete seiner ein kärgliches Brot und eine harte Lagerstätte und manche in Schmerz und Heimweh verseufzte schlaflose Nacht. So kam nach und nach der Tag heran, an dem sein Abschied von Herd und Heimat sich jährte. In düsterem Brüten saß Kuno einstmals des Nachts auf seiner Strohschütte und gedachte seines fernen Weibes und seiner Abschiedsworte, da sah er eine dunkle Gestalt vor sich aus dem Boden wachsen, und ehe er noch vor Schrecken ein Wort hervorbringen konnte, hörte er's kichern und raunen: »Morgen früh wird's gerade ein Jahr, Herr Ritter, daß Ihr auszoget. Wie würde Selindis sich freuen, ihren Gemahl umarmen zu können!« Kuno seufzte. »Wozu so traurig, Herr Ritter«, fuhr die Gestalt flüsternd fort, »wenn Ihr nur wollt, so sollt Ihr morgen früh vor Eurem Schloß stehen! Ich vermag viel.«

Kuno warf sich in wildem Schmerz vor dem Gespenst auf die Knie. »Wer du auch seist«, rief er flehend aus, »führe mich fort von dieser Stätte der Qual, und ich will dir ewig dankbar sein.«

»Ich habe dir schon gesagt, ich will dich bis zum Tagesanbruch auf deine Burg zum Stein bringen, freilich unter einer Bedingung.«

»Und diese Bedingung? Nichts soll mir zu viel sein!« antwortete Kuno hastig.

»Sie ist lächerlich klein«, versetzte die Gestalt. »Wenn du während der Reise einschläfst, so bist du mein mit Seele und Leib; bleibst du wach, so verlange ich nichts von dir, weder Gut noch Geld, weder Leib noch Seele.«

Einen kurzen Augenblick besann sich der Ritter. Dann sprang er auf und rief mit heiserer Stimme: »Topp, es sei! Führe mich!«

»Sachte«, versetzte der andere, »unterschreibe erst noch, was wir bedungen haben, mit deinem Blut.« Mit diesen Worten hielt der Schwarze dem Ritter eine Feder und einen Pergamentstreifen hin. Auf dem standen die Bedingungen der Fahrt. Kurz entschlossen riß Kuno eine der Wunden auf, die ihm die Peitsche seiner Peiniger geschlagen hatten, tauchte die Feder in das hervorquellende Blut und unterschrieb.

Mit schlauem Lächeln sah der andere zu, wußte er doch, daß Kuno schon seit drei Tagen und drei Nächten nicht geschlafen hatte. Dann nahm der schwarze Geist den Vertrag zu sich, stampfte auf den Boden und auf stieg ein schwarzer Löwe mit wallender Mähne. »Sitz auf!« befahl die Gestalt.

Und kaum saß der Ritter auf dem Rücken des Tieres, so sprang die Tür des Kerkers geräuschlos auf, und wie ein Drache durch die Lüfte schießt, so stieg der Löwe in die Höhe, und in rasender Eile und doch sanft gewiegt trug's den Ritter hin nach Westen über Länder und Meere. Wie nun der Ritter auf dem warmen Fell des Löwen, die Hände tief in der dicken Mähne, so ruhig dahinfuhr, als säße er im weichen Pfühl, da überkam ihn eine unwiderstehliche Müdigkeit. Seine Lider sanken, und sein Haupt neigte sich vornüber.

Da schwirrte es plötzlich über seinem Kopf hinweg und streifte sein fliegendes Haar. Erschrocken fuhr der Ritter auf, und in die Höhe blickend sah er einen mächtigen Falken über sich schweben. Dankbar erkannte er die ihm von Gott gesandte Hilfe. Aber nach etlichen Stunden wollte ihn der Schlaf abermals übermannen, so daß er die Augen schloß und sein Haupt auf die Mähne des Löwen sank. Da flog der Falke zum zweitenmal heran und berührte mit weichem Schlag die Schläfe und die Stirn Kunos, so daß er sich schnell wieder aufraffte. Länder und Meere, Berge und Täler schwanden unter dem Reiter dahin. Aber wie sehr er sich nun auch anstrengte, wach zu bleiben, so drohte doch nach einigen Stunden zum drittenmal der Schlummer Augen und Haupt niederzuzwingen; da erhielt er vom Flügel des Falken einen dritten heftigen Schlag ins Gesicht. Mit Entsetzen erwachte der Ritter aus seiner Betäubung und erkannte, welcher Gefahr er nun schon dreimal entronnen war. Da dämmerte in leichtem Grau der Morgen. In der Tiefe sah Kuno ein schwarzes Band dunkler Wälder. Der Flug des Löwen senkte sich zur Erde, und als eben der erste helle Streifen am östlichen Himmel sich zeigte, berührte der Ritter den geliebten Boden vor dem Tor seiner heimatlichen Burg.

Der Pergamentstreifen fiel in zwei Stücke zerrissen vor Kuno nieder. Der schwarze Löwe war verschwunden. Zu gleicher Zeit aber erhob sich ein Heulen und Brausen in den Lüften, daß die Burg bis in die Tiefe der Felsen erbebte und die Tannen ächzend sich beugten. Als aber der erste Strahl der Sonne hinter den Bergen hervorbrach und die äußersten Zinnen der Burg vergoldete, da verstummte plötzlich das Unwetter. Der Ritter hob seinen Blick, und umsäumt vom goldenen Schimmer des Morgenlichts saß auf der höchsten Spitze des Turmes ein weißer Falke, der treue Warner des Ritters. Überwältigt vom Dank gegen den, der ihm den Falken gesandt, sank Kuno auf die Knie nieder und breitete seine Arme auf gen Himmel. Da erhob sich der weiße Falke von seinem Sitz und in immer weiteren Kreisen stieg er in majestätischem Flug empor, bis er in den grauen Wolken des Morgenhimmels den Blicken des Ritters entschwand. Und nun eilte Kuno seiner Gattin in die Arme. Zum Andenken an seine Rettung aber nahm Kuno vom Stein den weißen Falken in sein Wappen auf und nannte seine Burg und sein Geschlecht ihm zu Ehren Falkenstein.

[Sage aus Württemberg]

Luftgeister

Seit der Umwertung der heidnischen Götterwelt durch das Christentum sah der Volksglaube die Luft mit den Gestalten des »Wütenden Heeres« oder der »Wilden Jagd« bevölkert. Der germanische Wotan, Frau Holle oder Percht (Fru Gauden) jagen auf einem Wagen, gefolgt von allen möglichen Luftgeistern – bellenden Hunden und Katzen –, durch die Lüfte. Besonders Wotan, den man für den eigentlichen »Wilden Jäger« hielt, wurde sodann als Sturmgott und Windgott und die von ihm im Wilden Heer verfolgten Frauen als Windsbräute verstanden.

Der Wilde Jäger

Oft bellen die Hunde der Luft in finsterer Nacht auf den Heiden, in Gehölzen, an Kreuzwegen. Der Landmann kennt ihren Führer, den Wod, und bedauert den Wanderer, der nun noch nicht die Heimat erreicht hat; denn oft ist Wod boshaft, seltener mildtätig. Nur wer mitten auf dem Weg bleibt, dem tut der rauhe Jäger nichts; darum ruft er auch den Reisenden zu: »Midden in den Weg!«

Ein Bauer kam einstmals trunken in der Nacht von der Stadt. Sein Weg führte ihn durch einen Wald. Da hörte er die wilde Jagd und das Getümmel der Hunde und den Zuruf des Jägers in hoher Luft. »Midden in den Weg! Midden in den Weg!« rief eine Stimme, aber er achtete nicht darauf.

Plötzlich stürzte aus den Wolken nahe vor ihn hin ein langer Mann auf einem Schimmel. »Hast Kräfte«, sprach er. »Wir wollen uns beide versuchen. Hier die Kette! Fasse sie an! Wer kann am stärksten ziehen?«

Der Bauer faßte beherzt die schwere Kette, und hoch auf schwang sich der wilde Jäger. Indes hatte jener sie um eine nahe Eiche geschlungen, und vergeblich zerrte der Jäger.

»Hast gewiß das Ende um die Eiche geschlungen?« fragte der herabsteigende Wod.

»Nein«, versetzte der Bauer, »sieh, so halt' ich es in meinen Händen.«

»Nun, so bist du mein in den Wolken«, rief der Jäger und schwang sich empor. Der Bauer schürzte schnell die Kette wieder um die Eiche, und es gelang dem Wod nicht. »Hast doch die Kette um die Eiche geschlagen!« sprach der niederstürzende Wod.

»Nein«, erwiderte der Bauer, der sie eiligst losgewickelt hatte; »sieh, so halt' ich sie in meinen Händen.«

»Und wärst du schwerer als Blei«, rief der Wilde Jäger, »so mußt du hinauf zu mir in die Wolken.« Blitzschnell ritt er aufwärts; aber der Bauer half sich auf die alte Weise. Die Hunde bellten, die Wagen rollten, die Rosse wieherten dort oben, die Eiche krachte an den Wurzeln und schien sich seitwärts zu drehen. Dem Bauern wurde bange; aber die Eiche stand. »Hast brav gezogen«, sprach der Jäger; »mein wurden schon viele Männer; aber du bist der erste, der mir widerstand. Ich werde dich belohnen.« Laut ging die Jagd an: »Hallo, holla! Wohl wohl!« Der Bauer schlich seines Wegs weiter.

Da stürzte aus ungesehenen Höhen ein Hirsch ächzend vor ihn hin, und Wod war da, sprang von seinem weißen Roß und zerlegte eiligst das Wild. »Blut sollst du haben«, sprach er zum Bauern, »und ein Hinterteil dazu.«

»Herr«, sagte der Bauer, »siehe, dein Knecht hat nicht Eimer noch Topf.«

»Zieh den Stiefel aus!« rief Wod. Der Bauer tat's. »Nun wandere mit Blut und Fleisch zu Weib und Kind.«

Die Angst erleichterte anfangs die Last; aber allmählich wurde sie schwerer und schwerer; kaum vermochte er sie zu tragen. Mit krummem Rücken, vom Schweiß triefend, erreichte er endlich seine Hütte, und siehe da, der Stiefel war voll Gold, und das Hinterstück ein lederner Beutel voll Silbergeld.

[Märchen aus Mecklenburg]

Fru Gauden oder Goden

Es war einmal eine reiche und vornehme Frau, die hieß »Fru Gauden«; dieselbe liebte so heftig die Jagd, daß sie das sündliche Wort sprach, die Jagd sei besser als der Himmel, und wenn sie nur immerfort jagen könne, so wolle sie nie zum Himmel ein. Nun hatte sie auch vierundzwanzig Töchter, die hatten gleichen Sinn und gleiches Verlangen. Als nun einmal Mutter und Töchter nach gewohnter Weise in wilder Freude durch Wälder und Felder jagten, erreichte ihre Lust den höchsten Gipfel, und wieder erscholl das ruchlose Wort von aller Lippen: »Die Jagd ist besser als der Himmel, und wenn wir nur immerfort jagen dürfen, so wollen wir nie zum Himmel ein.« Siehe, da wandeln sich plötzlich vor den Augen der Mutter die köstlichen Kleider der Töchter in zottige Haare, die Arme in Beine, und vierundzwanzig Hündinnen umklaffen den Jagdwagen der Mutter; vier von ihnen übernehmen den Dienst der Rosse, die übrigen umkreisen als Jagdhunde den Wagen, und fort geht der wilde Zug zu den Wolken hinauf, um dort zwischen Himmel und Erde, wie sie gewünscht hatten, unaufhörlich zu jagen, von einem Tag zum andern, von einem Jahre zum andern.

Doch längst schon sind sie des wilden Treibens überdrüssig geworden, und schmerzvoll beklagen sie jetzt den frevelhaften Wunsch, insbesondere die Mutter, die nicht nur über ihr eigenes Schicksal, sondern mehr noch über das ihrer unglücklichen Töchter bekümmert ist; aber sie alle müssen die Folgen ihrer Schuld tragen, bis die Stunde ihrer Erlösung kommt. Kommen wird diese Stunde einmal, doch niemand weiß, wann das geschieht, und bis dahin ist ihnen nur vergönnt, ihre Klagen vor den Ohren der Menschenkinder laut werden zu lassen, um auf solche Weise Linderung für ihre Schmerzen zu suchen und zu finden.

In den Twölven, denn zu andern Zeiten können wir Menschenkinder sie nicht wahrnehmen, lenkt Frau Gauden ihren Jagdzug zu den Wohnungen der Menschen hin; am liebsten fährt sie in der Christnacht oder in der Altjahrsnacht über die Straßen des Dorfes, und wo sie dann die Tür eines Hauses geöffnet findet, da sendet sie eine von ihren Begleiterinnen hinein. Ein kleiner Hund wedelt nun am andern Morgen die Bewohner des Hauses an und fügt niemandem ein anderes Leid zu, als daß er durch klagendes Gewinsel die Ruhe der Nacht stört. Beschwichtigen läßt er sich nicht, auch nicht verjagen; tötet man ihn, so verwandelt er sich am Tag in einen Stein, der, wenn auch weggeworfen, durch unsichtbare Gewalt ins Haus zurückkehrt und zur Nachtzeit wieder zum Hund wird.

Der lebendig gewordene Hund aber rächt sich nun, wimmert und winselt zum Entsetzen der Menschen das ganze Jahr hindurch, bringt Krankheit und Sterben über Menschen und Vieh wie Feuersgefahr über das Haus, und erst mit der Wiederkehr der Twölven kehrt die Ruhe des Hauses zurück, wenn es bis dahin vor völligem Untergang bewahrt blieb.

Jeder achtet deshalb darauf, daß während der Abend- und Nachtzeit in den Twölven die große Tür des Hauses fest verschlossen gehalten wird. Unvorsichtige Leute versäumen das zuweilen und sind dann selbst schuld daran, daß Frau Gauden bei ihnen einzieht.

So geschah dies auch einmal den Großeltern jetziger Hauswirtsleute zu Bresegardt. Die waren noch obendrein so töricht, Frau Gaudens Hündlein zu töten. Aber dafür war auch von Stund an kein »Säg und Däg«, d. i. kein Se-

gen und Gedeihen mehr im Hause, bis zuletzt das Haus sogar in Flammen unterging.
Glücklicher aber waren diejenigen dran, die der Frau Gauden einen Dienst erwiesen. Es begegnet ihr zuweilen, daß sie in der Dunkelheit der Nacht des Weges verfehlt und auf einen Kreuzweg gerät. Kreuzwege aber sind der guten Frau ein Stein des Anstoßes, und so oft sie sich auf einen solchen verirrt, zerbricht sie irgend etwas an ihrem Wagen, das sie selbst nicht wieder herzustellen versteht. In solcher Verlegenheit kam sie auch einmal zu nachtschlafender Zeit, als stattliche Dame gekleidet, einem Knecht zu Boeck vor sein Bett, weckte ihn auf und bat ihn flehentlich um Hilfe in ihrer Not. Der Knecht ließ sich erbitten, folgte ihr zum Kreuzweg und fand, daß das eine Rad von ihrem Wagen abgelaufen war. Er machte das Fuhrwerk wieder gangbar, und zum Dank für seine Mühe befahl sie ihm, die sämtlichen Häuflein in seine Tasche zu sammeln, die ihre Begleiterinnen beim Verweilen auf dem Kreuzweg zurückgelassen hatten, wir können nicht sagen, ob als Zeichen großer Angst oder guter Verdauung.
Der Knecht wurde unwillig über solch eine Zumutung, ließ sich indes doch einigermaßen beschwichtigen durch die Versicherung, daß das Geschenk so wertlos, wie er wohl meine, für ihn nicht sein werde, und nahm, wenn auch ungläubig, doch neugierig einige Häuflein mit sich. Und siehe, zu seinem nicht geringen Erstaunen begann das Mitgenommene mit Tagesanbruch zu glänzen wie blankes Gold und war auch wirklich Gold. Da war es ihm denn sehr leid, statt einiger Häuflein nicht alle mitgenommen zu haben; denn von den zurückgelassenen Kostbarkeiten war am Tage auch nicht die Spur mehr aufzufinden.
Ein andermal beschenkte Frau Gauden einen Mann zu Conow, der eine neue Deichsel in ihren Wagen setzte, und noch ein andermal beschenkte sie eine Frau zu Göhren, die ihr den hölzernen Stecken in die Deichsel schnitt, über

welchem die Wage hängt. Beide erhielten für ihre Mühe, daß die sämtlichen Späne, die von der Deichsel wie von dem Wagenhalter abfielen, sich in schieres, prächtiges Gold verwandelten. Insonderheit liebt Frau Gauden kleine Kinder und beschenkt sie zuweilen mit allerlei guten Gaben; darum singen die Kinder auch, wenn sie Fru Gauden spielen:

»Fru Gauden hett mi 'n Lämmken geven,
Dormit sall ick in Freuden leven.«

Doch hat sie sich allmählich aus der Gegend weggewandt, und das hängt so zusammen. Fahrlässige Leute zu Semmerin hatten in einer Silvesternacht ihre Haustür sperrweit offen gelassen. Dafür fanden sie am Neujahrsmorgen ein schwarzes Hündlein auf ihrem Feuerherd liegen, das in nächster Nacht mit unausstehlichem Gewinsel den Leuten die Ohren vollschrie. Da war guter Rat teuer, was anzufangen sei, um den ungebetenen Gast aus dem Hause loszuwerden. Und wirklich fand man Rat bei einer klugen Frau, die in geheimen Künsten wohlbewandert war. Diese gebot nämlich, es solle das sämtliche Hausbier durch einen »Eierdopp« gebraut werden. – Gesagt, getan. Eine Eierschale wurde in das Zapfloch des Braukübels gesteckt, und kaum, daß das »Wörp«, das ungegorene Bier, hindurchgelaufen war, da erhob sich Frau Gaudens Hündlein und redete mit vernehmlicher und klarer Stimme:

»Ick bün so olt
As Böhmengold;
Äwerst dat heff ick minleder nich truht,
Wenn man 't Bier dörch 'n Eierdopp bruht!«

Und als es das gesagt hatte, verschwand es, und seither hat niemand hier so wenig Frau Gauden als ihre Hündlein gesehen.

[Märchen aus Mecklenburg]

Das Wilde Heer

Im Stöckhof bei Egliswil beherbergte der dortige Bauer einen terminierenden Kapuziner und plauderte mit ihm vor dem Schlafengehen noch, als ein fernes Getöse das Wilde Heer ankündigte. Der Kapuziner ermahnt die Leute des Hauses, sich ruhig zu verhalten. Allein während das Getümmel nun über dem Hause wegzieht, steckt der Sohn den Kopf zum Läufterli (Schalter des Fensters) hinaus und schreit hinauf:

Du rîtist i der Nacht,
De Tüfel het di g'macht!
Du rîtist wie ne Schnîder,
De Tüfel holt di wieder!

Auf diese Worte scholl es aus den Lüften herab:

witt du mit mer strîte,
se chast au mit mer rîte!

Kaum hatte man diese Worte vernommen, so fliegt der Bube zum Fenster hinaus. Am nächsten Morgen fand man ihn untern im Walde völlig zerschmettert.

[Sage aus der Schweiz]

Das Mutesheer

Vor etwa vierzig Jahren stand ein Bürger aus Wurmlingen nachts um halb ein Uhr auf, nahm seine Sense und ging ins Ammertal, um seine Wiese abzumähen. Ehe man aber von Wurmlingen aus in das Wiesental gelangt, trifft man an dem Feldweg ein hölzernes Kreuz. Hier hörte der Mann nun ein gewaltiges Getöse und Getrapp vom Ammertal her auf sich zukommen und erkannte bald, daß es ein Wagen und doch kein rechter Wagen war. In demselben saßen viele hundert Menschen, die alle ein lautes Gespräch führten; allein, er verstand nichts davon. Als der Wagen ganz nahe war, hielt er still, und die Leute fragten ihn, wohin der Weg führe, der da rechts an dem Kreuz vorbeigehe. Der Mann antwortete ihnen, daß man auf diesem Weg nach Wendelsheim und Seebronn komme. So wie er aber dies gesagt hatte, griff einer aus dem Wagen nach ihm und hielt ihn fest. Darauf entstand ein schrecklicher Sturm, der ihn samt allen, die auf dem Wagen waren, eine Viertelstunde weit durch die Luft führte. Während dieser Luftfahrt brachen die Leute in ein fürchterliches Gelächter aus. Endlich ließ man ihn los, worauf er plötzlich zu Boden fiel. Diese wilden Haufen, die nichts anderes als das Mutesheer waren, flogen dann unter fortwährendem Gelächter durch die Luft auf Wendelsheim zu.

[Sage aus Schwaben]

Der Hexenflug

... Auf diese Weise waren noch einige weitere Nächte der Wonne vergangen, als Photis eines Tages aufgeregt und ängstlich zu mir kam und mir eröffnete, daß ihre Herrin, da ihre sonstigen Künste bei ihrem Geliebten bisher völlig versagt hätten, sich in der kommenden Nacht in einen befiederten Vogel verwandeln wolle, um zu dem Ersehnten zu fliegen; ich solle mich also heimlich bereithalten, Augenzeuge dieses großen Ereignisses zu sein. Und um die Zeit der ersten Nachtwache führte sie mich lautlos auf den Zehenspitzen hinauf in das Dachgeschoß und ließ mich durch einen Türspalt sehen, was dort geschah:
Pamphile hatte bereits alle Kleider abgelegt und schloß eine kleine Truhe auf, der sie verschiedene Büchsen entnahm; deren eine öffnete sie, um die Salbe lange zwischen ihren Handflächen zu reiben und sich dann vom Kopf bis zu den Zehen damit einzureiben, während sie gleichzeitig lange heimliche Zwiesprache mit ihrer Lampe führte und dann ihre Glieder schüttelte und rüttelte. Und während sie sich leise hin und her wiegte, sproß zarter Flaum, wuchsen ihr starke Federn, krümmte sich die Nase zum Schnabel, bogen sich die Zehennägel zu Krallen: Pamphile war zu einer Eule geworden! Sie krächzte schauerlich und hüpfte am Boden hin und her, um ihre Schwingen zu prüfen; dann erhob sie sich in die Lüfte und verschwand mit breiten Fittichen in der Ferne.
Dank ihren Zauberkünsten hatte sie sich nach Wunsch und Willen verwandelt, ich aber stand da wie verzaubert – ohne Zauberspruch! Ich konnte nicht fassen, was ich eben

gesehen hatte, und schien mir nichts weniger zu sein als Lucius! Ich wußte nicht mehr, wie mir geschah, ich war wie vor den Kopf geschlagen, ich kam mir vor wie ein Wahnsinniger, mit offenen Augen wie im Traum. Dann rieb ich mir lange die Lider im Zweifel, ob ich wirklich wach sei.

Endlich kam ich wieder zur Besinnung, sah mich um, ergriff Photis' Hand, führte sie an meine Augen und sagte: »Laß mich, solange sich die Gelegenheit bietet, einen ganz besonderen Beweis deiner Zuneigung erbitten und gib mir etwas von der Salbe dort – bei diesen deinen teuren Augen, meine Honigsüße – und verpflichte dir durch diese Gunst, die ich dir niemals vergelten kann, deinen Sklaven für immer und ewig! Mache, daß ich neben dir, meine teure Venus, als beschwingter Cupido stehe!«

»Was du nicht sagst!« entgegnete sie, »du Schlauberger und Schürzenjäger! Ich soll mich ins eigene Fleisch schneiden? Ich kann dich, hilflos wie du bist, kaum vor den thessalischen Hexen schützen; aber bist du in einen Vogel verwandelt, wo sollte ich dich dann wohl suchen, wann würde ich dich dann je wiedersehen?«

»Die Götter mögen mich vor einem solchen Frevel bewahren«, sagte ich, »daß ich, und wäre ich auch ein Adler, der in stolzem Flug den ganzen Himmel offen findet, des hohen Jupiter treuer Bote oder froher Waffenträger, auch nach solcher Schwingenherrlichkeit nicht doch wieder hier in mein Nest zurückkehrte! Ich schwöre dir bei diesen deinen süß verschlungenen Locken, die mein Herz gefesselt haben, daß mir kein anderes Mädchen lieber ist als meine Photis! Und dann fällt mir auch noch ein, daß ich alle Häuser meiden muß, wenn ich dank dieser Salbe ein Vogel geworden bin! Was für ein reizender und stattlicher Liebhaber wäre eine Eule! Aus lauter Angst nagelt man diese Nachtvögel über die Tür, wenn sie sich in ein Haus verirrt haben, so daß sie unter jämmerlichen Qualen für die böse Vorbedeutung büßen, die ihr Unglücksflug dem Haus verkündet! Aber was ich beinahe vergessen hätte: Was muß ich sagen oder tun, um meine Federn wieder loszuwerden und wieder Lucius zu werden?«

»Da mache dir keine Sorgen«, erwiderte sie, »denn meine Herrin hat mir ganz genau erklärt, wie man sich wieder in Menschengestalt zurückverwandeln kann. Sie hat das allerdings nicht etwa aus Gefälligkeit getan, sondern damit ich ihr bei ihrer Rückkehr mit dem entsprechenden Zaubermittel zur Verfügung stehe. Schau her, wie wenige und was für läppische Kräuter genügen, um diese Sache in Ordnung zu bringen: etwas Dill und ein paar Lorbeerblätter in Quellwasser zum Baden und zum Trinken.«

Unter wiederholten Beteuerungen, daß dem so sei, schlich sie voller Aufregung in das Gemach, um eine Büchse aus der Truhe zu holen. Ich ergriff sie, küßte sie und betete, sie möge mir einen guten Flug schenken; dann warf ich alle Kleider ab, entnahm mit zitternden Fingern eine gute Portion Salbe und rieb meinen Körper von oben bis unten damit ein. Dann schwang ich meine Arme auf und nieder, um ein Vogel zu werden – doch kein Flaum, keine Federn wollten sich zeigen, sondern im Gegenteil, meine Haare wurden zu dicken Borsten, und meine zarte Haut wurde zum struppigen Fell; an Händen und Füßen wuchsen Finger und Zehen zu Hufen zusammen, und das Ende meines Rückgrats verlängerte sich zu einem langen Schwanz. Ein riesiger Kopf, ein großes Maul, sich blähende Nüstern und hängende Lippen; und nun auch noch behaarte Riesenohren! Der einzige Trost in meiner kläglichen Verwandlung war, daß auch mein Gemächte ins Wachsen kam – wenn ich nur auch meine Photis hätte umarmen können!

Und während ich mich voller Entsetzen besah und gewahr wurde, daß ich nicht als Vogel, sondern als Esel dastand, wollte ich mich bei Photis beschweren, aber mit meinen menschlichen Zügen hatte ich auch meine menschliche Stimme eingebüßt und konnte ihr nur noch mit hängender Unterlippe und sie mit feuchten Augen von der Seite anblickend stumme Vorwürfe machen.

Als sie mich in dieser Verfassung sah, schlug sie entsetzt ihre Hände vor das Gesicht und rief: »Ich Ärmste, ach! Es ist aus mit mir! In der Eile und Aufregung habe ich die Büchsen verwechselt! Aber zum Glück weiß ich, wie man die Verwandlung wieder rückgängig machen kann: Es ist ganz einfach. Wenn du Rosen frißt, wirst du wieder aus der Eselshaut steigen und wieder mein Lucius! Ach hätte ich nur heute abend ein paar Kränze für uns zurechtgemacht, damit du nicht so lange warten mußt – nur eine Nacht! Sobald es hell wird, sollst du gleich dein Rettungsmittel bekommen!«

Sie war untröstlich. Ich war ein kompletter Esel und statt des Lucius ein Langohr mit Menschenverstand.

[Auszug aus dem lateinischen Roman »Der Goldene Esel«]

Hexentanzplätze

Im Breisgau treffen sich alle Hexen auf dem Kandel beim »Hexentanzplatz«; dann gibt es eine »große Fastnacht«. Einige hundert Hexen fliegen von allen Seiten herbei, die meisten auf gesalbten Stöckchen, einzelne aber auch in »Gutschen«, die mit Schimmeln bespannt sind. Man hat auch Züge von vier Katzen und vor dem Wagen eine halbe Laterne gesehen. Ehe die Hexen abfahren, rufen sie aus: »In tausend Teufels Namen!« Auf der Fahrt ist ihnen verboten zu reden.

Erscheinen Jungfrauen zum erstenmal in der Gesellschaft, so werden sie durch den Ehrenplatz und ein Kränzchen ausgezeichnet. Alte, häßliche Weiber werden auch in diesen Versammlungen über die Achsel angesehen; sie gelten nicht viel. Ihr Geschäft ist, als Lichtstöcke zu dienen und Teller zu spülen. Die Tische sind aufs reichlichste gedeckt, nur Salz und Brot fehlen; dagegen wird weißer und roter Wein im Überfluß getrunken. Im ganzen geht es ruhig her, bis der Tanz seinen Anfang nimmt; dann aber wird getrommelt und gepfiffen. Ein vorzüglicher Spielmann soll ein früherer Schultheiß von Niederwinden gewesen sein: Er nahm vom nachsten Zaun irgendeine Rute und pfiff darauf die muntersten Tänze.

Ist nicht eine »große Fastnacht« angesetzt, so kommen die Hexen an anderen Orten zusammen: Die Hexen von Waldkirch auf dem Kastelberg, jene von Freiburg auf dem Kastelberg oder auf dem Nägelesee. Dies war einer der Haupttummelplätze für die Hexen aus Freiburg und Umgebung. Daselbst führte »die dicke Bärbel vom Fischmarkt« in einem stattlichen Pelz den Vorsitz, musterte die Kleider der Angekommenen und hielt auf Ordnung.

Auf der Wasserscheide, wo die drei Gemarkungen: Siegelau, Niederwinden und Katzenmoos aneinandergrenzen, ist ein alter Hexentanzplatz. Leute, die spät aus den Wirtshäusern in Oberspitzenbach und Biederbach heimkehrten, sollen von den Hexen öfters irregeführt worden sein. Besonders hatten es die Hexen auf die heimgehenden Siegelauer Musikanten abgesehen, die darum statt nach Hause an ganz entlegene Stellen kamen oder gar an ihren Ausgangsort zurück.

[Sage aus Baden]

Die Hexe vom Brigittenschloß

In uralter Zeit soll an der Grenze von Obersasbach bei dem nahen Aubach ein Schloß gestanden haben, das eine greuliche Hexe mit Namen Brigitte bewohnte. Die schickte im Sommer oft über die Gegend schwere Gewitter mit Wolkenbruch und Hagel und richtete auch noch viel anderes Unheil an. Vergebens baten die Bauern um Schonung. Da zogen sie einmal, geführt von dem Kaplan von Sasbach, in Prozession mit Kreuz, Fahnen und Weihwasser vor das Schloß, beteten und flehten um Gnade. Aber das half alles nichts. Die Zugbrücke war aufgezogen, und auf den Zinnen des Schlosses tanzten Männlein wie Affen hin und her. Die Bauern hatten erst vorgehabt, sich zu rächen; jetzt verloren sie die Courage. Aber der Geistliche sah alles für teuflisches Blendwerk an. Als sie sich nun zum Sturm anschickten, erschienen auf dem Turm der Burg drei blaue Flämmchen und Frau Brigitte mit einem Zauberstab. Sie sagte einen Spruch, da riß sich auf einmal die Burg aus der Erde los und schwebte auf die höchste Spitze des Berges. Und wie die Hexe gar noch drohte, die Bauernhäuser durch die Lüfte forttragen und in den Rhein oder Bodensee versenken zu lassen, ergriffen die Bauern die Flucht.

Lange Zeit wagte niemand mehr, den Berg zu ersteigen und sich der Burg zu nähern. Sechzig Jahre später verirrte sich ein Mädchen beim Erdbeersammeln bis vor den Eingang der Burg. Da sah es eine schwarzgekleidete Frau, die winkte ihm mit einem goldenen Schlüssel, daß es mit ihr gehe. Das Mädchen aber rannte mit Schreckensgeschrei den Berg hinab.

Bald darauf zerfiel die Burg, und als einige Jäger es einmal wagten, in die Ruine einzudringen, fanden sie nichts als einen Haufen menschlicher Gebeine und Scharen von Eulen und Fledermäusen.

[Sage aus Baden]

Die Flugbahn der Toten

In Ragnit gab es zwei Gottesäcker, der eine südwestlich von der Stadt gelegene für die deutsche, der andere östlich von der Stadt gelegene für die litauische Gemeinde. Auf dem Strich zwischen beiden Gottesäckern aber – so erzählt man – leidet es weder Baum noch Strauch, weder Haus noch Mauer, noch Zaun oder Hecke, denn die Toten, die im Leben miteinander befreundet gewesen sind, besuchen sich in stürmischen Nächten und fliegen in der Luft von einem Gottesacker zum andern. Sie fliegen aber nicht hoch über der Erde, und deshalb leiden sie keinen auch nur wenige Ellen hohen Gegenstand auf ihrem Weg.
Einst baute ein Fremder, ohne die Warnungen der Ragniter zu achten, ein Haus auf der Südseite der Stadt, wo es also im Bereich der Leichenflugbahn lag. Ehe aber das Sperrwerk aufgesetzt wurde, da kam einmal eine stürmische Nacht, und am Morgen lagen die starken Mauern des neuen Hauses in Trümmern, wo doch etliche armselige und wandelbare Hütten, die wenige Schritte davon, aber den Leichen nicht im Weg standen, den Sturm ohne allen Schaden ausgehalten hatten. Da ergriff den Bauherrn ein heimliches Grausen, aber er schämte sich, jetzt durch Schaden klug werden zu sollen, nachdem er das viel wohlfeiler durch die Ragniter Warnung hätte werden können, und er versuchte, den Toten zu trotzen. Er ließ also das Haus noch einmal aufbauen, und noch stärker und fester als zuerst; aber – wie es wieder bis an das Dach war, trat eine stürmische Nacht ein, und am Morgen lag das Haus

wieder in Trümmern. Nun wich der Bauherr der Macht der Toten und baute sein Haus ein wenig seitab, so daß es nicht mehr in dem Strich zwischen den Gottesäckern lag. Dort hat es viele stürmische Nächte unbeschadet ausgehalten und steht heute noch.

Es muß aber die Flugbahn der Toten sehr genaue Grenzen haben. Denn einmal wollte ein Bürger von Ragnit eine Scheuer südlich von der Stadt bauen; und da er ein Sonntagskind war und ihm also die Geister sichtbar wurden, so beobachtete er in einer stürmischen Nacht den Flug der Toten genau und steckte sich ein Zeichen ab, damit er mit seinem Bau ihnen nicht in den Weg geriete. Er mochte dabei aber doch um ein paar Ellen zu knapp gekommen sein, denn als die Scheuer fertig war und in einer Nacht der Sturm tobte, da war am Morgen darauf die Ecke des einen Scheunengiebels morsch weggerissen. Gleich ließ der Besitzer den Giebel einrücken, und nun blieb er unbeschadet. Aber eine kleine Dachspitze der Scheune ragt heute noch in die Flugbahn der Toten, und so oft eine stürmische Nacht ist, reißt er diese herunter, so daß der Besitzer sie wohl hundertmal im Jahr ausbessern lassen muß.

[Sage aus Litauen]

Der Menschheitstraum vom Fliegen

Mythen und Märchen erzählen von phantastischen Flügen und abenteuerlichen Luftfahrten, von imaginären und schamanistischen Himmelsreisen: Die kunstvoll gefertigten Flügel des Dädalos und Ikaros, das mythische Flügelroß Pegasos des Bellerophon, der von Drachen gezogene Himmelswagen des Dr. Faust, der hölzerne Vogel des Schamanen, der fliegende Koffer des »Türkengottes« – sie alle tragen den Märchenhelden hinauf in die göttlichen Sphären der Luft.

Der fliegende Koffer

Es war einmal ein Kaufmann, der war so reich, daß er die ganze Straße und fast noch eine kleine Gasse mit Silbergeld pflastern konnte; aber das tat er nicht, er wußte sein Geld anders anzuwenden, und gab er einen Groschen aus, so bekam er einen Taler wieder, ein so kluger Kaufmann war er – bis er starb.

Der Sohn bekam nun all dieses Geld, und er lebte lustig, ging jeden Tag einem anderen Vergnügen nach, machte Papierdrachen von Talerscheinen und warf in das Wasser mit Goldstücken anstatt mit einem Steine. So konnte das Geld wohl zu Ende gehen: Zuletzt besaß er nicht mehr als vier Groschen und hatte keine anderen Kleider als ein Paar Schuhe und einen alten Schlafrock. Nun kümmerten sich seine Freunde nicht mehr um ihn, da sie ja nicht zusammen auf die Straße gehen konnten; aber einer von ihnen, der gutmütig war, sandte ihm einen alten Koffer mit der Bemerkung: »Packe ein!« Ja, das war nun ganz gut, aber er hatte nichts einzupacken, darum setzte er sich selbst in den Koffer.

Das war ein merkwürdiger Koffer. Sobald man an das Schloß drückte, konnte der Koffer fliegen. Das tat nun der Mann, und sogleich flog er mit dem Koffer durch den Schornstein hoch über die Wolken hinauf, weiter und weiter fort; sooft aber der Boden ein wenig krachte, war er sehr in Angst, daß der Koffer in Stücke gehe, denn alsdann hätte er einen ganz tüchtigen Luftsprung gemacht. So kam er nach dem Lande der Türken. Den Koffer verbarg er im Walde unter verdorrten Blättern und ging dann in die Stadt hinein; das konnte er auch recht gut, denn bei den Türken gingen ja alle so wie er in Schlafrock und Pantoffeln. Da begegnete er einer Amme mit einem kleinen Kinde. »Höre du, Türkenamme«, fragte er, »was ist das für ein großes Schloß hier dicht bei der Stadt, wo die Fenster so hoch sitzen?«

»Da wohnt die Tochter des Königs!« erwiderte die Frau. »Es ist prophezeit, daß sie über einen Geliebten sehr unglücklich werden würde, und deshalb darf niemand zu ihr kommen, wenn nicht der König und die Königin mit dabei sind!«

»Ich danke!« sagte der Kaufmannssohn, ging hinaus in den Wald, setzte sich in seinen Koffer, flog auf das Dach des Schlosses und kroch durch das Fenster zur Prinzessin.

Sie lag auf dem Sofa und schlief; sie war so schön, daß der Kaufmannssohn sie küssen mußte; sie erwachte und erschrak gewaltig, aber er sagte, er sei der Türkengott, der durch die Luft zu ihr heruntergekommen sei, und das gefiel ihr.

So saßen sie beieinander, und er erzählte ihr Geschichten von ihren Augen; das waren die herrlichsten, dunklen Seen, und da schwammen die Gedanken gleich Meerweibchen; und er erzählte von ihrer Stirn, die war ein Schneeberg mit den prächtigsten Sälen und Bildern; und er erzählte vom Storch, der die lieblichen, kleinen Kinder bringt.

Ja, das waren schöne Geschichten! Dann freite er um die Prinzessin, und sie sagte sogleich ja!

»Aber Sie müssen am Sonnabend herkommen«, sagte sie, »da sind der König und die Königin bei mir zum Tee! Sie werden sehr stolz darauf sein, daß ich den Türkengott bekomme, aber sehen Sie zu, daß Sie ein recht hübsches Märchen wissen, denn das lieben meine Eltern ganz außerordentlich; meine Mutter will es erbaulich und vornehm und mein Vater belustigend haben, so daß man lachen kann!«

»Ja, ich bringe keine andere Brautgabe als ein Märchen!« sagte er, und so schieden sie, aber die Prinzessin gab ihm einen Säbel, der war mit Goldstücken besetzt, und die konnte er gerade gebrauchen.

Nun flog er fort, kaufte sich einen neuen Schlafrock und saß dann draußen im Walde und dichtete ein Märchen; das sollte bis zu Sonnabend fertig sein, und das ist nicht leicht.

Es wurde fertig, und da war es Sonnabend.

Der König, die Königin und der ganze Hof warteten mit dem Tee bei der Prinzessin. Er wurde freundlich empfangen.

»Wollen Sie uns nun ein Märchen erzählen«, sagte die Königin, »eins, das tiefsinnig und belehrend ist?«

»Aber worüber man doch lachen kann!« sagte der König.

»Jawohl!« erwiderte er und erzählte; da muß man nun gut aufpassen.

»Es war einmal ein Bund Streichhölzer, die waren außerordentlich stolz auf ihre hohe Herkunft; ihr Stammbaum, das heißt, die große Fichte, wovon sie jedes ein kleines Hölzchen waren, war ein großer, alter Baum im Walde gewesen. Die Streichhölzer lagen nun in der Mitte zwischen einem alten Feuerzeug und einem alten, eisernen Topfe, und diesem erzählten sie von ihrer Jugend. ›Ja, als wir noch im Baum waren‹, sagten sie, ›da waren wir wirklich auf einem grünen Zweig! Jeden Morgen und Abend gab es Diamanttee, das war der Tau: Den ganzen Tag hatten wir Sonnenschein, wenn die Sonne da war, und alle die kleinen Vögel mußten uns Geschichten erzählen. Wir konnten wohl merken, daß wir auch reich waren, denn die Laubbäume waren nur im Sommer bekleidet, aber unsere Familie hatte Mittel zu grünen Kleidern sowohl im Sommer als im Winter. Doch da kam der Holzhauer, und unsere Familie wurde zersplittert; der Stammherr erhielt Platz als Hauptmast auf einem prächtigen Schiffe, das die Welt umsegeln konnte, wenn es wollte, die anderen Zweige kamen nach anderen Orten, und wir haben nun das Amt, der Menge das Licht anzuzünden; deshalb sind wir vornehmen Leute hier in die Küche gekommen.‹

›Mein Schicksal gestaltete sich auf eine andere Weise!‹ sagte der Eisentopf, an dessen Seite die Streichhölzer lagen. ›Vom Anfang an, seit ich in die Welt kam, bin ich vielmal gescheuert und gewärmt worden; ich sorge für das Dauerhafte und bin der Erste hier im Hause. Meine einzige Freude ist, nach Tische rein und sauber auf meinem Platze zu liegen und ein vernünftiges Gespräch mit den Kameraden zu führen. Wenn ich den Wassereimer ausnehme, der hin und wieder einmal zum Hof hinunterkommt, so leben wir immer innerhalb der Türen. Unser einziger Neuigkeitsbote ist der Marktkorb, aber der spricht zu unruhig über die Regierung und das Volk. Ja, neulich war da ein alter Topf, der vor Schreck darüber niederfiel und sich in Stücke schlug; der war gut gesinnt, sage ich euch!‹ – ›Nun sprichst du zuviel!‹ fiel das Feuerzeug ein, und der Stahl schlug gegen den Feuerstein, daß es sprühte. ›Wollen wir uns nicht einen lustigen Abend machen?‹

›Ja, laßt uns davon sprechen, wer der Vornehmste ist!‹ sagten die Streichhölzer.

›Nein, ich liebe es nicht, von mir selbst zu reden‹, wendete der Tontopf ein. ›Laßt uns eine Abendunterhaltung veranstalten. Ich werde anfangen, ich werde etwas erzählen, was ein jeder erlebt hat; da kann man sich leicht darein finden, und es ist sehr erfreulich! An der Ostsee bei den Buchen –‹

›Das ist ein hübscher Anfang!‹ sagten die Teller. ›Das wird sicher eine Geschichte, die uns gefällt!‹

›Ja, da verlebte ich meine Jugend bei einer stillen Familie;

die Möbel wurden geputzt, die Fußböden gescheuert, und alle vierzehn Tage wurden neue Vorhänge aufgehängt!‹
›Wie gut Sie erzählen!‹ sagte der Haarbesen. ›Man kann gleich hören, daß ein Frauenzimmer erzählt; es geht etwas Reines hindurch!‹
›Ja, das fühlt man!‹ sagte der Wassereimer und machte vor Freude einen kleinen Sprung, so daß es auf dem Fußboden klatschte.
Der Topf fuhr zu erzählen fort, und das Ende war ebensogut wie der Anfang.
Alle Teller klapperten vor Freude, und der Haarbesen zog grüne Petersilie aus dem Sandloche und bekränzte den Topf, denn er wußte, daß es die andern ärgern werde. Bekränze ich ihn heute, dachte er, so bekränzt er mich morgen.
›Nun will ich tanzen!‹ sagte die Feuerzange und tanzte. Ja, Gott bewahre uns, wie konnte sie das eine Bein in die Höhe strecken! Der alte Stuhlbezug dort im Winkel platzte, als er es sah. ›Werde ich nun auch bekränzt?‹ fragte die Feuerzange, und das wurde sie.
›Das ist das gemeine Volk!‹ dachten die Streichhölzer.
Nun sollte die Teemaschine singen, aber sie sagte, sie sei erkältet, sie könne nicht, wenn sie nicht koche; doch das war bloße Vornehmtuerei; sie wollte nicht singen, wenn sie nicht drinnen bei der Herrschaft auf dem Tisch stand.
Im Fenster saß eine alte Feder, womit das Mädchen zu schreiben pflegte; es war nichts Bemerkenswertes an ihr, außer daß sie gar zu tief in die Tinte getaucht worden, aber darauf war sie nun stolz. ›Will die Teemaschine nicht singen‹, sagte sie, ›so kann sie es unterlassen; draußen hängt eine Nachtigall im Käfig, die kann singen; die hat zwar nichts gelernt, aber das wollen wir diesen Abend dahingestellt sein lassen!‹
›Ich finde es höchst unpassend‹, sagte der Teekessel – er war Küchensänger und Halbbruder der Teemaschine –,

›daß ein fremder Vogel gehört werden soll! Ist das Vaterlandsliebe? Der Marktkorb mag darüber richten!‹
›Ich ärgere mich nur‹, sagte der Marktkorb, ›ich ärgere mich so, wie es sich kein Mensch denken kann! Ist das eine passende Art, den Abend hinzubringen? Würde es nicht vernünftiger sein, Ordnung herzustellen? Ein jeder müßte auf seinen Platz kommen, und ich würde das ganze Spiel leiten. Das sollte etwas anderes werden!‹
›Laßt uns Lärm machen!‹ sagten alle. Da ging die Tür auf. Es war das Dienstmädchen, und da standen sie still. Keiner bewegte sich; aber da war nicht ein Topf, der nicht gewußt hätte, was er zu tun vermöge und wie vornehm er sei. ›Ja, wenn ich gewollt hätte‹, dachte jeder, ›so hätte es ein recht lustiger Abend werden sollen!‹
Das Dienstmädchen nahm die Streichhölzer und zündete sich Feuer damit an. Wie sie sprühten und in Flammen gerieten!
Nun kann doch ein jeder sehen, dachten sie, daß wir die Ersten sind. Welchen Glanz wir haben, welches Licht! Damit waren sie ausgebrannt.«
»Das war ein herrliches Märchen!« sagte die Königin. »Ich fühle mich ganz in die Küche versetzt zu den Streichhölzern, ja, nun sollst du unsere Tochter haben.«
»Jawohl!« sagte der König. »Du sollst unsere Tochter am Montag haben!« Denn nun sagten sie du zu ihm, da er zur Familie gehören sollte.
Die Hochzeit war nun bestimmt, und am Abend vorher wurde die ganze Stadt beleuchtet, Zwieback und Brezeln wurden ausgeteilt, die Straßenbuben riefen hurra und pfiffen auf den Fingern, es war außerordentlich prachtvoll.
Ja, ich muß wohl auch etwas tun! dachte der Kaufmannssohn und kaufte Raketen, Knallerbsen und alles Feuerwerk, was man erdenken konnte, legte es in seinen Koffer und flog damit in die Luft.
Das war kein kleiner Lärm!

Alle Türken hüpften dabei in die Höhe, daß ihnen die Pantoffeln um die Ohren flogen; solche Lufterscheinung hatten sie noch nie gesehen. Nun konnten sie begreifen, daß es der Türkengott selbst war, der die Prinzessin haben sollte.

Sobald der Kaufmannssohn wieder mit seinem Koffer herunter in den Wald kam, dachte er: Ich will doch in die Stadt hineingehen, um zu erfahren, wie es sich ausgenommen hat; es war ganz natürlich, daß er Lust dazu hatte.

Was doch die Leute erzählten! Ein jeder, den er danach fragte, hatte es auf seine Weise gesehen, aber schön hatten es alle gefunden.

»Ich sah den Türkengott selbst«, sagte der eine, »er hatte Augen wie glänzende Sterne und einen Bart wie schäumendes Wasser!«

»Er flog in einem Feuermantel«, sagte ein anderer. »Die lieblichsten Engelskinder blickten aus den Falten hervor!«

Ja, das waren herrliche Sachen, die er hörte, und am folgenden Tage sollte er Hochzeit haben.

Nun ging er nach dem Wald zurück, um sich in seinen Koffer zu setzen – aber wo war der? Der Koffer war verbrannt. Ein Funken des Feuerwerks war zurückgeblieben, der hatte Feuer gefangen, und der Koffer lag in Asche. Nun konnte der Kaufmannssohn nicht mehr fliegen, nicht mehr zu seiner Braut gelangen.

Sie stand den ganzen Tag auf dem Dach und wartete; sie wartet noch, aber er durchwandert die Welt und erzählt Märchen, doch sind sie nicht mehr so lustig wie das Märchen von den Streichhölzern, das er als Türkengott erzählte.

[Hans Christian Andersen]

Dädalos und Ikaros

Auch Dädalos aus Athen war ein Erechthide, ein Sohn des Metion, ein Urenkel des Erechtheus. Er war der kunstreichste Mann seiner Zeit, Baumeister, Bildhauer und Arbeiter in Stein. In den verschiedensten Gegenden der Welt wurden Werke seiner Kunst bewundert, und von seinen Bildsäulen sagte man, sie lebten, gingen und sähen und seien für kein Bild, sondern für ein beseeltes Geschöpf zu halten. Denn während an den Bildsäulen der früheren Meister die Augen geschlossen waren, und die Hände, von den Seiten des Körpers nicht getrennt, schlaff herunterhingen, war er der erste, der seinen Bildern offene Augen gab, sie die Hände ausstrecken und auf schreitenden Füßen stehen ließ.

Aber so kunstreich Dädalos war, so eitel und eifersüchtig war er auch auf seine Kunst, und diese Untugend verführte ihn zum Verbrechen und trieb ihn ins Elend. Er hatte einen Schwestersohn namens Talos, den er in seinen eigenen Künsten unterrichtete und der noch herrlichere Anlagen zeigte als sein Oheim und Meister. Noch als Knabe hatte Talos die Töpferscheibe erfunden; den Kinnbacken einer Schlange, auf den er irgendwo gestoßen, gebrauchte er als Säge und durchschnitt mit den gezackten Zähnen ein kleines Brettchen, dann ahmte er dieses Werkzeug in Eisen nach, in dessen Schärfe er eine Reihe fortlaufender Zähne einschnitt, und wurde so der gepriesene Erfinder der Säge. Ebenso erfand er das Drechseleisen, indem er zuerst zwei eiserne Arme verband, von welchen der eine stille stand, während der andere sich drehte. Auch

andere künstliche Werkzeuge ersann er, alles ohne die Hilfe seines Lehrers, und erwarb sich damit hohen Ruhm.
Dädalos fing an zu befürchten, der Name des Schülers möchte größer werden als der des Meisters; der Neid übermannte ihn, und er brachte den Knaben hinterlistig um, indem er ihn von Athenes Burg herabstürzte. Während Dädalos mit seinem Begräbnis beschäftigt war, wurde er überrascht; er gab vor, eine Schlange zu verscharren. Dennoch wurde er vor dem Gericht des Aeropags wegen eines Mordes angeklagt und schuldig befunden. Er entwich nun und irrte anfangs flüchtig in Attika umher, bis er weiter nach der Insel Kreta floh.
Hier fand er bei dem König Minos eine Freistätte, ward dessen Freund und als berühmter Künstler hoch angesehen. Er wurde von ihm ausgewählt, um dem Minotauros, einem Ungeheuer von abscheulicher Abkunft, der ein Doppelwesen war, das vom Kopf bis an die Schultern die Gestalt eines Stieres hatte, im übrigen aber einem Menschen glich, einen Aufenthalt zu schaffen, wo das Ungetüm den Augen der Menschen ganz entrückt würde. Der erfindsame Geist des Dädalos erbaute zu dem Ende das Labyrinth, ein Gebäude voll gewundener Krümmungen, welche Augen und Füße des Betretenden verwirrten. Die unzähligen Gänge schlangen sich ineinander wie der verworrene Lauf des geschlängelten phrygischen Flusses Mäander, der in zweifelndem Gang bald vorwärts, bald zurück fließt und oft seinen eigenen Wellen entgegenkommt. Als der Bau vollendet war und Dädalos ihn durchmusterte, fand sich der Erfinder selbst mit Mühe zur Schwelle zurück, ein so trügerisches Irrsal hatte er gegründet. Im Innersten dieses Labyrinthes wurde der Minotauros gehegt, und seine Speise waren sieben Jünglinge und sieben Jungfrauen, die vermöge alter Zinsbarkeit alle neun Jahre von Athen dem König Kretas zugesandt werden mußten.

Indessen wurde dem Dädalos die lange Verbannung aus der geliebten Heimat doch allmählich zur Last, und es quälte ihn, bei einem tyrannischen und selbst gegen seinen Freund mißtrauischen König sein ganzes Leben auf einem vom Meer rings umschlossenen Eiland zubringen zu sollen. Sein erfinderischer Geist sann auf Rettung. Nachdem er lange gebrütet, rief er endlich ganz freudig aus: »Die Rettung ist gefunden; mag mich Minos immerhin von Land und Wasser aussperren, die Luft bleibt mir doch offen; soviel Minos besitzt, über sie hat er keine Herrschergewalt. Durch die Luft will ich davongehen!« Gesagt, getan.

Dädalos überwältigte mit seinem Erfindungsgeist die Natur. Er fing an, Vogelfedern von verschiedener Größe so in Ordnung zu legen, daß er mit der kleinsten begann und zu der kürzeren Feder stets eine längere fügte, so daß man glauben konnte, sie seien von selbst ansteigend gewachsen. Diese Federn verknüpfte er in der Mitte mit Leinfäden, unten mit Wachs. Die so vereinigten beugte er mit kaum merklicher Krümmung, so daß sie ganz das Ansehen von Flügeln bekamen. Dädalos hatte einen Knaben namens Ikaros. Dieser stand neben ihm und mischte seine kindischen Hände neugierig unter die künstliche Arbeit des Vaters: Bald griff er nach dem Gefieder, dessen Flaum von dem Luftzug bewegt wurde, bald knetete er das gelbe Wachs, dessen der Künstler sich bediente, mit Daumen und Zeigefinger. Der Vater ließ es sorglos geschehen und lächelte zu dem unbeholfenen Bemühen seines Kindes. Nachdem er die letzte Hand an seine Arbeit gelegt hatte, paßte sich Dädalos selbst die Flügel an den Leib, setzte sich mit ihnen ins Gleichgewicht und schwebte leicht wie ein Vogel empor in die Lüfte.

Dann, nachdem er sich wieder zu Boden gesenkt hatte, belehrte er auch seinen jungen Sohn Ikaros, für den ein kleineres Flügelpaar gefertigt und bereitlag. »Flieg immer,

lieber Sohn«, sprach er, »auf der Mittelstraße, damit nicht, wenn du den Flug zu sehr nach unten senkst, die Fittiche ans Meerwasser streifen und von Feuchtigkeit beschwert dich in die Tiefe der Wogen hinabziehen, oder, wenn du dich zu hoch in die Luftregionen verstiegest, dein Gefieder den Sonnenstrahlen zu nahe komme und plötzlich Feuer fange. Zwischen Wasser und Sonne fliege dahin, immer nur meinem Pfad durch die Luft folgend.« Unter solchen Ermahnungen knüpfte Dädalos auch dem Sohn das Flügelpaar an die Schultern, doch zitterte die Hand des Greises, während er es tat, und eine bange Träne tropfte ihm auf die Hand. Dann umarmte er den Knaben und gab ihm einen Kuß, der auch sein letzter sein sollte.
Jetzt erhoben sich beide mit ihren Flügeln. Der Vater flog voraus, sorgenvoll wie ein Vogel, der seine zarte Brut zum erstenmal aus dem Nest in die Luft führt. Doch schwang er besonnen und kunstvoll das Gefieder, damit der Sohn es ihm nachtun lernte, und blickte von Zeit zu Zeit rückwärts, um zu sehen, wie es diesem gelänge. Anfangs ging es ganz gut. Bald war ihnen die Insel Samos zur Linken, bald Delos und Paros, die Eilande, vorübergeflogen. Noch mehrere Küsten sahen sie schwinden, als der Knabe Ikaros, durch den glücklichen Flug zuversichtlich gemacht, seinen väterlichen Führer verließ und in verwegenem Übermut mit seinem Flügelpaar einer höheren Zone zusteuerte. Aber die gedrohte Strafe blieb nicht aus.
Die Nachbarschaft der Sonne erweichte mit allzu kräftigen Strahlen das Wachs, das die Fittiche zusammenhielt, und ehe es Ikaros nur bemerkte, waren die Flügel aufgelöst und zu beiden Seiten den Schultern entsunken. Noch ruderte der unglückliche Jüngling und schwang seine nackten Arme; aber er bekam keine Luft zu fassen, und plötzlich stürzte er in die Tiefe. Er hatte den Namen seines Vaters als Hilferuf auf den Lippen; doch ehe er ihn aussprechen konnte, hatte ihn die blaue Meeresflut ver-

schlungen. Das alles war so schnell geschehen, daß Dädalos, hinter sich nach seinem Sohn, wie er von Zeit zu Zeit zu tun gewohnt war, blickend, nichts mehr von ihm gewahr wurde. »Ikaros, Ikaros!« rief er trostlos durch den leeren Luftraum. »Wo, in welchem Bezirk der Luft soll ich dich suchen?« Endlich sandte er die ängstlich forschenden Blicke nach der Tiefe.

Da sah er im Wasser die Federn schwimmen. Nun senkte er seinen Flug und ging, die Flügel abgelegt, ohne Trost am Ufer hin und her, wo bald die Meereswellen den Leichnam seines unglückseligen Kindes ans Gestade spülten. Jetzt war der ermordete Talos gerächt. Der verzweifelte Vater sorgte für das Begräbnis des Sohnes. Es war eine Insel, wo er sich niedergelassen und wo der Leichnam ans Ufer geschwemmt worden war. Zum ewigen Gedächtnis an das jammervolle Ereignis erhielt das Eiland den Namen Ikaria.

[Griechische Mythe]

Das hölzerne Pferd

Es war einmal ein König, der hielt alle Jahre seinen Namenstag, und da kamen allerlei Leute, die ihre Kunststücke zeigten, und wer das beste machte, dem gab der König viel Geld.

Einmal kam einer mit einem hölzernen Gaul und sagte zum König, er solle ihm nur befehlen, wo er hinreiten solle, er würde dann in einer Stunde wieder da sein. Da lachten ihn die anderen Leute aus wegen seinem hölzernen Gaul. Der König wollte doch einmal sehen, wie weit der mit seinem Roß käme. Da befahl er ihm, in einer Stadt, die zwölf Stunden weit weg war, dort sollte er etwas holen. Der junge Bursche setzte sich auf seinen Gaul, und im Augenblick war er hoch in allen Lüften, und die Leute standen unten und guckten ihm nach voller Verwunderung. Die Stunde war noch nicht herum, da kam er wieder hoch herab und brachte dem König, was er verlangt hatte aus der weit entfernten Stadt. Der König sagte: »Du hast das größte Kunststück gemacht und sollst dafür belohnt werden, komm mit mir in das Schloß!« Der Junge ging mit ihm.

Unterdes aber kam den Königssohn die Lust an, sich auch auf das Roß zu setzen, das im Schloßhof stehengeblieben war; das Pferd aber regte sich nicht. Der Königssohn ärgerte sich und probierte allerlei an dem Pferd, damit er reiten könnte. Endlich sah er eine kleine Schraube am Gaul und drehte sie herum, und im Augenblick war er hoch in allen Lüften und wußte sich nicht zu helfen. Alle Leute, der alte König und der junge Bursche schrien und

jammerten um den Königssohn, das half aber nichts. Der probierte allerlei mit der Schraube, und endlich fand er den rechten Griff, und der Gaul kam mit ihm herab in einem ganz fremden Land auf einem Turm.
Weil der Königssohn von dem Ritt hungrig war, so wollte er sehen, ob er im Turm nichts zu essen fand. Da ging er eine Stiege hinab und kam in eine Stube, wo eine überaus schöne Jungfrau saß, die nicht wenig erschrak, als sie den fremden Menschen erblickte. Er aber sprach: »Fürchte dich nicht, liebe Jungfrau, gib mir nur etwas zu essen! Ich bin ein Mensch wie du.«
Da gab sie ihm zu essen, und er erzählte ihr, wie er hergekommen sei. Sie bat ihn wiederzukommen, und so kam er die zweite Nacht, und in der dritten saß sie mit ihm auf dem Gaul, und sie flogen beide fort durch die Luft. So fuhren sie lang, bis sie auf eine grüne Wiese herabkamen an einem Wald. Der Königssohn schlief vor Müdigkeit ein, die Jungfrau aber wachte, und der hölzerne Gaul stand ruhig daneben. Da kamen zwölf Räuber aus dem Wald, nahmen die Jungfrau und den Gaul, und sie durfte nicht schreien, sonst wäre sie umgebracht worden.
Wie der Königssohn aufwachte, war er ganz allein und weinte und jammerte sehr um die Jungfrau und seinen Gaul; denn er meinte, sie wäre auch auf das Roß aufgesessen und davongeflogen. Da ging er fort, sie zu suchen, aber im Wald wurde er von anderen Räubern gefangen und in einer landfremden Stadt als Knecht untergebracht. Da hörte er, wie eine wunderschöne Jungfrau mit einem hölzernen Gaul von den Räubern geraubt worden und in die Stadt gebracht worden sei. Da merkte der Königssohn aus allem, daß es sich um seine Jungfrau und seinen Gaul handelte, und gedachte, sie zu erlösen.
Sie aber war in einem großen Schloß eingesperrt, und der Gaul stand im Hof. Da ging er zu den Räubern in das Schloß und wurde ihr Knecht. Er brachte es aber durch

seine guten Dienste so weit, daß er Kammerdiener wurde bei der Jungfrau. Als er zu ihr kam, erkannte er sie wohl, sie ihn aber nicht. Zuletzt aber gab er sich zu erkennen, und sie gedachten, auf dem Gaul wieder von den Räubern wegzukommen. Die Räuber aber fragten die Jungfrau oft, was sie mit dem Gaul anfangen sollten, sie aber schwieg immer still.

Da sagte der Kammerdiener, er wolle ihnen zeigen, wie man auf dem Gaul reiten könne, aber die Jungfrau müsse mit darauf sitzen. Da waren die Räuber zufrieden, er durfte aber nicht aus dem Hof hinausreiten. Das versprach er, aber kaum saßen er und die Jungfrau darauf, so flog der Gaul gerade in die Höhe über alle Häuser und Berge, und fort war er, und die Räuber guckten ihm nach. Der Königssohn mit der Jungfrau kam heim zu seinem Vater und heiratete die Jungfrau, und nach dem Tod seines Vaters bekam er das ganze Königreich.

[Deutsches Märchen]

Wie Doktor Faustus in das Gestirn hinaufgefahren

Diese Geschicht hat man auch bei ihm funden, so mit seiner eigen Hand konzipiert und aufgezeichnet worden, welches er seinem guten Gesellen, einem Jonae Victori, Medico zu Leipzig, zugeschrieben, welches Schreibens Inhalt war wie folgt:
Insonders, lieber Herr und Bruder, ich weiß mich noch, desgleichen Ihr auch, zu erinnern unsers Schulgangs von Jugend auf, da wir zu Wittenberg miteinander studierten und Ihr Euch anfänglich der Medicinae, Astronomiae, Astrologiae, Geometriae beflissen, wie Ihr dann auch ein guter Physikus seid, ich aber Euch ungleich war, und wie Ihr wohl wißt, Theologiam studierte, so bin ich Euch doch in dieser Kunst noch gleich worden, demnach Ihr mich etlicher Sachen um Bericht Rats gefragt. Dieweil ich nun, wie aus Euerm Schreiben zur Danksagung vernommen, nie nichts hab geweigert noch zu berichten versagt, bin ich dessen noch erbietig, sollet mich auch allzeit also finden und aufsuchen. Euers Ruhms und Lobs, so Ihr mir zumeßt und gebt, tu ich mich gleichsfalls bedanken, nämlich daß mein Kalender und Praktiken so weit in das Lob kommen, daß nit geringe Privatpersonen oder gemeine Bürgerschaft, sondern Fürsten, Grafen und Herren meiner Praktika nachfragen, dieweil alles, was ich gesetzt und geschrieben, also wahrhaftig soll übereinstimmen. In Euerm Schreiben meldet Ihr auch bittweis von meiner Himmelfahrt unter das Gestirn, so Ihr, wie Ihr mir zuschreibt, erfahren, Euch zu berichten, ob ihm also seie oder nicht und Euch solchs ganz unmöglich dünkt, so es

doch einmal geschehen ist. Ihr auch dabeisetzet, es müsse etwan durch den Teufel oder Zäuberei geschehen sein. Ja, wett Fritz! Es sei ihm aber wie ihm wölle, ist es tatsächlich geschehen, und solchergestalt, wie ich Euch auf Euer Bitt nachfolgends berichte.

Als ich einmal nit schlafen konnte und daneben an meine Kalender und Praktika gedachte, wie doch das Firmament am Himmel qualifiziert und beschaffen wäre, daß der Mensch oder die Physici solches hier unten abnehmen könnten, ob sie gleich solchs nicht sichtbarlich, sonder nach Gutdünken und den Büchern oder den opinionibus disponiern und erforschen könnten. Siehe, so hört ich ein ungestüm Brausen und Wind meinem Haus zugehen, der mein Laden und Kammertür alles aufschlug, darob ich nit ein wenig erschrak. Indem höret ich eine brüllende Stimm, die sagt: »Wohlauf, deins Herzen Lust, Sinn und Begierlichkeit wirst du sehen.« Darauf sagt ich: »Wann dies zu sehen ist, so ich erst gedacht und diesmal mein größte Begierde ist, so will ich mit.« Er antwort wieder: »So schaue zum Laden heraus, so wirst du die Fuhr sehen.« Das tät ich und sahe ein Wagen mit zweien Drachen herabfliegen, der war hellischer Flammen Weis zu sehen. Als aber der Mond dasselbige Mal am Himmel schiene, besahe ich auch meine Roß und Wagen. Diese Würme waren an Flügeln braun und schwarz mit weißgesprenkleten Tüpflen, der Rück auch also, der Bauch, Kopf und Hals grünlecht, gelb und weiß gesprenkt. Die Stimm schrei wieder: »So sitz auf und wandere!« Ich sagt: »Ich will dir folgen, doch daß ich alle Umstände fragen dörfe.« – »Ja«, antwort die Stimm, »es sei dir diesmal erläubt.« Darauf stiege ich auf den Kammerladen, sprang auf meine Kutschen und fuhr davon. Die fliegende Drachen führten mich empor, der Wagen hatt auch vier Räder, und rauschten, als wenn ich auf dem Lande führe. Doch gaben die Räder im Umherlaufen immer Feuerstromen, und je höher ich kame, je fin-

sterer die Welt war, und gedauchte mich nicht anders, als wenn ich vom hellen Sonnentag in ein finsters Loch führe. Sahe also vom Himmel herab in die Welt. In solchem Fahren rauschte mein Geist und Diener daher und sitzt zu mir auf den Wagen. Ich sagte zu ihm: »Mein Mephostophiles, wo muß ich nu hinaus?«
»Das laß dich nicht irren«, sprach er und fuhre also noch höher hinauf.
Nu will ich Euch erzählen, was ich gesehen hab. Dann am Dienstag fuhr ich aus und kam am Dienstag wieder zu Haus. Das waren acht Tag, darinnen tät ich nie kein Schlaf, war auch kein Schlaf in mir, und fuhr ganz unsichtbar. Als es nu am Morgens früh am Tag und hell ward, sagt ich zu meinem Geist Mephostophili: »Lieber, wie weit sein wir schon gefahren, das kannst du wissen? Dann ich wohl an der Welt abnehmen kann, daß ich diese Nacht ziemlich gefahren hab, auch so lang ich außen war, keinen Durst noch Hunger gehabt.«
Mephostophiles sagt: »Mein Fauste, glaub mir, daß du bishero schon siebenundvierzig Meilen in die Höhe gefahren bist.« Darnach sahe ich am Tag herab auf die Welt, da sahe ich viel Königreich, Fürstentum und Wasser, also daß ich die ganze Welt, Asiam, Africam und Europam, genugsam sehen konnte. Und in solcher Höhe sagt ich zu meinem Diener: »So weise und zeige mir nu an, wie dies und das Land und Reich genennet werde.«
Das tät er und sprach: »Siehe, dies auf der linken Hand ist das Ungerland. Item dies ist Preußen, dort schräg gegenüber ist Sicilia, Polen, Denmark, Italia, Teutschland. Aber morgen wirst du sehen Asiam, Africam, item Persiam und Tartarei, Indiam, Arabiam. Und weil der Wind hinter sich schlägt, so sehen wir jetzt Pommern, Reußen und Preußen, desgleichen Polen, Teutschland, Ungern und Osterreich.« Am dritten Tag sahe ich in die große und kleine Türkei, Persiam, Indiam und Africam. Vor mir sahe ich

Constantinopel, und im persischen und constantinopolitanischen Meer sahe ich viel Schiff und Kriegsheer hin und wieder schweben und fahren. Es war mir aber Constantinopel anzusehen, als wenn kaum drei Häuser da wären und die Menschen als einer Spannen lang. Ich fuhr im Julio aus, war gar warm, warf auch mein Gesicht jetzt hier, jetzt dorthin, gegen Aufgang (Osten), Mittag (Süden), Niedergang (Westen) und Mittnacht (Norden), da es dann an einem Ort regnete, an dem andern donnerte, hie schlug der Hagel, am andern Ort war es schön, sahe auch endlich alle Ding, die gemeiniglich in der Welt sich zutrugen.
Als ich nun acht Tage in der Höhe war, sahe ich hinauf von ferne, daß der Himmel so schnell fuhr und wälzte, als wenn er in tausend Stücken zerspringen oder die Welt zerbrechen wollte. So war der Himmel so hell, daß ich nit weiters hinaufsehen konnte, und so hitzig, wann mein Diener keine Luft gemacht hätte, daß ich verbrennen mussen. Das Gewölk, so wir unten in der Welt gesehen, ist so fest und dick wie eine Mauer und Felsen, klar wie ein Kristall, und der Regen, so darvon kommt, bis er auf die Erden fället, so klar, daß man sich darinnen ersehen kann. So bewegt sich das Gewölk am Himmel so kräftig, daß es immer lauft, von Osten bis gen Westen, nimmt das Gestirn, Sonn und Mond mit sich. Daher (wie wir sehen) kommt, daß sie vom Aufgang zum Niedergang lauft, und gedauchte mich, die Sonne bei uns wäre kaum eines Faßbodems groß. Sie war aber größer dann die ganze Welt, dann ich konnte kein End daran sehen. So muß der Mond zu Nacht, wenn die Sonne untergehet, das Licht darvon empfangen. Darum scheint er zu Nacht so hell, wie es auch am Himmel hell ist, und also zu Nacht der Tag am Himmel und auf Erden finster und Nacht ist. Ich sahe also mehr, dann ich begehrte. Der Stern einer war größer dann die halbe Welt, ein Planet so groß als die Welt, und wo der Luft war, da waren die Geister unter dem Himmel. Im

Herabfahren sahe ich auf die Welt, die war wie der Dotter im Ei, und gedauchte mich, die Welt wäre nicht einer Spannen lang, und das Wasser war zweimal breiter anzusehen. Also am achten Tag zu nachts kam ich wieder zu Haus und schlief drei Tag nacheinander, richtet hernach alle meine Kalender und Praktika darnach. Dies hab ich Euch, auf Euer Begehren, nicht wöllen verhalten. Und besehet also Euer Büchere, ob meinem Gesicht nach diesem nicht also seie. Und seid von mir freundlich gegrüßet.

Doktor Faustus, der Gestirnseher

[Deutsches Volksbuch]

Der geschnitzte Vogel

Es war einmal eine alte Frau, die hieß Magas und lebte im Dorf Ngaraberug in der Landschaft a Jmelik. Als sie eines Tages in ihrem Tarofeld arbeitete, die Stengel von den Wurzeln schnitt und sie wusch, da erblickte sie plötzlich im Wasser ein Kind. Sie ließ alles liegen, nahm das Kind in die Höhe und trug es nach Hause, wo sie ihm alle erdenkliche Pflege angedeihen ließ. Der Knabe wuchs rasch, und als er so groß war, daß er allein zum Bach gehen und wieder zurückkommen konnte, da regte sich auch schon in ihm die Tatenlust.

Einmal sah er die Leute auf Bambusflößen zum Fischen fahren. Er griff schnell nach einem Tarospieß, steckte ihn auf eine Bambusstange und sprang auf eins der Flöße, um sie zu begleiten.

Die Leute gingen auf das Riff; er blieb jedoch auf dem Floß, und als ein Schwarm Papageifische vorüberschwamm, da speerte er den kleinsten und zog ihn auf das Floß hinauf. Die Leute auf dem Riff fingen nur kleines Seezeug. Sie wurden neidisch, und als es heimging, da wollten sie den Fisch des Knaben haben. Doch der gab ihn nicht her und trug ihn seiner Pflegemutter hin, die sich sehr darüber freute und ihn fortan Klubud singal nannte. Die Fischer hatten sich aber über die Undankbarkeit des Knaben geärgert und nahmen ihn fürderhin nicht wieder mit.

Es dauerte gar nicht lange, da war der Junge stark, selbst ein Floß zu führen. Auf seiner ersten Fahrt nahm er drei Tarospieße mit, und als wiederum ein Schwarm Papageifische vorüberschwamm, tauchte er mit den Spießen hinab

und tötete drei Fische, die er nach oben auf das Floß brachte. Die anderen Leute waren ebenfalls wie sonst auf das Riff gezogen und sahen nun mit grenzenlosem Erstaunen, was Klubud singal gefangen hatte. Der kümmerte sich nicht weiter um sie, sondern fuhr nach Haus. Und als er an dem Landungsplatz anlegte, schenkte er einen Fisch dem Sohn von Reblued, dem Oberhäuptling von Galegui, den zweiten schnitt er in Stücke und verteilte ihn an die Knaben, die dort gerade auf den Steinen hockten, und den dritten brachte er seiner Pflegemutter. Den Tag darauf begab sich Klubud singal nach Galegui und wollte mit Reblued Freundschaft machen. Er wurde gut aufgenommen, denn der Oberhäuptling fand großen Gefallen an dem Knaben und gedachte, sich seine Fähig- und Geschicklichkeiten sehr zunutze zu machen. Er lud ihn ein, bei ihm zu bleiben, und versprach ihm seine Tochter zur Frau. Es dauerte auch gar nicht lange, da war Klubud singal zum Schwiegersohn des Reblued geworden, obwohl er noch sehr jung war.
Eines Tages ging er wieder einmal fischen, und weil er zehn Speere mitgenommen hatte, brachte er auch zehn Fische mit herauf. Seine Freunde kamen auf ihren Flößen herbei und waren über den kühnen Fischer entzückt, mit dem sie fortan allein noch zum Fang ausziehen wollten, denn das Sammeln von dem Kleinzeug auf dem Riff deuchte ihnen nun zu ärmlich. Die zehn Fische wurden aber dem Reblued ins Haus gesandt, der zwei davon an die Pflegemutter seines Eidams schickte und die übrigen im Dorf verteilen ließ.
Bald darauf bat Klubud singal seinen Schwiegervater, er solle den jungen Leuten den Auftrag geben, Bambus, Lianen und Bast herbeizubringen, damit er einen Fischkorb machen könne. Das geschah auch; und als alles beisammen war, ging er damit auf seinen Fischgrund; nur seine Frau und sein Freund begleiteten ihn. Er fing viele Fische und

sandte sie durch seinen Schwager heim. Aber er selbst tauchte dann mit Bambus, Lianen und Bast im tiefen Wasser unter und fertigte sich dort einen Fischkorb. Damit fing er viele Fische, während seine Frau oben auf dem Floß wartete. Eine Stunde vor Sonnenuntergang gingen die beiden dann heim.
Und jeden Tag fischten sie in derselben Weise, bald hier, bald da. Einmal fuhren sie auch zu dem großen Riffeinlaß von Ngaramau. Dort sollte das Unheil geschehen. Denn während Klubud singal unten im Wasser fischte und seine Frau oben auf dem Floß wartete, kamen gerade einige Fischer von der Insel Ngarekeklau des Weges, die im Auftrag ihres Häuptlings, des a Ugelkeklau, Fische für ein bevorstehendes Fest fangen sollten. Als sie die Frau erblickten, fielen sie über sie her und entführten sie auf ihre Insel; zum Zeichen, daß sie einen guten Fang getan hatten, steckten sie eine Arekablattscheide an eine Bambusstange und richteten sie als Siegeszeichen auf. Die Frau vom Ugelkeklau sah von ihrem Haus aus, das oben auf der Höhe der Insel stand, die Fischer kommen. Als sie das Siegeszeichen bemerkte, rief sie schnell ihren Mann herbei und hieß ihn an den Strand gehen und nachsehen, was für einen Fang die Fischer getan hatten.
Ugelkeklau ging also an den Strand; oh, wie war er überrascht, als er die schöne Frau dort im Boot sah! Sie gefiel ihm so, daß er sie alsbald mit nach oben nach seiner Behausung auf dem Berg nahm. Und als seine Gattin ihm entgegeneilte, da rief er ihr nur zu: »Pack du nur deine Sachen zusammen und zieh in ein anderes Haus. Die Frau ist meine Festbeute und soll allein bei mir bleiben!«
Als Klubud singal wieder an die Oberfläche kam und das Floß leer fand, ging er tiefbekümmert zu seiner Pflegemutter und klagte ihr sein Leid. Sie wurde sehr traurig; was würde Reblued nur sagen? Angstvollen Herzens band sie sich, wie die Palaufrauen in solchen Fällen zu tun pfle-

gen, ein Bastband um den Leib und begab sich zum Oberhäuptling, um ihm die böse Kunde zu bringen. Klubud singal wollte jedoch nicht, daß seine alte Pflegemutter hart angelassen würde; und so faßte er sich ein Herz und ging selber zum großen Häuptling und erzählte ihm, was sich zugetragen hatte. Der Alte wurde sehr ärgerlich und jagte ihn im Unmut von dannen, und weil er an das Unglück glaubte, traf er die Vorbereitungen zu einem Leichenfest für seine Tochter.

Klubud singal kehrte zu seiner Pflegemutter zurück, und beide beklagten bitterlich ihr arges Mißgeschick. Sie dachten hin und her, wie sie wohl etwas über Reblueds Tochter erfahren könnten, und schließlich sagte die Alte zu ihrem Sohn: »Geh, schau dich nach einem Gadepsungel-Baum um; wenn du einen findest, dann schlag ihn an und sieh, ob Blut herauskommt. Ist es der Fall, so hau ihn um und schnitze dir aus dem Stammholz einen Vogel.« Klubud singal tat, was die Mutter ihm sagte, aber er suchte vergeblich nach dem Baum; und so sagte die Alte: »Sei nur ruhig! Geh morgen früh hinter das Haus, dort liegt ein Gadepsungelstamm, den schlage an!«

Der Jüngling tat, wie ihm geheißen, und als er den Stamm anschlug, floß Blut heraus; da schnitzte er sich aus dem Stamm einen Vogel. Es wurde ein Fregattvogel. Als er ihn fertig hatte, erzählte er es seiner Pflegemutter. Die gab ihm weitere Ratschläge. »Tu den Vogel in einen Korb und bedecke ihn mit Taroblättern. Dann bring ihn hinters Haus auf die Heide und warte dort, und wenn ein Vogel vorüberfliegt, dann mußt du sagen: ›Ak ruaol ra busog! Ich lese eine Feder auf.‹« Er folgte dem Rat; und alle vorüberfliegenden Vögel ließen auf den Anruf hin Federn fallen. Die tat er in den Korb und trug ihn nach Haus. Die Mutter wies ihn jetzt an, den Holzvogel mit den Federn zu bestecken und eine Höhlung hineinzumachen, in die er dann kriechen solle. Als das geschehen war, nahm die Alte einen

Kokoswedel und schlug damit unter Zauberworten auf den Boden, worauf sich der Vogel in die Lüfte erhob und langsam wieder zur Erde zurückkehrte.
Nun mußte Klubud singal Fische fangen, die geräuchert wurden. Auch Taro wurde gekocht. Als so der Reisemundvorrat fertig war, sagte die Alte: »Nimm das Essen mit in den Vogel hinein, lege ein paar Matten dazu, fliege los und suche deine Frau.« Denn die Alte glaubte, daß die Frau ihres Sohnes nur entführt worden, aber nicht tot war. Wieder schlug sie den Boden mit dem Kokoswedel; der Vogel erhob sich in die Lüfte und flog über Palau hin davon. Er flog lange hin und her, und nach vielem Suchen gewahrte er endlich auf dem Berg von Ngarekeklau seine Frau. Sie saß neben dem Ugelkeklau, und beide lausten einander.
Er richtete seinen Flug hinab in die Nähe des Paares, um sich zu vergewissern, ob sie es auch wirklich war. Und sie war es wirklich. Da indessen alle Leute zusammenliefen, um den merkwürdigen Vogel zu sehen, erhob er sich rasch wieder, damit sie ihn nicht mit Steinwürfen herabholten. Dabei hörte er noch gerade, wie ein Mann zum Ugelkeklau sagte, die Fischer wollten einen großen Fang tun, und der darauf erwiderte: »Gut, dann können wir ja morgen mit dem Fest beginnen und die Kokosnuß zerbrechen.« Klubud singal flog nun dahin, wo die Leute fischten, und ließ sich auf dem Boot des Ältesten der Fischergenossenschaft, des Tegogo aus Golei, nieder. Der reichte ihm einen Fisch hin, und Klubud singal holte ihn mit der Hand herein, so daß gar niemand merkte, daß der Vogel nur ein nachgebildeter war. Sie fingen viele Fische, und auf der Heimfahrt ließ Tegogo sein Boot von den übrigen schleppen und machte mit seinen Leuten den Vogel fest. Sie hißten auch wie damals, als sie die Frau des Klubud singal entführten, das Siegeszeichen.
Als Ugelkeklau es gewahrte, rief er der Frau zu: »Schau, da

liegt ein großer Klumpen auf dem Boot, was das wohl sein mag!« Sobald die Fischer am Strand gelandet waren, schickten sie ihm die Botschaft, sie hätten viele Fische gefangen, aber den Rest weggeworfen wegen eines großen schweren Vogels, den sie gefangen und am Boot festgebunden hätten. Was getan werden solle? Ugelkeklau sagte: »Bringt erst einmal alle Fische herbei und dann den Vogel. Den bindet ihr am besten an einem Brotfruchtbaum fest.« So geschah es, und Ugelkeklau konnte ihn mit seiner gestohlenen Frau in Ruhe betrachten.

Als nun die Fische verteilt wurden, piepte der Vogel oft ein wenig. Da erhielt er viele Fische und schließlich auch süße Speisen. Zur Genugtuung und Freude des Insassen, aber zur Besorgnis des Ugelkeklau, obwohl der den Betrug nicht merkte. Am folgenden Tag wurden die Fischer entlohnt. Alles blieb bis zum Abend beieinander, und erst nach Auszahlung des Geldes begaben sich die Gäste heim. Den Tag darauf wurden die Gehöfte gereinigt und das Dorf gesäubert.

Aber erst nachmittags, als Ugelkeklau baden gegangen war, blieb die Frau allein. Klubud singal öffnete nun die Tür im Vogel und winkte. Seine Frau erkannte ihn sogleich. Als sie sich anschickte, zu ihm zu eilen und ebenfalls in den Vogel hineinzusteigen, da rief er ihr zu, rasch noch den Korb mit dem Geld und etwas süße Speise mitzunehmen. Sie brachte auch alles herbei und begab sich damit in den Vogel hinein. Klubud singal löste alsdann das Tau, mit dem der Vogel festgebunden war, und wartete auf die Rückkehr der Leute.

Es dauerte nicht lange, da kamen sie zurück, und wie Ugelkeklau die Frau nicht fand, dachte er, sie sei ausgegangen. Er blieb ruhig im Haus sitzen. Bald danach kam ein Trupp junger Leute, die mit Krach und Gepolter eine Last Feuerholz vor dem Haus abwarfen. Der Vogel erschrak vor dem Lärm, und als er sich wiederholte, da flog er plötzlich hoch hinauf in die Lüfte, auf und davon. Erstaunt sahen Ugelkeklau und die übrigen ihm nach; Klubud singal richtete aber den Kurs auf Galegui zum Haus von Reblued.

Dort war die Totenfeier noch nicht beendet. Das ganze Haus saß noch voll von Menschen. Klubud singal öffnete die Tür; und als alle herbeiströmten, stieg er mit seiner Frau heraus. »Oh, da ist ja Turang, unser Liebling, die Totgeglaubte!« riefen sie alle und sandten nach seiner Pflegemutter.

Klubud singal holte noch den Geldkorb, und dann zogen sie vereint ins Haus des Reblued, wo die Trauerversammlung weinend beieinandersaß. Als sie die Eintretenden gewahrten, da wandelte sich rasch der Schmerz in helle Freude um, die noch größer wurde, als Klubud singal das Geld des Ugelkeklau unter sie verteilte.

Unterdessen besichtigten die Dorfkinder von Galegui den seltsamen Vogel. Da die Tür durch einen aufgestellten Stock offengehalten wurde, stiegen sie hinein, um ihn aus Neugier auch innen zu betrachten. Plötzlich stieß eins gegen den Stab; die Tür fiel zu, und durch den Lärm hob sich der Vogel in die Lüfte und entschwand nordwärts. Wo heute Ngardmau liegt, ging er nieder. Er verwandelte sich in Land, auf dem die Kinder sich ansiedelten und so das jetzige Ngardmau begründeten.

[Märchen aus der Südsee]

Die Schwanfrau als Stammutter der burjatischen Schamanen

Irgendein Tangkalshing, ein Burjate, lebte einst bei den Chorin-Burjaten im Osten an einem Ort gleichen Namens. Er hatte fünf Söhne und fünf Töchter. In der Nähe seines Wohnplatzes befand sich ein See. Zu diesem See kamen einmal fünf Schwäne geflogen. Die Leute sahen sie und dachten: Die wollen nach Norden fliegen, es sind Zugvögel.
Als Tangkalshing sie sah, bemerkte er, daß es fünf Mädchen waren, die sich entkleideten, um zu baden. Da kam ihm der Gedanke, einem dieser Mädchen die Schwanenkleider wegzunehmen. Er schlich sich deshalb unbemerkt zum Ufer, ergriff eines der Kleider und versteckte sich hinter den Sträuchern.
Nachdem die Mädchen zu baden aufgehört hatten, ergriff jedes ihr Kleid und war, nachdem es sich angezogen hatte, plötzlich wieder ein Schwan. Das eine Mädchen jedoch suchte vergeblich nach ihrem Gewand. Nachdem es dieses nirgends hatte finden können, begann es zu weinen und sagte: »Wenn jemand mein Kleid weggenommen hat, der gebe es mir zurück!«
Denn ohne ihr Kleid kann sie nicht fliegen. Die anderen vier Schwanenmädchen flogen endlich fort, nur das eine blieb nackt am Ufer zurück. Und es sagte weiter: »Derjenige, der mein Kleid weggenommen hat, möge sich von mir erbitten, was es auch sei, ich gebe es ihm!«
Da kam Tangkalshing herbei und sagte, daß er ihr Kleid entwendet habe. Aber er brachte ihr nur die Unterhosen und das Leibchen, den Rock jedoch nicht. Dann machte er ihr den Vorschlag: »Werde meine Frau!«

Sie war schließlich damit einverstanden. Und er legte den Rock in einen Eisenkasten.
Das Schwanenmädchen gebar ihm fünf Söhne und fünf Töchter. Diese fünf Kinder werden allgemein folgendermaßen genannt: Tangkalshne tabang tasharne gurbung, wobei »Tasharne« vielleicht der Name der Frau ist. »Tabang« ist im Burjatischen die Bezeichnung für »fünf« und »gurbung« die Bezeichnung für »drei«. Über diese letzteren drei gibt es keine Nachricht. Zwei von ihnen starben wahrscheinlich, und man weiß nichts von ihnen. Der älteste Sohn hieß Choriodé und die älteste Tochter Chobshe. Eine andere Tochter war Jabshe. Andere Söhne waren Helüng und Hölüng. Auch Saran war ein Sohn. Ob Tabshe ein Sohn oder eine Tochter war, ist nicht bekannt, und ebenso unbestimmt ist Bitcho.
Einmal nun sagte die Schwanenfrau zu ihrem Mann: »Wir haben nun so viele Kinder. Mach Milchbranntwein, wir wollen trinken!«
Und sie begannen, den Tarassun auszutrinken. Da sagte die Frau zu ihrem Mann: »Wie viele Jahre wir zusammengelebt haben, so viele Kinder haben wir. Jetzt fliege ich nicht mehr weg von dir. Jetzt kannst du mir ruhig einmal den Rock, den du mir damals weggenommen hast, wiedergeben.«
Tangkalshing öffnete die Kiste, wo er den Rock verborgen hatte und gab ihn ihr. Dann tranken sie weiter Tarassun. Sie saßen in der Jurte, dem runden burjatischen Filzzelt. In der Mitte lagen drei große Steine, und darauf die Schüssel, der Brennereiapparat. Jetzt zog die Frau den Rock an und schrie dreimal mit Schwanenstimme: »Gü, gü!«
Die älteste Tochter war damit beschäftigt, den Tarassun-Apparat einzulehmen. Und gerade in diesem Augenblick flog die Schwanfrau weg. Die Tochter ergriff sie noch gerade an den Beinen, als sie aus dem Rauchloch davonfliegen wollte, und kam mit ihren Lehmhänden daran. Seit

dieser Zeit haben die Schwäne keine roten, sondern etwas schmutziggelb aussehende Beine. Die Tochter konnte sie aber nicht mehr festhalten, und die Mutter entkam. Sie machte noch einige Kreise über der Jurte und sprach: »Meine Kinder, meine Töchter, werdet Schamaninnen; meine Söhne, werdet Schamanen!«

Darauf flog sie weg. Und ihre Kinder wurden Schamanen. Seitdem erscheinen überhaupt erst Schamanen. Mit ihnen beginnt der Schamanismus.

Diese Schamanen fanden das Bestehen der Götter schon vor. Es waren acht außerordentlich große Schamanen. Sie konnten sich unsichtbar machen, konnten sich den Kopf abschneiden und dabei schamanisieren, sie konnten sich den Leib aufschlitzen und dabei schamanisieren, und sie konnten fliegen.

Als sie gestorben waren, wollten sie zu den fünfundfünfzig Himmeln fliegen, um an dem Schöpferwerk teilzunehmen. Als sie nun so dahinflogen, lebte bei den Kudinischen Burjaten ein großer Schamane namens Gabne Barlak. Seine Frau hieß Suutän Njilcharachschan. Diese beiden sahen die Tangkalshingkinder wegfliegen, und sie merkten auch, wohin sie fliegen wollten. Das aber sahen die beiden nicht gern, weil Menschen zu den Göttern wollten, und sie meinten, daß die Tangkalshingkinder auf Erden bleiben und nicht im Himmel leben sollten. Deshalb sagten sie zu ihnen: »Bleibt auf Erden und werdet Schöpfer der hiesigen Welt. Werdet Helfer der fünfundfünfzig Himmel!«

Gabne Barlak zeichnete fünf von ihnen auf Goldplättchen und sagte. »Bleibt hier, hier werden die Menschen euch anbeten!«

Außer Tangkalshing lebte da noch ein Burjate namens Als'chng. Er war etwas älter als ersterer und hatte zehn Kinder, vier Töchter und sechs Söhne. Diese wollten ebenfalls mit den Tangkalshingkindern wegfliegen. Barlak zeichnete auch diese, und sie blieben daraufhin auf Erden.

Diese Zeichnungen werden gehalten, damit eine Frau viele Kinder bekommt. Und wenn eine Frau erkrankt, betet der Mann zu diesen Zeichnungen, damit sie wieder gesund wird. Diese Kinder des Als'chng haben keine bestimmten Namen. Ihre Onkel und Tanten waren richtige Schwäne.

[Märchen der Burjaten, Nordeurasien]

Wie die Rabenkinder zu Schamanen wurden

In alten Zeiten lebte im Gebiet von Mytach ein junges Mädchen, das nach seinem Äußeren eins der allerschönsten war. In dem Bewußtsein seines eigenen Wertes lebte es lange, ohne eine Ehe einzugehen.

Einmal nun am Morgen ging das schöne Mädchen aus, um eine Herde Stuten zu suchen. Plötzlich traf es einen Menschen, den es bisher noch nirgendwo gesehen hatte. Er ritt auf einem weißen fleckenlosen Pferd, einem Pferd von weißer Milchfarbe, und kam geradewegs von Osten her.

Als sie zusammentrafen, ritt der Reiter im Schritt um das Mädchen herum und fragte: »Wohin gehst du denn?«

»Ich gehe, um die Stuten nach Hause zu treiben.«

»Deine Stuten sind nicht weit von hier, sieh, dort stehen sie!«

Und indem er vom Pferd stieg, sagte er zu ihr: »Komm, plaudern wir über dieses und jenes! Bist du verheiratet?«

Das Mädchen antwortete: »Nein, ich habe keinen Mann, aber weshalb fragst du danach?«

»Ja, ich war nämlich auch noch nicht verheiratet; würdest du mich vielleicht heiraten wollen?«

»Danach mußt du meinen Vater und meine Mutter fragen, aber wenn sie beide einverstanden sind, warum nicht?«

Von beiderseitigem Wunsch getrieben, gaben sie sich der Liebesvereinigung hin. Daraufhin fragte der Mann: »Du hast mich wohl für jemand aus benachbarten Gegenden gehalten, daß du dich mir so schnell ergeben hast? Für wen hast du mich denn gehalten, kennst du mich denn?«

»Nein, ich kenne dich nicht, aber du hast doch gesagt, daß du mich heiraten willst!«

»Nein, ich kehre in meine Heimat zurück, ich habe mich nur deines Namens wegen hierher herunterbegeben. Ich bin der erstgeborene Sohn des Chara-Suorun, der im Oberen Lande lebt. Du hast von mir zwei Söhne empfangen, die bis zu den festgesetzten Zeitpunkten weder Tod noch Krankheiten kennen. Du wirst gebären, sobald zehn Monde voll vergangen sind und der elfte beginnt. Du hast, wie es sich zeigt, das Fell eines schmutzig-bunten Pferdes bei dir. Wenn du niederkommst, so lege dich auf dieses Fell. Dann, an einer Örtlichkeit mit dem und dem Namen, ist ein kleiner Fluß, hinter dem du unter einer steilen Landzunge inmitten des Urwaldes eine Wiese mit einem See sehen wirst. Dort steht ein dreiteiliger Baum, eine Lärche. Begib dich dorthin und gebäre dort! Es werden zwei schwarze Rabennestlinge zur Welt kommen. Kaum geboren, und nachdem sie Rabenschreie ausgestoßen haben, fliegen sie fort und setzen sich auf die unteren dicken Äste der gleichen Lärche. Dann umschreite den Baum dreimal, wobei du ihn mit deiner Unterkleidung schlägst, worauf die Raben kopfüber auf das ausgelegte Fell fallen werden. Stecke diese Kinder, nachdem du sie in das Fell eingewikkelt und mit einer bunten Haarschnur umwickelt hast, in den linken Jurtenteil bei dem Kopfende des unteren längs der Wand entlanglaufenden Balkens. Nach drei Tagen werden sie schon wie Kinder weinen, und beide werden sich in Knaben verwandeln. Der Name des älteren von ihnen ist Dshanai-Bytschykyj und der Name des jüngeren Öksökülech-Örgön. Wenn letzterer vierzig Jahre alt ist, wird er Schamane werden, der erste aber wird es im einundvierzigsten Jahr werden. Durch die Kraft seiner Zauberkunst wird Öksökülech-Örgön einen Heuhaufen im Ausmaß von zehn Armlängen durch die Luft fliegen lassen, und Dshanai-Bytschykyj wird imstande sein, eine

Elchmutter mit ihren Jungen durch die Luft von dem Ort aus zu werfen, wo sie weidet.«

Nach dieser Rede verschwand der Geist der Oberen Welt spurlos, und das Mädchen konnte sich keine Rechenschaft darüber abgeben, in welcher Richtung er verschwunden war.

In Bagaradzy, in der Nähe des Ortes, wo jetzt das Dorf der Angehörigen der russischen Sekte der Duchobortzy, der Bestreiter des Heiligen Geistes, steht, leben Jakuten aus dem gebirgigen Mytachschen Gemeindebezirk. Und dort gerade wurden diese zwei Schamanen geboren. Sie kamen zur Welt, wurden erzogen und wurden in der Weise Schamanen, wie es von ihrem Vater, dem Geist aus der Oberen Welt, vorhergesagt worden war.

[Märchen der Jakuten]

Die vier Winde

In der Antike wurden die Winde, ihrer Wirkung entsprechend – sie lösten Unwetter und Wirbelstürme aus –, als Raubvögel, Geier, Harpyien, Rosse und schlangengeflügelte Ungeheuer dargestellt. Bereits Homer nennt die Winde Boreas, Notos, Euros und Zephyros. Aiolos, von Zeus als Verwalter der Winde bestimmt, schenkte Odysseus für seine glückliche Heimkehr einen Schlauch, in den er sämtliche Winde bannte. Jedoch die Mißgunst der Gefährten treibt diese dazu, den Sack zu öffnen, alle Winde stürmen heraus, und Odysseus und seine treulosen Kameraden erleiden Schiffbruch.

HG

Odysseus beim Windgott Äolos

»Hierauf«, fuhr Odysseus fort, »gelangten wir an eine Insel, welche Äolos, der Sohn des Hippotes, ein vertrauter Freund der Götter, bewohnte. Dieses Eiland war schwimmend in der Flut; eine eherne Mauer umgab dasselbe mit starrendem Erz, und ihre Grundlage war ein glatter Fels, der rings um das Inselland herumlief. Dieser Äolos hatte in seinem Palast sechs Söhne und sechs Töchter und feierte mit ihnen und der Gattin alle Tage ein Fest. Der gute Fürst beherbergte uns einen ganzen Monat und befragte uns recht eifrig über Troja, die Macht der Griechen und ihre Heimkehr. Über alles dieses gab ich ihm genaue Auskunft, und als ich ihn schließlich bat, unsere Heimfahrt zu befördern, zeigte er sich in allem höchst willig und schenkte uns einen dick aufgeschwollenen Schlauch, aus der Haut eines neunjährigen Stiers gefertigt.

In diesem waren sämtliche Winde eingeschlossen, die über die Erde dahinzuwehen pflegen; denn Äolos war vom Vater Zeus zum Verwalter der Winde bestellt und hatte die Macht empfangen, welche Winde er wollte, loszulassen und ihnen wieder Ruhe zu gebieten. Er selbst nun band uns den Schlauch mit einem glänzenden Seil aus Silberfaden in meinem Schiff fest und schnürte ihn so zusammen, daß auch nicht die kleinste Luft herauskonnte. Doch hatte er sich darum der Winde nicht ganz entäußert, vielmehr von allen Gattungen noch genug zu Hause. Das zeigte er sogleich. Denn als wir uns eingeschifft hatten, ließ er unsern Schiffen den sanftesten Westwind nachwehen, der uns schnell und leicht in die Heimat bringen

sollte. Aber es wurde uns nicht so gut, sondern unsere eigene Torheit brachte uns in großes Unglück.
Schon segelten wir neun Tage und Nächte lang auf dem Meer, und in der zehnten Nacht waren wir so nahe an meiner Heimatinsel Ithaka, daß wir die Wachtfeuer des Ufers erblicken konnten. Da mußte mich müden Mann der Schlummer beschleichen, denn ich hatte mich unaufhörlich damit beschäftigt, das Segel meines Schiffes zu stellen, um desto schneller das Vaterland zu erreichen, und diese Aufgabe mochte ich keinem andern anvertrauen.
Während ich nun schlief, fingen meine Schiffsgesellen ein Gespräch darüber an, was wohl in dem Schlauch sein möchte, welchen mir der König Äolos zum Gastgeschenk gegeben hatte. Da zeigte sich, daß sie alle in dem Wahn befangen waren, ich führe Silber und Gold in dem Sack bei mir, und endlich fing einer der lüsternsten also an: ›Dieser Odysseus ist doch auch überall hoch geachtet und geehrt! Wie viel Beute hat er allein von Troja mit hinweggebracht! Und wir, die wir alle die nämlichen Gefahren und Mühseligkeiten ausgestanden haben, kehren sämtlich mit leeren Händen in die Heimat zurück! Jetzt hat ihm Äolos auch vollends einen Sack voll Silber und Gold gegeben! Wie wär's, wenn wir hineinguckten und auch erführen, wie viele Schätze da drinnen verborgen sind?‹
Dieser böse Rat leuchtete den übrigen Gesellen sogleich ein. Der Schlauch wurde aufgelöst, und kaum war das Band los, so brausten alle Winde miteinander daraus hervor, und die Windsbraut riß unsere Schiffe wieder hinaus in die offene See.
Ich selbst fuhr über dem Brausen aus dem Schlaf empor. Als ich das Unglück sah, das angerichtet war, überlegte ich einen Augenblick bei mir, ob ich nicht lieber über Bord springen und mich in den Abgrund begraben sollte. Doch faßte ich mich wieder und beschloß zu bleiben und alles, was da kommen könnte, zu ertragen. Die Wut der Orkane

warf uns an die Insel des Äolos zurück. Hier ließ ich die Meinigen auf den Schiffen und eilte mit einem einzigen Freund und dem Herold in die Burg des Fürsten, den ich mit seiner Gemahlin und seinen Kindern gerade beim Mittagsmahl traf.

Sie staunten alle nicht wenig über unsere Rückkunft; als sie aber vollends die Ursache vernahmen, erhob sich der Verwalter der Winde zornig von seinem Sitz und rief mir entgegen: ›Verruchter Mensch, offenbar verfolgt dich die Rache der Götter! Einen solchen darf ich weder beherbergen noch geleiten! Geh mir aus dem Hause, Verworfener!‹

Mit diesem Fluch jagte er mich, den Seufzenden, von dannen, und schwermutsvoll fuhren wir weiter. Meinen Gesellen schwand aller Mut beim Rudern; es war schon wieder der siebente Tag vergangen, und nirgends wollte sich ein Land zeigen.«

[Griechischer Mythos]

Sonne, Mond und Wind

Ein zerlumpter Zigeuner begegnete einst auf seinen Wanderungen der Sonne, dem Mond und dem Wind. Als er an ihnen vorübertrollte, sprach er: »Gott grüße von euch dreien eins!«

Die Gegrüßten lachten über den lustigen, schwarzbraunen Gesellen, wußten aber seinen sonderbaren Gruß nicht zu deuten. »Es ist klar«, fing der sonst schweigsame Mond an, »daß der Zigeuner mich gemeint hat, mich, der ich sein steter Begleiter bin, wo immer er auch seine flatternde Behausung zur Nachtruhe aufschlägt.«

»Pah!« fiel hierauf die Sonne ein. »Mich hat er gegrüßt, mich, die Königin des Tages: Ich nehme seine nackten Kinder in meine warme Hut, unter meiner Sorge wachsen sie heiter und frisch heran.«

»St! St!« sauste der Wind. »Wozu diese unnützen Reden? Laßt uns schnell dem Gesellen nachgehen und ihn fragen, welchen von uns er mit seinem Gruß gemeint hat.«

So sprechend fuhr er schnell dem Zigeuner nach, hinter ihm her in stolzem Gang die Sonne, neben welcher der langsame, ernste Mond einherschritt. Der rüstige Wind, der zuerst bei dem Zigeuner ankam, rief diesem zu: »Halte, du Erdensohn!«

Über diese starken Worte erschrak der Angerufene, denn beinahe hätte ihm jener den Rock vom Leib geblasen, an dem freilich ein paar metallene Knöpfe und Haften mehr wert waren als alles übrige. »Was ist's? Was wollt Ihr von mir, Wind?« fragte der Zigeuner, als er sich von der Überraschung erholt hatte.

»Du sollst uns sagen«, hob dieser wieder an, »wen von uns dreien du mit deinem zweideutigen Gruß gemeint hast.«
Der Gefragte blickte sich nun um und sah alle die drei himmlischen Mächte neben sich stehen. »Ei!« sagte er alsdann lachend. »Ich grüße immer nur den, welchen ich fürchte!« und nahm hierzu seine Schaffellmütze ab.
»He, du undankbarer Taugenichts!« rief jetzt der erzürnte Mond. »Weißt du nicht, daß ich dich samt deinem Weib und deinem schwarzbraunen Kindervolk vernichten kann, wenn ich will! Wie ist dir denn, du abgedörrter Heidenhund, in einer kalten Winternacht, wenn ich die Wolken am Himmel verteile und mit der Nachtluft die kleinste Spur von der Wärme, die der Sonnenschein zurückgelassen hat, aus dem Himmelsraum wische? Wirst du dann an mich denken, wenn dir das Mark in den Knochen gefriert und dein Weib samt ihren Kindern zu Tode erstarrt?«
»Oho, Herr Mond!« erwiderte hierauf der Zigeuner. »Ihr könnt mir in der Tat das bißchen Leben recht sauer machen, aber gegen das Erfrieren hab ich schon Mittel. Wie ist's denn, wenn ich rechts und links Feuer aufmache, mich mit Weib und Kind dazwischen setze und dann vorn und hinten ein paar Zeltstücke aufhänge? Dann hab ich Euch durchaus nicht zu fürchten. Ist mir aber der Wind nicht gut, so helfen mir auch meine Feuer und Zeltlappen nichts. Er bläst mir das Feuer zur Seite, den Rauch ins Gesicht und die Wärme durch die flatternden Zeltlappen hinaus.«
Ärgerlich mußte der Mond schweigen, da er nichts weiter vorzubringen hatte und im Vorgefühl ihres Sieges über die beiden andern begann hierauf die Sonne: »Nicht wahr, mein guter Heidensohn, du weißt recht wohl, wen du zu fürchten und zu lieben hast? Du kennst meine belebenden Strahlen und ihre verzehrende Glut, ich dachte wohl, daß

du mir den kalten bleichsüchtigen Mond nicht vorziehen würdest.«
»Mag sein, mag sein!« erwiderte hierauf der Zigeuner. »Ich kenne zwar Euer freundliches Antlitz recht gut, habe mich auch schon oft daran erfreut, fürchte aber seinen Zorn nicht besonders, drum galt auch Euch mein Gruß nicht.«
Über diese Geringschätzung nicht weniger aufgebracht als kurz vorher der Mond, begann die Sonne den Zigeuner auszuschelten, indem sie sagte: »Mir das, Undankbarer! Weißt du nicht, daß ich dich mit meiner Glut verderben könnte, wenn ich wollte? Daß, wenn ich es für der Mühe wert hielte, ich dich samt deinen armseligen Würmern rösten könnte, wie es die Hölle selbst nicht vermöchte? Schau auf dein verbranntes Fell, und du siehst, daß meine Glut schon Proben darauf abgelegt hat.«
»Ei, ei, Frau Sonne!« sagte spottend der Zigeuner. »Was macht Euch so hitzig? Ist es denn nicht klar, daß der Wind viel mächtiger ist und daß ich ihn deshalb mehr fürchten muß? Seht, Frau Sonne, wenn Ihr auch noch so heiß brennt, so darf ich ja nur den Wind bitten, daß er mir ein wenig helfe, und er macht mir im Augenblick die Luft kühl, wie sehr Ihr auch Eure Kraft verschwendet. Es ist also wohl klar: Wenn mir der Wind helfen will, so könnt Ihr so wenig wie der Mond mir etwas anhaben. Darum hört auf zu streiten: Mächtig seid ihr alle. Aber ich habe nur den Stärksten von euch gegrüßt, damit er mir beistehe und mich verschone, den Wind. Denn mit ihm ist keine Hitze furchtbar, und ohne ihn keine Kälte.

[Walachisches Märchen]

Der Schiffer und Herr Urian

Es war einmal ein Schiffer, der hatte ein unerhörtes Glück mit allem, was er unternahm. Keiner hatte so stattliche Ladungen und keiner verdiente sich so viel Geld wie er, denn bei ihm strömte es nur so zusammen. Und ganz sicher gab es keinen, der solche Reisen riskieren konnte wie er, denn wo er hinfuhr, hatte er guten Wind, ja, man sagte sogar, wenn er nur seinen Hut drehe, drehe sich der Wind, so wie er wolle.

So fuhr er viele Jahre lang mit Holzfrachten oder auch bis nach China hin und erwarb sich Geld wie Heu. Aber einmal fuhr er mit vollen Segeln in der Nordsee so schnell, als hätte er das Schiff mitsamt der Ladung gestohlen; aber der, der hinter ihm her war, fuhr noch schneller. Das war Herr Urian. Mit dem hatte der Schiffer, wie ihr euch wohl denkt, einen Vertrag abgeschlossen, und der war auf diesen Tag und diese Stunde abgelaufen. Der Schiffer konnte jeden Augenblick darauf gefaßt sein, daß er kommen würde und ihn holen.

Da kam er aus der Kajüte herauf auf Deck und hielt Ausschau nach dem Wetter; dann rief er den Schiffszimmermann und noch etliche Leute und sagte, sie sollten sofort in den Schiffsraum hinuntergehen und zwei Löcher in den Boden des Schiffes hauen. Darauf sollten sie die Pumpen auf ihren Gestellen herausholen und ganz dicht auf die Löcher setzen, so daß das Wasser in den Röhren recht hoch stiege.

Die Leute wunderten sich und fanden diesen Befehl recht merkwürdig, aber sie taten, was er gesagt hatte. Sie machten die Löcher und setzten die Pumpen so dicht darauf, daß auch kein Tröpfchen Wasser an die Ladung kommen konnte; aber in den Pumpen stand die Nordsee sieben Fuß hoch.

Kaum hatten sie die Späne von der Arbeit über Bord geschafft, da kam auch schon Herr Urian in einem Windstoß und packte den Schiffer beim Kragen.

»Wart, Alter, das pressiert nicht so schrecklich«, sagte der Schiffer und fing an, sich zu wehren und die Klauen, die ihn festhielten, mit einem Pfriemen loszumachen.

»Hast du dich nicht in dem Vertrag dazu verpflichtet, daß du mir immer mein Schiff dicht und trocken halten wolltest?« sagte der Schiffer. »Du bist mir ein sauberer Gesell. Schau dir nur die Pumpen an! Das Wasser steht sieben Fuß hoch in den Röhren. Pump, Teufel, pump mir das Schiff leer, dann kannst du mich haben und behalten, so lang du willst!«

Der Teufel war dumm genug und ließ sich drankriegen. Er schaffte und schwitzte, und der Schweiß lief ihm in hellen Bächen den Buckel hinunter, daß man damit eine Mühle hätte treiben können, aber er pumpte aus der Nordsee heraus und in die Nordsee hinein; schließlich hatte er genug, und als er nicht mehr konnte, fuhr er in hellem Zorn heim zu seiner Großmutter, um sich auszuruhen. Den Schiffer ließ er Schiffer sein, so lang er wollte, und wenn er nicht gestorben ist, so fährt er heut noch auf dem Meer herum und segelt, wohin er will, und läßt den Wind drehen, je nachdem er seinen Hut dreht.

[Märchen aus Norwegen]

Die drei Winde

Droben in einem kleinen Tal unseres Landes lebte eine arme Familie. Es waren Vater, Mutter, viele Kinder und wenig zum Essen und zum Kleiden. Ganz zornig stand eines Abends die Frau vor der Haustüre und blickte neidisch auf das Haus ihres wohlhabenden Nachbarn.

Da kommt ein Herr im grünen Kleid auf sie zu und sagt: »Wenn Ihr mir das geben wollt, was Ihr in Eurem Schoß tragt, will ich Euch so viel Geld herbeischaffen, als Ihr wollt.« Die dumme Frau dachte, der Herr in Grün wolle die Holzkohle, die sie in der Schürze trug, und hat es ihm versprochen.

Später hat sie alles ihrem Mann erzählt, und auch dieser mußte lachen ob des Herrn im grünen Gewand. Nach einiger Zeit hat die Frau einen hübschen Knaben geboren, und sie haben als Paten einen alten Einsiedler und als Patin die Frau eines Schlosses in der Nachbarschaft.

Am Abend jenes Tages ist der Herr in Grün gekommen und hat eine Börse voll Gold auf den Tisch gelegt und zum Vater gesagt, in sieben Jahren werde er kommen, um den Jungen zu nehmen, den ihm die Frau versprochen habe. Erst jetzt haben die guten Leute erkannt, wer der Herr im grünen Gewand war und was er gemeint hatte, als er von der Frau das erbeten hatte, was sie unterm Schoß habe. Ganz betrübt haben sie sich bei ihrem Gevatter, dem frommen Einsiedler, beklagt und haben gejammert. Dieser aber hat sie getröstet und gesagt, sie sollen den Jungen nur gut erziehen, wie es sich gehöre, und ihn, wenn er fünfjährig geworden sei, zum Paten schicken.

Gesagt, getan. Nach fünf Jahren haben die Eltern das Patenkind zum Paten geschickt. Mit großem Eifer hat der gute Einsiedler den Knaben gelehrt, aus alten Büchern und in fremden Sprachen zu lesen, und später, als die sieben Jahre vorüber waren, hat er dem Patenkind befohlen, hinaufzugehen, dorthin, wo zwei Wege sich kreuzten, und dort in einem alten Buch, das er ihm gab, zu lesen, aber nie aus dem Buch aufzuschauen, geschehe, was auch immer geschehen möge. Dann hat er ihm ein Buch, so alt wie Methusalem, gegeben, das in Pergament gebunden war, und hat ihn dorthin geführt, wo sich zwei Straßen kreuzten. Dort hat der Junge zu lesen begonnen und hat gelesen und gelesen, lang und ausdauernd.
Unterdessen aber hörte er singen und spielen und tanzen, als zöge der Hexensabbat vorbei. Da schaute er vom Buch auf, und im gleichen Augenblick hat ihn ein Adler mit seinen Krallen gepackt. Zum Glück aber hatte unser Junge das Buch mit sich nehmen können und las darin immerzu. Darum hat ihn der Vogel aus dem Schnabel fallen lassen müssen, und er ist, ohne zu wissen, wie ihm geschah, auf den Julierberg gefallen.
Dort auf dem Julierberg waren drei Uldaunas*, die ein prächtiges Schloß hatten. Sie haben den Kleinen gefunden und haben ihn in ihren Glaspalast geführt.
Mit diesen drei gütigen Uldaunas hat er schöne Tage verlebt, und als ihm der Bart wuchs, hat er sich in die jüngste und schönste der drei Uldaunas verliebt. Dieser hat der schöne Jüngling auch gefallen, und bald sollten sie Hochzeit halten.
Vorher aber wollte der junge Mann nochmals die guten alten Eltern und seinen Paten und die Patin besuchen. Mit Tränen auf den Wangen hat er Abschied genommen von seiner Braut, die ihm einen Ring mit einem kostbaren Stein

* Uldaunas = rät. Bergjungfrauen.

gegeben und gesagt hat: »Wenn du diesen Stein in der Richtung drehst, in der ich wohne, muß ich erscheinen, dreh ihn aber um Gottes willen nicht aus Übermut!«
Indem er dankte, hat er versprochen, das Geschenk nicht zu mißbrauchen, und ohne daß er wußte, wie ihm geschah, ist er zu Hause bei den Seinen und auf dem Schloß seiner Patin gewesen. Diese hatte große Freude an ihrem Patenkind, das ein prächtiger Jüngling geworden war, und hat ihm ihre feine Tochter als Braut angeboten. Er aber hat über dieses Geschenk nur gelacht und hat gesagt, er habe eine viel schönere Braut. Ohne zu überlegen, hat er den Ring gedreht, und schon ist die Uldauna, seine Braut, gekommen, weiß wie eine Lilie, aber erzürnt und mit drohender Gebärde.
Dann haben sich die beiden auf den Weg gemacht, um wieder zum Julierberg zurückzukehren. Am Abend haben sie in einem Hospiz Quartier bezogen, und nachts hat die böse Uldaune dem Bräutigam den Ring vom Finger gezogen und ist verschwunden. Verärgert und traurig fand sich der Bräutigam am andern Morgen ohne Ring und ohne Braut.
Mutig, wie er war, hat er sich aber auf den Weg gemacht, um den Julierberg zu suchen. Alle Leute, denen er begegnete und die er nach dem Julierberg fragte, lachten ihm aber ins Gesicht und sagten, sie hätten nie von einem solchen Berg gehört.
Eines Abends spät ist der Jüngling in einen dunklen Wald gekommen, und müde, wie er war, hat er sich auf einen Baumstrunk gesetzt und hat geweint. Da kommt ein Mann, so alt wie Brot und Brei und mit einem langen weißen Bart, zu ihm und sagt: »Warum weinst du, mein Junge?«
»Ach, ich suche den Julierberg, die drei Mädchen, so weiß wie Lilien, und den Kristallpalast!«
»Das ist weit weg«, antwortet der Alte, »aber da hast du

einen Schuh, und mit jedem Schritt, den du in diesem Schuh machst, gehst du drei Stunden weit; ich bin der Nordwind.« Draufhin hat er geblasen, und der Nordwind hat den Jüngling drei Stunden weit in den Wald hineingetragen.

Dort stand neben einer Höhle ein Mann, alt wie die Steine, mit grauem Haar und grauem Bart. »Ich bin der Westwind«, hat der gesagt, »und ich weiß schon, warum du gekommen bist, und bin bereit, dir zu helfen. Da hast du einen Hut, der dich unsichtbar macht!« Mit heißem Dank hat der Jüngling das kostbare Geschenk entgegengenommen, und der Alte hat geblasen, so daß der Westwind den Jüngling drei Stunden weiter in den Wald hineingetragen hat.

Vor dem Jüngling stand dort ein Mann mit zerzaustem Bart und verwittertem Haar, aber sonst noch rüstig. »Was du suchst, ist dort droben, über dieser Felswand«, hat der Mann gesagt, »und dort hinauf vermögen dich weder der Nordwind noch der Westwind zu tragen. Ich aber bin der Föhn und habe in den Bergen alle Macht. Nimm diesen Stab, und wenn du ihn drehst, bist du droben über der Felswand!« Der Jüngling hat dem Stab eine feste Drehung gegeben, und im gleichen Augenblick hat ihn der Föhn über die Felswand geschleudert.

Aus dem Schloß der Uldaunas, das nicht weit weg war, hörte man Musik und Tanz. Schnell hat der Jüngling den Hut des Westwindes aufgesetzt und ist in den Kristallpalast hineingegangen. Dort hat er seine Braut gesehen, wie sie, bereit, Hochzeit zu feiern, mit einem andern zu Tische saß. Rasch entschlossen hat der Jüngling sich angeschickt, alles wegzuessen, was auf den Teller der Braut kam.

Darüber ist diese sehr erschrocken und ist auf ihr Zimmer geeilt. Der Jüngling hinter ihr her. Im Zimmer aber hat er den Hut vom Kopf genommen, und da hat ihn die Braut gesehen. Die alte Liebe hat gesiegt, und als sie hinuntergingen zu den Dienern, hat die Uldaune ihnen folgende Frage gestellt: »Wenn einer einen Schlüssel verloren habe, einen neuen habe machen lassen, den alten aber wiederfinde, welchen er wohl benutzen werde?«

»Den alten!« haben die Diener einstimmig erklärt. Darauf hat sie erzählt, wie es mit ihr ergangen war, und am gleichen Tag wurde die Ehe mit dem ersten Bräutigam eingesegnet.

Ich habe beim Hochzeitsessen die Suppe aufgetragen, und da haben sie mir einen Tritt in den Hintern gegeben, daß ich bis daher geflogen bin.

[Märchen aus der Schweiz]

Der Herr der Winde

In einer Lagerstätte lebte einmal ein alter Mann. Der hatte drei Töchter. Und die jüngste war die klügste und schönste von ihnen.

Der alte Mann war sehr arm. Sein Filzzelt hatte mehr Löcher als Filz. Der Mann und seine Töchter besaßen keine warmen Kleider, und im Winter, wenn es sehr kalt war, saßen sie am Feuer und wärmten sich. Nachts machten sie das Feuer aus und legten sich schlafen, dann froren sie bis zum Morgen.

Doch einmal, in des Winters Mitte war's, brach in der Tundra ein furchtbarer Schneesturm los. Er blies einen Tag, zwei Tage, drei Tage, und es sah aus, als wolle er das dürftige Filzzelt fortblasen. Niemand konnte hinausgehen, und so saßen denn der Mann und seine drei Töchter hungernd im Zelt und horchten, wie der Sturm heulte. Der Alte sprach: »Der Sturm wird nie aufhören. Kotura, der Herr der Winde, hat ihn geschickt. Sicher zürnt er uns, denn er will, daß wir ihm eine gute Frau schicken. Gehe zu ihm hin, meine älteste Tochter, sonst muß unser ganzes Volk dran glauben. Geh hin und bitte ihn recht innig, er soll sein Brausen einstellen.«

»Wie soll ich zu ihm gehen?« sagte das Mädchen. »Ich weiß doch nicht den Weg.«

»Ich gebe dir einen kleinen Schlitten. Schiebe ihn gegen den Wind, und er wird dich führen. Der Sturm wird an deinen Kleidern die Bändchen lösen, achte nicht darauf und binde sie nicht zu. Der Schnee wird dir in die Stiefel dringen, schüttele ihn nicht heraus, gehe weiter. Auf deinem Weg wird ein hoher Berg stehen, steige hinauf. Dort darfst du stehenbleiben, den Schnee aus den Stiefeln schütteln und die Bändchen an deinen Kleidern zubinden. Auf dem Berg wird ein kleines Vöglein zu dir fliegen. Scheuche es nicht fort, sei gut und lieb zu ihm. Setz dich sodann auf den Schlitten und fahre bergab. So wirst du geradewegs zum Eingang von Koturas Filzzelt kommen. Tritt ein, doch rühre nichts an, sitz ruhig da. Und wenn Kotura kommt, tu alles, was er dir befiehlt.«

Die älteste Tochter kleidete sich an, nahm den Schlitten und begann ihn gegen den Wind zu schieben.

Sie war noch nicht lange gegangen, da lösten sich die Bändchen an ihren Kleidern, und sie fror sehr. Doch das Mädchen mißachtete ihres Vaters Geheiß und knüpfte sie zu. Der Schnee drang ihr in die Stiefel, sie blieb stehen und schüttelte ihn heraus. Dann ging sie weiter, immer gegen den Wind. Lange schob sie den Schlitten. Sie sah einen Berg und stieg hinauf. Ein Vöglein kam geflogen und wollte sich auf ihre Schulter setzen. Doch sie scheuchte es mit den Händen fort. Das Vöglein flatterte herum, dann flog es fort. Die Tochter des alten Mannes setzte sich auf den Schlitten und rodelte den Berg hinab. Vor einem großen Filzzelt blieb der Schlitten stehen.

Das Mädchen trat ein. Und wie sie sich umschaute, sah sie in dem Zelt gebratenes Rentierfleisch liegen. Da schürte sie das Feuer an, und als sie sich gewärmt hatte, begann sie das Fett von dem Fleisch zu reißen. Sie riß ein Stück ab und steckte es in den Mund, riß ein zweites ab, steckte es auch in den Mund. Sie aß eine Menge. Plötzlich hörte sie, daß jemand kam. Das Fell am Eingang hob sich, und ein junger Riese trat ein. Das war Kotura. Er blickte das Mädchen an und fragte:

»Woher kommst du, was willst du hier?«

»Mein Vater hat mich zu dir geschickt.«

»Was will er?«

»Daß du mich zur Frau nimmst.«
»Stell dich hin und koch das Fleisch, das ich von der Jagd gebracht habe.«
Das Mädchen kochte das Fleisch.
Kotura hieß sie, das gekochte Fleisch aus dem Kessel nehmen und teilen.
»Die eine Hälfte werden wir essen«, sagte er, »die andere leg in eine Schüssel und bring sie in das Zelt nebenan. Doch tritt nicht ein, sondern bleib am Eingang stehen. Eine alte Frau wird zu dir kommen. Gib ihr das Fleisch und warte draußen, bis sie dir die Schüssel wiedergibt.«
Das Mädchen nahm das Fleisch und ging. Der Sturm sauste, der Schnee fiel ihr ins Gesicht, nichts war zu sehen. Wie sollte man bei solchem Schneetreiben den Weg finden? Das Mädchen ging also ein Stückchen von dem Zelt weg. Dann blieb sie stehen, überlegte und warf kurz entschlossen das Fleisch in den Schnee. Mit leerer Schüssel kam sie zu Kotura.
Der sah sie an und fragte: »Hast du das Fleisch hingebracht?«
»Ja, ich hab's hingebracht.«
»Zeig mal die Schüssel, will sehen, was man dir dafür gegeben hat.«
Das Mädchen zeigte die leere Schüssel. Kotura sagte nichts. Er aß und legte sich schlafen.
Am Morgen stand er auf, brachte ein paar rohe Rentierhäute und sprach: »Ich gehe auf die Jagd, walk doch bitte die Häute derweil und näh mir ein neues Gewand, Fäustlinge und Fellstiefel daraus. Wenn ich heimkomme, schau ich mir an, ob du geschickt zu derlei Sachen bist.«
Und Kotura ging in die Tundra. Die Tochter des alten Mannes aber machte sich an die Arbeit. Plötzlich ging das Fell am Eingang in die Höh', und eine grauhaarige alte Frau trat ins Zelt.

»Liebes Mädchen«, sagte sie. »Mir ist ein Stäubchen ins Auge geflogen. Hilf mir, es herauszuziehen.«
»Stör mich nicht, ich muß nähen«, sagte das Mädchen. »Hab' keine Zeit.«
Die Alte drehte sich wortlos um und verschwand. Die Tochter des alten Mannes blieb allein im Zelt. Sie walkte die Häute, schnitt sie mit dem Messer zu und beeilte sich, die Kleider für Kotura fertigzumachen. Dabei hastete sie und nähte schlecht und recht. Und wie sollte sie auch an einem Tag alles gut und ordentlich machen? Zumal es an den nötigen Zutaten fehlte.
Abends kam Kotura und fragte: »Sind meine Kleider fertig?«
»Ja, hier sind sie.«
Kotura besah die Kleider. Die Häute waren hart und schlecht gewalkt, die Nähte krumm und liederlich geheftet, die Größe stimmte nicht. Da wurde Kotura zornig und warf des alten Mannes Tochter aus seinem Zelt. Und er warf sie in so weitem Bogen, daß sie in eine Schneewehe fiel. Dort ist sie erfroren.
Der Schneesturm aber nahm immer noch zu.
Der Alte saß in seinem zugigen Zelt und horchte, wie draußen der Wind heulte, Tag und Nacht. Er sprach: »Meine ältere Tochter hat nicht auf mich gehört und anders getan, als ich ihr sagte. Deshalb bläst der Schneesturm immer noch. Kotura zürnt. Geh jetzt du zu ihm, meine mittlere Tochter.«
Und der Alte zimmerte für sie einen kleinen Schlitten, schärfte der mittleren ebenso wie der älteren Tochter ein, wie sie sich verhalten müsse, und schickte sie zu Kotura. Er selber aber blieb mit der jüngsten Tochter im Zelt und wartete, daß der Schneesturm zu toben aufhöre.
Und es schob die mittlere Tochter den Schlitten gegen den Wind. Die Bändchen an ihrer Kleidung gingen auf, in die Schuhe drang Schnee, sie fror sehr. Da mißachtete sie ihres

Vaters Geheiß, schüttelte vor der Zeit den Schnee aus den Stiefeln, band vor der Zeit die Bändchen zu.
Auf dem Berg sah sie das Vöglein. Doch sie schwenkte die Arme und scheuchte es fort. Setzte sich auf den Schlitten und fuhr bergab, geradewegs zu dem Zelt Koturas.
In das Zelt trat sie ein, schürte das Feuer, sättigte sich am Rentierfleisch und wartete dann.
Kotura kam von der Jagd, sah das Mädchen und fragte: »Was willst du hier?«
»Mein Vater schickte mich zu dir.«
»Wozu?«
»Daß ich deine Frau werde.«
»Und da sitzt du untätig herum? Koch rasch das Fleisch.«
Als das Fleisch weich war, befahl Kotura dem Mädchen, es aus dem Kessel zu nehmen und zu teilen.
»Die eine Hälfte werden wir essen«, sagte er, »die andere leg in eine Schüssel und bring sie in das Zelt nebenan. Tritt nicht ein, sondern warte draußen, bis man dir die Schüssel wiedergibt.«
Das Mädchen nahm das Fleisch und ging los. Der Sturm heulte, der Schnee wirbelte, man sah nicht die Hand vor den Augen... Das Mädchen hatte keine Lust weiterzugehen. Sie warf das Fleisch in den Schnee, stand ein Weilchen da und ging dann in Koturas Zelt zurück.
»Hast du's weggebracht?« fragte der.
»Ja, hab' ich«, sagte das Mädchen.
»Bist aber recht bald zurückgekehrt. Zeig doch mal die Schüssel her, was hast du dafür bekommen?«
Kotura blickte nur auf die leere Schüssel und sprach kein Wort. Er legte sich schlafen. Am andern Morgen brachte er rohe Rentierhäute in das Zelt und befahl dem Mädchen ebenso wie ihrer Schwester, ihm bis zum Abend neue Kleider zu nähen.
»Nähe sie mir. Will sehen, ob du zur Arbeit gewandt bist.«

Kotura ging auf die Jagd, und das Mädchen machte sich an die Arbeit. Sie beeilte sich sehr, damit sie bis zum Abend fertig würde. Plötzlich trat eine greise Frau in das Zelt.
»Liebes Mädchen«, sagte sie. »Mir ist ein Stäubchen ins Auge gekommen. Hilf mir bitte, es herauszuziehen.«
»Ich hab' keine Zeit, mich mit dir abzugeben, hab' auch so alle Hände voll zu tun. Scher dich weg und stör mich nicht.«
Die Alte ging wortlos davon. Spätabends kam Kotura von der Jagd.
»Sind meine neuen Kleider fertig?« fragte er.
»Ja, sie sind fertig.«
»Ich will sie probieren.«
Er zog sie an, doch sie waren schlecht und nachlässig genäht und paßten gar nicht. Voll Unwillen nahm Kotura des alten Mannes Tochter und warf sie in dieselbe Schneewehe wie ihre ältere Schwester. Dort ist sie erfroren.
Der Alte saß indessen mit seiner jüngsten Tochter frierend im Zelt und wartete voll Ungeduld auf besseres Wetter. Immer wieder heulte der Sturm, das Zelt bog sich und drohte einzustürzen.
»Meine Töchter haben nicht auf mich gehört«, klagte der Alte. »Sie haben die Sache noch verschlimmert, denn Kotura scheint sehr zornig zu sein. Du bist meine letzte Tochter, ich werde auch dich zu Kotura schicken. Tue ich das nicht, muß unser ganzes Volk verhungern. Also mach dich fertig und geh.«
Und der Alte schärfte seiner letzten Tochter ein, was sie machen müsse.
Das Mädchen trat aus dem Zelt, stellte sich hinter den Schlitten und stemmte ihn gegen den Wind. Der Sturm tobte und brüllte, warf ihr Schnee in die Augen, sie sah nichts und konnte sich kaum auf den Füßen halten.
Und nun geht das Mädchen durch den Sturm, dabei denkt sie an jedes Wort ihres Vaters und macht alles genau so, wie

er es befahl. Sie bindet die Bändchen an ihrem Kleid nicht zu, als sie sich lösen, schüttelt den Schnee nicht aus den Stiefeln. Kalt ist ihr, und mühsam ist es, gegen den Wind zu gehen, doch sie bleibt nicht stehen. Als sie einen Berg auf ihrem Weg sah, stieg sie hinauf. Erst oben knüpfte sie die Bändchen fest und schüttelte den Schnee aus den Stiefeln. Da kam ein Vogel und setzte sich auf ihre Schulter. Sie verscheuchte ihn nicht, sondern streichelte ihm übers Gefieder. Der Vogel flog weg. Das Mädchen setzte sich auf den Schlitten und rodelte bergab, geradewegs zu Koturas Filzzelt.

In das Zelt trat sie und wartete geduldig. Auf einmal wurde der Vorhang am Eingang aufgehoben, und herein trat ein junger Riese. Er sah das Mädchen und fragte lachend: »Was willst du hier?«

»Mich schickte mein Vater. Er bittet dich sehr, daß du den Schneesturm aufhören läßt. Sonst sterben alle Menschen in unserer Lagerstätte.«

»Dann schüre das Feuer und koche das Fleisch. Ich bin hungrig, und auch du hast, wie ich sehe, seit du hier bist, noch nichts gegessen.«

Das Mädchen kochte rasch das Fleisch, nahm es aus dem Kessel und gab es Kotura zu essen. Er aß und trug ihr auf, die andre Hälfte in das Zelt nebenan zu bringen.

Das Mädchen nahm die Schüssel mit Fleisch und ging hinaus. Der Sturm tobte, und der Schnee wirbelte immer wilder. Wo sollte sie hingehen? Wie in dem Schneetreiben das fremde Zelt finden? Sie stand ein Weilchen da und überlegte, dann ging sie los.

Wohin sie ging, wußte sie selber nicht... Auf einmal sah sie den kleinen Vogel, den sie auf dem Berg gestreichelt hatte. Er flog dicht neben ihrem Gesicht und wies ihr den Weg. Sie schritt lange dem Vogel nach, mit einem Mal sah sie abseits im wirbelnden Schnee etwas funkeln. Schon freute sie sich, denn sie glaubte, sie wäre am Ziel, und ging darauf zu. Doch es war nicht das Zelt, nur ein Erdhügel, aus dem stieg Rauch. Das Mädchen umschritt ihn und scharrte mit dem Fuß, da wurde ein Eingang sichtbar. Heraus schaute eine alte weißhaarige Frau, die fragte: »Wer bist du, was willst du hier?«

»Großmütterchen, ich bringe Euch Fleisch von Kotura.«

»Von Kotura? Nun, gib's her. Und warte draußen.«

Das Mädchen stand bei dem Erdhügel und wartete lange. Endlich zeigte sich die Alte im Durchschlupf und gab ihr die Schüssel wieder. In der Schüssel lag etwas. Das Mädchen machte sich auf den Rückweg.

»Du bist ja so lange fortgewesen?« sagte Kotura. »Hast du das Zelt gefunden?«

»Ja.«

»Und hast das Fleisch abgegeben?«

»Freilich.«

»Gib die Schüssel her, will sehen, was drin ist.«

Kotura schaute in die Schüssel, darin aber lagen Messer, Schaber und Krempel, um die Felle weichzuwalken, nebst stählernen Nadeln.

Da lachte Kotura: »Man hat dir viel nützliches Gerät gegeben, das wird dir gut zustatten kommen.«

Am Morgen brachte Kotura rohe Rentierhäute in das Zelt und befahl dem Mädchen, ihm bis zum Abend ein neues Gewand, Fäustlinge und Fellstiefel zu nähen.

»Wenn du es hübsch und gut machst, wirst du meine Frau!«

Und er ging fort. Das Mädchen aber machte sich an die Arbeit. Ja, da kamen ihr wirklich die Geschenke der Alten zustatten! Doch wie viel kann man an einem einzigen Tag machen? Das Mädchen dachte darüber nicht lange nach, sondern rührte lieber fleißig die Hände: Sie walkte und schabte die Felle, schnitt sie mit dem Messer zurecht und nähte emsig. Plötzlich ging der Fellvorhang am Eingang

auf, und herein kam die weißhaarige alte Frau, der sie das Fleisch gegeben hatte.
»Hilf mir, liebes Mädchen«, sprach sie. »Entfern mir das Stäubchen, das mir ins Auge geflogen ist. Ich komme selber nicht damit zurecht.«
Das Mädchen sagte nicht nein. Sie legte die Arbeit fort und half der Alten.
»Gut«, sagte die, »jetzt tut es nicht mehr weh. Schau in mein rechtes Ohr!«
Das Mädchen blickte in ihr rechtes Ohr und erschrak.
»Was hast du dort gesehen?« fragte die Alte.
»Ein Mädchen sitzt in deinem Ohr.«
»Warum rufst du sie nicht? Tu es. Sie wird dir das Gewand für Kotura nähen helfen.«
Erfreut rief die Tochter des alten Mannes das Mädchen. Doch sie kam nicht allein – gleich vier junge Mädchen sprangen aus dem Ohr und begannen eifrig zu walken, zu schaben, zu schneiden und zu nähen. Schnell war die Kleidung fertig. Da tat die Alte die Mädchen wieder in ihr Ohr und ging fort.
Abends kam Kotura von der Jagd und fragte: »Hast du alles gemacht, was ich dir befahl?«
»Ja.«
»Gib her, werden mal sehen, ob es paßt.«
Kotura nahm das Gewand und befühlte die Felle. Sie waren weich und schmiegsam. Er zog es an – es war weder zu kurz noch zu lang, nicht zu eng und nicht zu weit, war fest genäht und hatte ein schmuckes Aussehen. Da lächelte Kotura und sprach:
»Du gefällst mir. Meiner Mutter und meinen vier Schwestern gefällst du auch. Du hast fleißige, geschickte Hände und bist ein tapferes Mädchen – um dein Volk zu retten, schrecktest du vor dem furchtbaren Schneesturm nicht zurück. Werd meine Frau! Bleib bei mir in meinem Zelt!«

Und wie er das gesprochen hatte, schwieg auf einmal der Sturm. Die Menschen kamen aus ihren Behausungen und froren nicht mehr.

[Märchen aus Rußland]

Das Geschenk des Windes

Es lebte einmal ein Bauer mit seiner Frau in der größten Armut. Der Bauer war ein sehr gutmütiger Mann, seine Frau dagegen so boshaft, daß sie ihn um Kleinigkeiten oft prügelte, und zwar nach Noten. Eines Tages schickte sie den geduldigen Mann mit Getreide in die Mühle. Der Müller, der ihre Armut kannte, mahlte ihnen das Getreide umsonst.

Als der Bauer nach Hause ging, erhob sich ein starker Wind und wehte ihm das ganze Mehl weg. Da ging's ihm natürlich zu Hause sehr schlecht. Seine Frau schickte ihn zum Wind, damit er entweder Geld oder das Mehl verlange. Also ging er fort und kam in einen Wald, wo er einem alten Mütterchen begegnete. Das fragte ihn, warum er so traurig dahergehe. Darauf erzählte er ihr alles, und sie sagte: »Folge mir! Ich bin die Mutter des Windes und habe vier Söhne, den Ost-, West-, Süd- und Nordwind. Welcher von diesen hat dir das Mehl weggeblasen?«

Da sagte er: »Ich glaube, der Südwind.« Darauf gingen sie tiefer in den Wald und kamen zu einer kleinen Hütte, in welcher die Alte wohnte. Nach einer Weile sprach die Alte zum Bauern: »Wickle dich nur recht ein, denn meine Söhne werden bald kommen.«

»Warum soll ich mich denn einwickeln?«

»Der Nordwind ist sehr kalt, und du könntest erfrieren.«

Bald fanden sich die Söhne ein, und als der Südwind kam, sagte seine Mutter: »Es ist Klage gegen dich eingelaufen.«

Ohne zu antworten gab der Südwind dem Bauern ein Körbchen, welches alle Speisen und Getränke verschaffe, die man sich nur wünsche. Wer war froher als der Bauer? Er ging nach Hause und gab seiner Frau das Körbchen, und diese überzeugte sich gleich von der Güte desselben.

Als eines Tages ein vornehmer Herr vorüberfuhr, befahl die Frau ihrem Mann, diesen Herrn zum Essen einzuladen. Das tat er, allein der Herr lachte über die Einladung und schickte nur seine Diener hin, welche nicht wenig erstaunt waren, als sie in dieser ärmlichen Hütte einen so herrlich gedeckten Tisch erblickten. Sie bemerkten aber, daß die Frau alles von dem Körbchen forderte und erhielt. Das merkten sie sich, und einige Tage darauf kamen sie wieder, brachten ein ganz ähnliches Körbchen mit und vertauschten es mit dem des Bauern.

Als die Frau den nächsten Tag wieder alles von dem Körbchen verlangte, so mußte der arme Mann wieder herhalten. Denn sie meinte, das Körbchen verrichte nur eine bestimmte Zeit lang seine Dienste. Der Mann machte sich auf und ging wieder zum Wind. Als er zu der alten Frau, der Mutter des Windes, kam, beschwerte er sich über sein Weib. Die Alte sagte ihm, er solle auf ihren Sohn warten, er werde bald kommen.

Als der Südwind erschien, fing der Bauer auch bei ihm an, über sein Weib zu klagen. Da sprach der Wind: »Du dauerst mich, Alter, daß du so eine böse Frau hast, ich will dir helfen, und deine Frau soll dir nichts mehr antun. Nimm dieses Faß, und wenn du zu Hause bist und deine Frau dir zu nahe kommt, so stelle dich hinter das Faß und sage: Fünf aus dem Faß, prügelt meine Frau! Und wenn das geschehen ist, so sage: Fünf wieder in das Faß!«

Der Bauer ging heim und sprach: »Frau, da hast du anstatt des Körbchens ein Faß.«

Die Frau wurde böse und sprach: »Was soll ich mit deinem

Faß machen? Warum hast du kein Mehl gebracht?« Bei diesen Worten ergriff sie die Ofengabel. Er aber nicht faul, stellte sich sogleich hinter das Faß und rief: »Fünf aus dem Faß, prügelt meine Frau!« Auf einmal sprangen aus dem Faß fünf Burschen hervor und taten ihre Schuldigkeit. Und als der Bauer meinte, daß es genug sei, rief er: »Fünf wieder in das Faß!« Da hörten sie auf und verkrochen sich ins Faß.

Von der Zeit an wurde die Frau sanft. Und nun hatte der Bauer Zeit, über sein Körbchen nachzudenken. Er schöpfte Verdacht gegen seine Gäste und vermutete, daß sie es wohl vertauscht hätten. Er beratschlagte mit seiner Frau, wie sie das Körbchen wiederbekommen könnten, und die Frau sagte: »Da du jetzt ein wunderbares Faß hast, so kannst du nicht nur mit einem Menschen, sondern mit Hunderten fertig werden. Geh zu dem vornehmen Herrn und laß dir dein Körbchen wiedergeben.«

Der Bauer ging zu dem Herrn und forderte ihn zu einem Zweikampf auf. Dieser aber lachte über die Torheit des Bauern und erwiderte: »Gut, ich werde erscheinen, komm morgen auf das freie Feld, da wollen wir bald fertig sein.«

Am nächsten Tag nahm der Bauer sein Fäßchen untern Arm und ging ins Feld, wo er auf den Herrn wartete, welcher sich in Begleitung seiner Diener einfand. Als er näher zu ihm kam, befahl er seinen Dienern, den Bauern zum Spaß tüchtig durchzuprügeln. Der Bauer sah, daß man ihn zum besten habe, und im Vertrauen auf sein Fäßchen rief er: »Gebt mir mein Körbchen, sonst wird es euch schlechtgehen!« Da fielen sie über ihn her.

Der Bauer aber rief: »Fünf auf jeden aus dem Faß!« Sogleich sprangen fünf Burschen auf jeden und fingen an, sie unbarmherzig zu dreschen. Da rief der Herr aus vollem Halse: »Lieber Bauer, laß sie doch aufhören!«

Alsdann gebot der Bauer: »He Burschen, geht alle zurück

ins Faß!« Da hörten sie auf und verkrochen sich ins Faß. Der Herr befahl sogleich seinen Bedienten, das Körbchen zu holen und zurückzugeben. Und es geschah auf der Stelle. Der Bauer nahm sein Körbchen, ging nach Hause und lebte seit der Zeit mit seiner Frau im besten Frieden.

(Märchen aus Österreich]

Der Windmann, die Windfrau und die Wolkenfrau

Wo sich der Windmann zeigt, da entsteht ein heftiger Wind. Der Wind entsteht dadurch, daß die Windleute Atem holen. Der Wiesulas ist ein wilder Geselle, dem es nur im Sturmwind wohl ist. Er fährt alsdann im Staubwirbel dahin, in welchem man seine Gestalt deutlich wahrnehmen kann. Wenn man in den Wirbel hineingerät, so wird man von einer schweren Krankheit befallen, welche zumeist den Tod im Gefolge hat. Wenn der Wirbelwind daherkommt, so sieht man deutlich eine Wand in demselben. Diese Wand rührt von dem Hause her, in welchem die Windleute wohnen. Wer durch diese Wand dringt, dem fügen die Windleute einen schweren Schaden zu, denn er wird blind oder lahm. Wenn man in einen Wirbelwind ein aufgemachtes Messer hineinwirft, so findet man später an dem Ort, wo das geschehen, auf der Erde Blutstropfen. Das Blut rührt von dem Windmann her, welchen man mit dem Messer verletzt hat. Wer nach dem Wiesulas mit einem geladenen Gewehr zielt oder nach ihm schießt, den trifft die Kugel aus dem Gewehr. Wenn sich jemand in der Johannisnacht um zwölf Uhr an eine freie Stelle im Wald begibt, so kommt ein heftiger Wind, in welchem sich der Windmann befindet, und trägt ihn in die Höhle, in der sich die Winde aufhalten. Dort muß der Betreffende der Windfrau ein Jahr dienen und mit ihr im Wind umfahren. Darauf nimmt ihn der Windmann in seinen Windwagen, und er muß mit dem Windmann gleichfalls ein Jahr umfahren. Der Windmann belehrt ihn in diesem Jahr über alles, was auf die Winde Bezug hat. Darauf darf der Betreffende zu den Menschen zurückkehren; er ist aber jetzt mit der Fähigkeit ausgestattet, im Wind über die Erde dahinfahren zu können. Wenn ein Wirbelwind entsteht und alles mit sich fortträgt, was er erfaßt, so sagt man, der Teufel hält Hochzeit. Wenn man einen Wirbelwind sieht, so muß man in der Stube bleiben, denn im Wirbelwind fährt der Teufel tanzend um. In den Wolken ist ein großes Königreich. Die Königin des Reiches ist eine weiße Jungfrau. Die Frauen, über welche sie gebietet, sind alle weiß, die Männer blau, die Kinder aber grau. In den Wolken fahren die Wolkenfrauen um, welche gern schwangere Frauen oder Kinder entführen. Einst war eine Bäuerin aus Krottingen in anderen Umständen. Der Tag war nicht mehr fern, an welchem sie einem Kind das Leben schenken sollte. Eines Tages ging die Bäuerin in den Wald. Plötzlich senkte sich eine Wolke zur Erde hernieder und trug die Bäuerin hoch empor. Sie wurde in einen schönen, goldenen Palast getragen, in welchem sie von weißen Frauen freundlich empfangen wurde. Hier gab sie einem Kind das Leben. Darauf wurde die Bäuerin, aber ohne ihr Kind, von einer Wolke wieder in den Wald zu der Stelle zurückgebracht, von welcher aus sie emporgetragen worden war.

Indem kam ein Bauer daher, und sie fragte diesen, was für ein Tag heute sei. Der Bauer gab ihn an. Da zeigte es sich, daß es derselbe Tag war, an welchem die Bäuerin in den Wald gegangen war. Sie konnte also nur ganz kurze Zeit bei den Wolkenfrauen gewesen sein. Es schien der Bäuerin, als habe sie den ganzen Vorgang nur geträumt, allein es muß doch alles Wahrheit gewesen sein, denn die Bäuerin war, ihrer Niederkunft nahe, in den Wald gegangen, nun aber war sie ihrer Bürde ledig.

[Märchen aus Litauen]

Nachwort

Die vier Elemente – Erde, Feuer, Wasser und Luft – galten seit der Antike jahrhundertelang als Grundbausteine des Weltganzen, bis sie in der Neuzeit durch die Naturwissenschaften abgelöst wurden.
Das Element Luft war für den Menschen – im Gegensatz zu den anderen Elementen, Erde, Feuer und Wasser – lange Zeit nicht wahrnehmbar. Luft war das Nichts, das Unsichtbare, der geheimnisvolle Raum zwischen Himmel und Erde. Die Erscheinung der bewegten Luft – Wind, Sturm und Wetter – wurde als Wirken und Eingreifen der Götter aufgefaßt.
Luft ist auch für uns Heutige etwas allzu Selbstverständliches. Nur der, dem sie fehlt, erkennt ihre Kostbarkeit: der Kranke, der nach Luft ringt, der Bergsteiger, dem das Atmen schwerfällt, der Großstädter, der im Smog gierig die reine Luft aus der Sauerstoffflasche trinkt.
Luft ist Leben. Leben bedeutet Atmen. Im rhythmischen Ein- und Ausatmen des Menschen ist sein ganzes Leben umschlossen. So wurde in der Antike die Luft, der Atem, als belebendes Prinzip, als wichtigstes Element schlechthin erkannt. Aus dem Atmungsvorgang wurde die Annahme abgeleitet, alles bestehe aus Luft und sie sei auch das eigentliche Wesen der Seele, der Psyche (Anaximenes).
Dieses Sprachbild vom »Atem des Lebens« ist in dem priesterschriftlichen Schöpfungsbericht des Alten Testaments erhalten: Der Schöpfergott, der das Leben hervorbringt, bläst dem Menschen seinen göttlichen Atem ein, und der Mensch lebt: »Gott machte den Menschen aus Ackererde

und blies ihm den Atem des Lebens in die Nase. So wurde der Mensch ein lebendiges Wesen.« (1. Mose 2,7)
In Märchen und Mythen und archaischen Vorstellungen aller Kulturkreise beherrschen Götter und geflügelte Geistwesen das Medium Luft, das den Sterblichen nicht zugänglich war. Die Fähigkeit des Fliegens, des Sich-Hinaufschwingens in luftige Höhen galt als göttliches Privileg.
Im religiösen Glauben, in den mythischen Texten vieler Völker der Welt erscheint die Luft personifiziert in mancherlei göttlichen Gestalten, spezifischen Luftwesen, legendären Vögeln und Dämonen.
Alte Legenden und Mythen (zum Beispiel der babylonische Schöpfungsmythos *Enuma Elisch*) berichten von der kosmogonischen Trennung von Himmel und Erde, die beide zuvor eine Ureinheit darstellten. Solche Denkbilder finden sich heute noch in den Kosmogonien afrikanischer, indianischer und ozeanischer Völker. Hier spielt die Vorstellung von der vergöttlichten Luft eine zentrale Rolle: Der Gott der Luft – Nachkomme des Urpaares Erde und Himmel – trennt das göttliche Paar auf immer und ermöglicht so das Leben auf der Erde. In einem ägyptischen Mythos löst der Luftgott Schu den weiblichen Himmel Nut von der männlichen Erde Geb, hebt ihn empor und trägt ihn fortan.
Diese Vorstellung von der Ureinheit von Himmel und Erde ist mit dem Gedanken einer ursprünglichen Zusammengehörigkeit von männlich-weiblichen Eigenschaften in *einem* menschlichen Wesen verknüpft – solche androgynen Lebewesen besaßen auch noch Flügel!
Bei vielen Völkern bereits in den alten Hochkulturen, wie etwa in Mesopotamien, ist eine kosmologische Dreiteilung in Himmel, Erde und Unterwelt zu finden. Der Himmel ist in vielen Kulturen der Wohnsitz der höchsten Götter, die Unterwelt das Reich der Toten. Der Himmelsflug war die komplementäre Entsprechung zur Fahrt in

die Unterwelt, der den Göttern, Halbgöttern oder den Eingeweihten vorbehalten war. Die Überwindung des Mediums »Luft« – das Fliegen – konnte nur den Göttlichen gelingen, die Flügel galten als göttliches Attribut. So kann zum Beispiel der mexikanische Gott *Quetzalcoatl* (»Himmlischer Vogel«) in den Himmel und in die Unterwelt fliegen.

Geflügelte göttliche Wesen in den alten Hochkulturen

Die Darstellung geflügelter menschengestaltiger Götter ist uralt. *Ningirsu*, die älteste assyrisch-babylonische Gottheit der Sonne und des Donners, trägt prächtige Flügel.
Der ägyptische Himmelgott *Horus* kann in der Gestalt eines Falken erscheinen. Viele Statuen zeigen den Pharao mit dem göttlichen Horusfalken auf der Schulter.
Die mesopotamische Wüstendämonin *Lilitu*, ein frauengestaltiges Mischwesen mit Vogelkrallen und Flügeln, wird im Gilgamesch-Epos als fliegende Göttin, als »Königin des Himmels« beschrieben. Diese Gestalt gelangte als Dämonin in die jüdische Mythenwelt, in der jüdischen Literatur ist *Lilith* die erste Frau Adams.
Die Große Göttin und Weltmutter *Isis* (ägyptisch) und die Göttin *Astarte* (syrisch/babylonisch) werden meistens mit riesigen Flügelpaaren abgebildet. Die ägyptische Göttin *Maat* trägt als Kopfschmuck eine Straußenfeder, ein Luft- und Lichtsymbol. Die Feder als Hieroglyphe stellt *Maat*, die gottgegebene Weltordnung, die Göttin selbst dar.
Das Symboltier aller großen altorientalischen Liebesgöttinnen – *Ischtar, Anat, Astarte* und *Aphrodite* – ist die *Taube*. Die Taubengestalt deutet immer auf die Sphäre der Großen Göttin hin (zum Beispiel Taubenplastiken im Ischtartempel in Assur, 3000 v. Chr., aus Betschean, 1500 v. Chr., und Zypern, 700 v. Chr.).

Altbabylonische Tonreliefs zeigen die Göttinnen mit Tauben auf den Schultern und als taubenähnliche Gottwesen auf dem Thron sitzend.

Über die ganze Welt verbreitet ist die Identifizierung der königlichen Gestalt des *Adlers* mit einem Gott. Der Adler als königliches Symboltier findet sich bei dem indischen Gott *Wischnu*, dem griechischen Göttervater *Zeus* und dem germanischen Gott *Odin*. Er ist darüber hinaus nicht nur das Symboltier des Evangelisten Johannes, sondern eine Metapher für die jüdisch-christliche Gottesvorstellung überhaupt: »Wie ein Adler ausführt seine Jungen und über ihnen schwebt, breitete der Herr seine Fittiche aus und nahm sein Volk und trug es auf seinen Flügeln.« (5. Mose 32,11)

Ein Leitmotiv religiöser Erfahrung ist die Gestalt eines *Götter-* oder *Gottesboten*, des *Engels*, der, durch die Reiche der Luft schweifend, Heil oder Verderben bringt. Diese geflügelten Götterboten lassen sich bis in die ältesten Schichten der Hochreligionen nachweisen, sie sind Ausdruck einer Urerfahrung der Menschheit. Diese »Engel« der vorchristlichen Kulturen (in Sumer, Babylonien, Assyrien) sind düster-ernste und gewaltig-feierliche *Kerube* (akkadisch »krb«, von »karabu« abgeleitet, heißt »segnen«, »beten«). Mächtige, geflügelte – oft phantastische – Mischwesen aus Mensch und Tier standen als Wächter und Schutzgeister vor Tempeln und Palästen. Auch auf den Rollsiegeln, die dem täglichen Gebrauch der Assyrer dienten, war häufig ein *Kerub* abgebildet. Das Wappen der sumerischen Stadt Uruk stellt den Genius »Imdugud« als löwenköpfigen Adler über zwei Hirschen schwebend dar (British Museum). Im Louvre in Paris ist ein assyrischer *Kerub* (Palast Sargons II. in Chorsabad) als eine Mischgestalt aus Löwenleib, Stierbeinen und Adlerflügeln zu sehen. Ein assyrisches Relief zeigt neben dem Lebensbaum einen Genius mit doppelten Flügelpaaren, der eine Blütentasche und einen Samenkolben in der erhobenen Hand hält, seine lebenserhaltende und lebenszeugende Kraft symbolisierend.

Göttliche Luft- und Flügelgestalten in der griechischen Mythologie

Von der Luft deutlich zu unterscheiden ist im Griechischen der *Aither*, nach Homer der »leuchtend klare« Himmel, Wohnsitz der Götter, Gemahl der Erde und Vater der Wolken.

Im Gegensatz zur bewegten Luft – den Winden – hat die unsichtbare Luft die mythenbildende Phantasie der alten Griechen wenig angeregt. Es gibt keinen spezifischen Luftgott, wohl aber *aurae*, Luftgöttinnen, die als Töchter des Windgottes Aiolos und zugleich als Gattinnen seiner sechs Söhne aufgefaßt werden. Sie schweben – ohne Flügel – mit wehenden Gewändern in der Luft (5. Jahrhundert v. Chr., Tongefäß, British Museum). Sie gelten als Vorbilder der Windsbräute in den späteren Volksüberlieferungen (bereits im Althochdeutschen »winters brût«), die vom Wind als »tolles Frauenzimmer«, als Wirbelwind, gejagt werden.

Ein berühmtes antikes Relief (*Ara Pacis Augustae* in Florenz) zeigt die göttlichen weiblichen Personifikationen der drei Elemente Wasser, Erde und Luft (das vierte Element, das Feuer, gehörte nach antiker Auffassung dem *Aither* an). Die Göttin der Luft wird von einem Schwan emporgetragen, aufwachsendes Schilfgewächs charakterisiert das Terrain als Sumpf: Nebel macht Luft sinnlich begreifbar.

Die griechische Mythologie kennt neben den Göttern die *Dämonen*, ursprünglich freundliche Mittlerwesen zwischen Menschen und Göttern, die göttliche Gaben oder die Schicksalslose den Menschen zuteilten. Sie sind meistens mit Flügeln ausgestattet. Als göttliche Boten können sie den Luftraum durchmessen. Zunächst galten die Dämonen nicht als verderbenbringend, erst später waren sie auch Verursacher von Katastrophen, Krankheit und Tod. Nach Platon waren die Elemente von Dämonen beseelt: »In jedem Elemente leben Dämonen teils sichtbar, teils unsichtbar, im Äther wie im Feuer, in der Luft wie im Wasser, so daß kein Teil des Kosmos unbeseelt ist und leer von Lebewesen, die höher und mächtiger sind als die sterbliche Natur.«

Im Gegensatz zu den satanischen Dämonen innerhalb der späteren christlichen Vorstellungswelt – wie zum Beispiel Teufels- und Hexengestalten, bösen Geistern, die ebenfalls das Reich der Lüfte bevölkern – sind die griechischen Dämonen freundliche und hilfreiche Mittlerwesen zwischen der Gottheit und den Menschen.

Der bekannteste Dämon ist *Hermes*, der Götterbote mit den Flügelschuhen und dem Flügelhut, immerfort unterwegs, wandernd und zumeist fliegend, schneller als der Wind. Er ist Hüter und Wegweiser unbekannter Pfade, er leitet den Verirrten unsichtbar zum Ziel. Er ist nicht nur Führer der Lebenden, sondern er leitet die Seelen der Verstorbenen über die Todesschwelle in den Hades. Jene, denen eine Rückkehr aus dem Totenreich gewährt ist, führt er sicher zur Oberwelt zurück.

Auch die griechische Göttin *Iris*, deren Wahrzeichen der Regenbogen ist, gilt bei Homer und Hesiod als geflügelte Götterbotin, die von den Höhen des Olymp auf die Erde zu den Menschen und bis in die Tiefen des Hades gesandt wird, um die Botschaften der Götter zu verkünden. Der Regenbogen ist der von Iris zurückgelegte Weg oder ihr buntschillerndes Gewand (Ovid).

Neben diesen Götterboten kennt die griechische Mythologie noch andere *Pneumata*, das heißt Luftgeister, die als dämonische Mischwesen Hüter und Wächter der Göttlichen sind.

Der *Greif*, eine Mischgestalt aus Löwenleib und Adlerkopf, gilt als Wächter des himmlischen und des irdischen Heiligtums. Bei Hesiod ist der Greif das heilige Tier des Gottes Apollon. Sprachlich und inhaltlich kann ein enger Bezug zu dem assyrischen Kerub hergestellt werden: »k'rub« (assyr.) wandelt sich zu »gryps« und »grypos« (griech.), zu »gryphus« (lat.) und später zu »griff« (althochdeutsch), jenem Wundervogel »Gryf« der Sagen und Märchen.

Die *Sphinx*, das geflügelte Löwenweib mit Menschenkopf, hütet die heiligen Bezirke des Tempels, insbesondere das Tor und die Ecken. Ihre Gestalt ist aus Vorderasien und Ägypten über Kreta und Mykene nach Griechenland gekommen. Die griechische *Sphinx* galt als Todesdämon. Sie hauste auf dem Sphinxberg bei Theben, sie raubte Menschen und fraß sie. Auf vielen griechischen Sarkophagen ist sie als Totenwächterin dargestellt und erscheint später auf mittelalterlichen Säulenkapitellen als Monster und Todesbotin.

Seit dem 7.–6. Jahrhundert v. Chr. findet man in der griechischen Kunst die *Sirenen*, singende und musizierende Vogeldämonen, Mischgestalten aus einem Vogelleib, Vogelflügeln und einem menschlichen Kopf – der zuerst auch männlich, später jedoch nur noch weiblich dargestellt wurde –, als Seelenvögel abgebildet. Der Name wird von dem semitischen Wort »sir« = »Gesang« abgeleitet. Im Gegensatz zu dem bekannteren Bild der späteren verlockend-verführerischen Sirenen, denen Odysseus begegnete, verstand man ursprünglich die *Sirenen* als Kinder der alten Erdmutter Gaia, die im Reich des Hades und der Persephone ihre Musik erklingen ließen, um die abgeschiedenen Seelen zu trösten.

Das Steinrelief eines Grabes im lykischen Xanthos zeigt eine *Sirene* als Seelengeleiterin, die das Eidolon des Menschen, als nackte kleine Gestalt an ihre mütterlichen Brüste gedrückt, zum Elysium emporträgt – ein außerordentliches Bild göttlicher Mütterlichkeit. Für den griechischen Dichter Euripides waren die *Sirenen* göttliche Genien, die im Äther, dem Gefilde der seligen Geister, schweben. In Platons »Staat« steht auf jeder der acht kreisenden Himmelssphären eine *Sirene*, deren Musik die ewige Harmonie der Sphären symbolisiert.

Die Göttin *Nike* ist eine Personifikation des Sieges. In der griechischen Kunst wird sie immer mit mächtigen Flügeln dargestellt, denn sie kann sich gleich Hermes und Iris als Götterbotin durch die Lüfte bewegen. Die Gestalt der römischen geflügelten *Victoria* wird ikonographisch zum Vorbild der christlichen Engelsdarstellungen.

Der Liebesgott *Eros* ist der wichtigste und bekannteste Götterbote der griechischen Mythologie. Nach Hesiod ist *Eros* der Beginn aller Dinge, eine schöpferische Urgottheit: Zusammen mit Gaia, der Erde, ist er als Erstling aus dem Chaos hervorgegangen. *Eros* entschlüpfte einem silbernen Ei, welches Nyx, die Göttin der Nacht, die auf schwarzem Zweigespann am Himmel emporfährt und in schwarze Fittiche gehüllt ist, ins Dunkel der Nacht legte. *Eros* war zweigeschlechtig und trug als Wahrzeichen goldene Flügel. Durch die welterschaffende Kraft des *Eros* wurde das All in Bewegung gesetzt.

Platon schuf in seinem »Symposion« einen neuen jungen Eros, den göttlich-schönen Jüngling mit goldenen Locken, der mit ausgebreiteten goldenen Flügeln durch die Lüfte schwebt und mit seinen Liebespfeilen in Menschen und Göttern Liebesglut entfacht. Er ist der »Schönste der Unsterblichen«, der »Bezwinger von Göttern und Menschen« und erscheint »im Glanz himmlischer Blitze«, er ist dem »Westwind und dem Regenbogen sohnverwandt«. Unzählige Darstellungen zeigen ihn als leierspielenden nackten Epheben mit prächtigen Flügeln. Ein späterer Mythos macht ihn zum Sohn der Liebesgöttin Aphrodite, schließlich vervielfacht er sich zu unzähligen Eroten, welche die Mutter Aphrodite umschwirren (griechische Vasenmalerei »Aphrodite mit Eroten«, 380 v. Chr.).

Flügelwesen bei den Etruskern

Auch die Etrusker kannten geflügelte Dämonen. Ein etruskisches Relief (Museum Chiusi) zeigt die Reise in die Unterwelt: Der Tote wird von einer *Lasa*, einer engelgleichen, geflügelten weiblichen Gestalt mit Fackel, geleitet. Ein *Charun*, eine teufelsähnliche Gestalt mit Hakennase und Schlangenhaaren, die einen tödlichen Hammer schwingt, folgt und verhindert die Rückkehr ins Reich der Lebenden. Ein etruskischer Sarkophag zeigt Flügeldämonen, welche die Schicksalsbücher der Menschen lesen.

Märchen von der Luft als schöpferischem Lebenselement

»Und die mich trug im Mutterleib,
Die durft ich niemals schauen,
Sie war ein schön, frech, braunes Weib,
Wollt keinem Manne trauen.

Und lachte hell und scherzte laut:
Ei, laßt mich gehn und stehen!
Möcht lieber sein des *Windes Braut*,
Denn in die Ehe gehen.

Da kam der *Wind*, da nahm der *Wind*
Als Buhle sie gefangen,
Von dem hat sie ein lustig Kind
In ihrem Schoß empfangen.«

(Eduard Mörike, »Maler Nolten«)

Eduard Mörike gestaltet in seinem Roman »Maler Nolten« den uralten Mythos von der Schwängerung durch den Wind in volksliedhafter Weise um. Das Lied ist Teil einer »Sage«, die auf die »fabelhafte Geburt« des Helden Volker hinweisen soll.

Die schöpferische Verbindung der Urelemente Wasser und Luft (Geist/Wind) steht im Mittelpunkt vieler Weltentstehungsmythen.

Der erste Gesang des finnischen Epos »Kalevala« geht auf ein altes Weltentstehungslied zurück, in dem viele Mythologeme verschmelzen: der Mythos von dem Vogel der Lüfte und dem Urei, der jungfräulichen Wassermutter, die den ersten Helden gebiert, und der schwimmenden Insel bzw. dem Urhügel im Meer (»Ilmatar, die Jungfrau der Lüfte«).

Das früheste Lied vom »Vogel der Lüfte, der über dem Urmeer schwebend eine Brutstätte sucht«, entstand in der späteisenzeitlichen, vorwikingischen Zeit, als Finnland und Estland noch eine Kultureinheit bildeten. Die drei Eier, die der Vogel auf einer Insel ausbrütet, werden durch einen heftigen Wind ins Wasser gerollt, sie zerbrechen, und aus ihnen entstehen Sonne, Mond und alle Gestirne. Aus den zerbrochenen Hälften der Eischalen werden Erde und Himmel.

»Ilmatar, die Jungfrau der Lüfte« ist gleichzeitig Jungfrau und Mutter. Sie ist die »Wassermutter«, die den Helden gebar, der Wind wehte sie schwanger. Nach einer anderen Überlieferung wurde sie von dem göttlichen Urwesen Ukko als Vogel geschaffen, der über dem Meer schwebt (Ukko ist der altfinnische Wetter- und Donnergott, der auch als Helfer gebärender Frauen galt). Ilmatar wird auch mit einem weiblichen Wind- oder Luftgeist identifiziert (»ilma« heißt »Luft«, »Wetter«, früher auch »Himmel«, »Wind«, »Sturm«).

In vielen Welterschaffungsmythen Nordeurasiens und

Nordamerikas spielt das sogenannte Tauchmotiv eine wesentliche Rolle, das heißt, daß ein Schwimmvogel das erste Stück Land vom Meeresboden heraufholt. Die Art des Vogels wechselt in den verschiedenen Varianten, es kann dies eine Ente, eine Gans oder auch ein Adler sein (nach Lore und Hans Fromm).

Auch der Mythos vom Urei oder Weltei ist auf der ganzen Welt, insbesondere in den alten Hochkulturen, verbreitet. Die heiligen Schriften der Inder berichten von der Geburt des Brahma aus dem goldenen Urei und von der Entstehung des Himmels aus der goldenen und der Entstehung der Erde aus der silbernen Hälfte des Ureis. Der Mythos vom Urei wurde auch in die orphische Schöpfungslehre aufgenommen und von Hesiod dichterisch bearbeitet. Die schwarzgeflügelte Nacht, eine Göttin, die selbst Zeus Ehrfurcht einflößte, wurde vom Wind umworben und legte ein silbernes Ei in die Dunkelheit. Diesem entschlüpfte der goldgeflügelte Eros, der das Weltall in Bewegung setzte (»Die Nacht, das Ei und der Eros«).

Im Pelasgischen Schöpfungsmythos wird *Eurynome* (»Weites Wandern«), die Göttin aller Dinge, vom Nordwind, dem sie sich tanzend nähert, geschwängert. Sie verwandelt sich in eine Taube und legt das Weltei, das vom Nordwind, in Gestalt einer Schlange, ausgebrütet wird. In der frühen mediterranen Kunst wird die Große Göttin immer im Zusammenhang mit der Schlange abgebildet (»Eurynome und der Nordwind Boreas«).

In diesem archaischen religiösen Weltbild gab es noch keine männlichen Götter, sondern nur die Große Göttin und ihre Priesterinnen. Frauen waren das herrschende Geschlecht. Die Empfängnis wurde dem Wind oder dem Essen von Früchten zugeschrieben, die Vaterschaft wurde nicht gewürdigt (nach von Ranke-Graves).

Auch im priesterschriftlichen Schöpfungsbericht der Bibel steht am Anfang des göttlichen Schöpfungsaktes die

Verbindung von Wasser und Wind/Sturm/Luft/Geist: »Am Anfang schuf Gott Himmel und Erde. Und die Erde war wüst und leer, und es war finster auf der Tiefe; und der Geist Gottes schwebte auf dem Wasser.« (Genesis 1, 1–2)
Eine andere Übersetzung des Schlusses von Genesis 1,2 lautet: »Ein gewaltiger Sturm brauste über das Wasser.« Der hebräische Begriff ›ruah‹ umfaßt in seinem Bedeutungsinhalt auch die Vorstellung von ›Sturm‹, ›Hauch‹, ›Atem‹.
In der rabbinischen Theologie wird das Schweben des Geistes Gottes über den Wassern auch mit dem Schweben einer Taube veranschaulicht (Silvia Schroer).
Der sumerische Name für *Eurynome*, die Große Göttin, lautet »Iahu«, »Erhabene Taube« – ein Titel, den später Jehova, der Schöpfer, trug. Religions- und mythengeschichtlich bemerkenswert ist nun dabei, daß das Sprachbild des göttlichen Geistes/der Luft/des Windes in diesen Weltentstehungsmythen mit dem mythischen Bild der welterschaffenden Großen Göttin oder deren Vogelgestalt (Taube/Schwan/Gans) eng verknüpft ist.
Ein frühgeschichtlicher griechischer Mythos erzählt von *Leda*, der Schwänin, der Großen Göttin, Schöpferin des Lebens. Auf einer schwimmenden Insel brütet die Schwanfrau zwei Eier aus, denen Zwillinge entschlüpfen. Nach der Eroberung des Peloponnes durch die Hellenen werden die matriarchalische Kultur und damit die weiblichen Gottheiten zurückgedrängt, was sich an der Mythe von *Leda* deutlich ablesen läßt: In prähellenischen Sagen jagte die Göttin auf ihrer mystischen Liebesjagd den Heiligen König, mit dem Sieg des patriarchalischen Denkens verlief die Jagd umgekehrt: Jetzt flieht die Göttin vor Zeus, der sich ihr in der Gestalt eines Schwanes nähert und zum Vater der Zwillinge wird (»Leda, die Schwänin«).
Leda wird als Nemesis in den Götterhimmel aufgenommen. Ihr war ein spezieller Schwanenkult gewidmet. Schwäne waren wegen ihrer weißen Federn der Göttin ge-

weiht, auch galt die V-Form ihres Fluges zur Zeit der Sommersonnenwende als weibliches Symbol.
Der mythische Vogel der Sinti und Roma, der gleich dem Vogel Phönix das sagenhafte Alter von 999 Jahren erreicht und sich aus sich selbst heraus immer von neuem verjüngt, ist eine Symbolfigur für den ewigen Kreislauf des Lebens: In archetypischen Sprachbildern wird erzählt von der geheimnisvollen Urme, einer schönen Fee, die von dem Vogel Tscharana gefangengehalten wird, da dieser jede Nacht an ihrer Brust saugen muß, um seine Unsterblichkeit zu erhalten (»Der Fischer und die Urme«).

Märchen von Vögeln als Boten zwischen Himmel und Erde

Vögel galten in allen großen Kulturen als Urbilder des Göttlichen. In Märchen und Mythen legt der Mensch seine Erdenschwere ab und schwingt sich in Vogelgestalt hinauf in den Himmel. Der königliche Adler, der schwarze Rabe, der kluge Falke, die sanfte Taube und insbesondere der majestätische Schwan sind Bilder dieser Metamorphose zwischen Tier und Mensch.
Der Schwan ist einer der meistgenannten Vögel der alten Welt. Vier Besonderheiten – sein langer, schön gewundener Hals, sein weißes Gefieder, seine Weisheit und sein Gesang – begründeten bei den griechischen Dichtern seinen Ruhm. Der Glaube, daß er nur einmal, nämlich im Sterben, seinen sagenhaften Gesang erklingen lasse, behauptete sich im ganzen Altertum: »Die Vögel singen vor ihrem Tod, weil sie Apollon gehören und Sehergabe besitzen. Daher erkennen sie im voraus das Gute, das sie in der Welt der Toten erwartet, und freuen sich und singen an jenem Tage.« (Platon)
Der Schwan ist das Sinnbild des griechischen Dichters, vor allem Apollons. Er trägt den Gott durch die Luft, die-

ser kann durch ihn weissagen. Im alten Rom war der Schwan mit dem Kult der Venus verbunden, deren Wagen er zieht.
Der Mythos von der Schwanenjungfrau, die ihr Schwanenkleid ablegt, um einen menschlichen Gemahl zu ehelichen, ist auf der ganzen Welt verbreitet. In der nordischen Sagenwelt besitzt die Göttermutter Freja ein Schwanenkleid. Die Walküren, die Begleiterinnen und Töchter Odins, die Schicksalsgöttinnen, zeigen sich ebenfalls in Schwanengestalt. Die Märchen von der Schwanenjungfrau haben möglicherweise ihren Ursprung in dem »Wölundlied«, einem der ältesten Lieder der »Edda«:

»Mädchen von Süden
durch den Myrkwind flogen,
die schmucke Alwit,
Schicksal zu wirken.
Zu säumen am Seestrand
saßen sie nieder,
des Südens Kinder,
spannen kostbares Linnen.

Eine von ihnen,
Egil, herzte
die schöne Maid,
an schneeiger Brust.

Die andre war schwanweiß,
trug Schwanenfedern;
(sie schlang um Schlagfider
schimmernde Arme).
Doch die dritte,
deren Schwester,
umwand Wölunds
weißen Hals.

So saßen sie
sieben Winter,
aber den achten
immer in Sehnsucht,
aber im neunten
schied sie die Not:
Die Mädchen trieb es
durch den Myrkwind fort,
die schmucke Alwit,
Schicksal zu wirken ...«

Auch das Nibelungenlied und die Gudrundichtung erzählen von weissagenden Schwänen.

Trotz der Liebe zu einem Menschengemahl bleiben die schönen Schwanfrauen dennoch elementar dem Luftreich verbunden. Wenn sie ihr Schwanenkleid wiederfinden, fliegen sie unwiderruflich in ihre Heimat zurück: die Lüfte! (»Die Schwanenfrau«; »Die weißen Vögel vom Arpsee«)

Der schönste Vogel, »Der Unanschaubare«, dessen strahlend bunte Federn kein Mensch erblicken kann, ohne sofort zu sterben, ist ein göttlicher Vogel, ein Götterbote zwischen Himmel und Erde: Der Held, der ihn dennoch erlegt, vermag an einem Pfeiler, der sich zwischen Himmel und Erde erhebt, schamanenhaft emporzuschweben und in das »Himmelsland« zum »Himmelsvolk« zu gelangen (»Der schönste Vogel und die lieblichste Frau«).

Der Adler ist der angesehenste Vogel der alten Welt. Als mantischer Vogel steht er in vielfacher Beziehung zu Zeus, vielen Königen des Orients galt er als Siegesverkünder und Heilsbringer. Zeus selbst verwandelte sich in einen Adler. Auch im ältesten Epos der Welt, dem Gilgamesch-Epos (12. vorchristliches Jahrhundert), spielt der Adler bei der Geburt des Helden Gilgamesch eine wesentliche Rolle (»Gilgamesch-Epos«, Vorgesang). Im Märchen ist er der majestätische König der Lüfte, seine breiten und starken Schwingen sind Zeichen des Sieges und der Macht. Ein südslawisches Märchen weiß davon, »warum Adler nie sterben«. In dem russischen Märchen »Der Adler, der Ochsen verschlang« wächst der Adler zu dem Riesenvogel Greif an, der in seinem Herrschaftsanspruch und seiner Kraftausübung an die mythischen Göttergestalten der Kerube und Sphinxe der alten Kulturen erinnert.

Der Rabe galt bei den Römern als Wetterprophet, als kluger Ratgeber und Künder der Zukunft. Wegen seines schwarzen Gefieders ist er auch ein Totenvogel. Die Walküren der nordischen Mythologie, die dem Helden den Tod bringen, erscheinen auch, gleich der keltischen Zauber-Göttin Morrigan, in der Gestalt einer leichenfressenden Krähe. Eine metaphorische Parallele findet sich in dem Grimmschen Märchen »Die Krähen«: Die Totenvögel sitzen auf dem Galgen und weissagen zauberisch die Zukunft, kennen die Missetäter und zerfleischen sie zur Strafe. Der Rabe ist zugleich Sieges- und Unglücksbote: Der germanische Gott Odin ist von zwei Raben umgeben, Munin und Hugin, die das wechselnde Kampfglück symbolisieren.

Im Märchen bedeutet der Rabe die Anwesenheit des Gottes. In dem eskimoischen Märchen »Tulungersaq oder Vater Rabe« ist der Rabe der Schöpfergott, die heilige Lebenskraft, die aus dem Dunkel des Nichts den Himmel und die Erde und alles Leben erschafft, auch den Menschen.

Der Falke galt schon im Altertum als Symbol der Sonne und auch als Orakeltier. Im arabischen Kulturbereich ist der Falke heute noch das kostbare Herrscherzeichen des Emirs. Schon im Mittelalter war die Falknerei eine angesehene Kunst, der Falke galt als das Symboltier des Königs. In Volks- und Minneliedern wird der Falke mit dem Minnesänger, dem Geliebten, verglichen:

»Ich zog mir einen Falken länger als ein Jahr,
Doch als er, wie ich wollte, von mir gezähmet war
Und ich ihm sein Gefieder mit Golde schön umwand,
Da hob er auf gar hoch sich und flog in fremdes Land.

Drauf sah ich den Falken wieder stattlich fliegen,
Er trug an seinem Fuße seidene Riemen,
Es glänzte sein Gefieder ganz von rotem Gold,
Gott bringe sie zusammen, die sich da gerne wären hold.«

(Der Kürnberger; mittelhochdeutscher Dichter, um 1160)

Der »Weiße Falke« hat in dem gleichnamigen süddeutschen Märchen eine heilbringende Funktion, er erscheint als Retter und Helfer in der Not (»Der weiße Falke«). Der schwarze fliegende Löwe ist ein Symbol des Teufels, dem sich der Held verschrieben hat, jedoch kann der weiße Falke, das Symbol der Reinheit und des Guten, die Kraft des schwarzen Zaubers bannen.

Märchen von den Luftgeistern

»Mein Herzens-Ariel,
dies liegt dir ob;
dann in die Elemente!
Sei frei und lebe wohl!«

(William Shakespeare, »Der Sturm«, V,1)

Ariel, der in der Weltliteratur bekannteste Luft-Geist, dient seinem Herrn, dem mächtigen Zauberer Prospero, der über das ganze Geisterreich herrscht. Ariel erzeugt auf Befehl seines Meisters einen furchtbaren Sturm, das Schiff mit Prosperos Feinden erleidet Schiffbruch, und Prospero

kann sich an den Feinden rächen, indem er sie in seine Geisterwelt verbannt.
Nach dem Vorbild Shakespeares treten in Goethes »Faust II« Ariel und seine Naturgeister als befreiende Naturkräfte auf, die Faust das Vergessen und die Gesundung bringen:

»Die ihr dies Haupt umschwebt im luft'gen Kreise,
Erzeigt euch hier nach edler Elfen Weise,
Besänftiget des Herzens grimmen Strauß,
Entfernt des Vorwurfs glühend bittre Pfeile,
Sein Innres reinigt von erlebtem Graus.«

(»Faust II«, V. 4621 ff.)

Im Gegensatz zu den lichten und freundlichen Luftgeistern Shakespearescher Prägung ist den mittelalterlichen und frühneuzeitlichen Geisterlehren zufolge der gesamte Luftraum Wohnort zumeist unheilbringender Dämonen, die man als »Mittelwesen« zwischen Menschen und Göttern auffaßte, da ihnen sowohl menschliche als auch übernatürliche Fähigkeiten zu eigen waren.
Luftgeister werden einerseits mit den Teufeln gleichgesetzt – die feurigen Teufel wies man der »obersten Luft« zu –, während die anderen Luftgeister, das »Aereum«, »in der Luft unter dem Himmel« angesiedelt sind (J. Trithemius, 15. Jahrhundert). Als sogenannte Schadensgeister lösen sie Donner, Stürme und Unwetter aus.
Agrippa von Nettesheim sah in den Luftgeistern Mischwesen aus Feuer und Luft, außerdem gehörten auch Engel zu den Luftgeistern. Aus der Mythe vom Abfall der Engel von Gott – Luzifer verlor seinen reinen ätherischen Leib und trug nun einen Körper aus »einer finstern und dichtern Luft« – leiten die Dämonenlehren den Unterschied zwischen Dämonen, Luftgeistern und Engeln her.
In seiner Schrift »Liber de nymphis, sylphis, pygmaeis et

salamandris et de ceteris spiritibus« löst Paracelsus sich von den mittelalterlichen Dämonenlehren. Die Luftgeister, die von Paracelsus als »sylvestres« oder »sylves« bezeichnet werden, sind wie die anderen Elementarwesen natürliche, sterbliche Wesen, Teil der göttlichen Schöpfung, nur besitzen sie keine Seele. Durch die Liebe zu einem Menschen können auch die Luftgeister eine Seele gewinnen (Mahrtenehe). Bei Paracelsus sind die vier Elemente »nicht oder nur teilweise identisch mit den Phänomenen, die wir als Luft, Feuer, Erde und Wasser wahrnehmen. Sie sind zunächst geistige Potenzen, sie sind Matrix ... sie sind Weltmächte, Ur-Mütter, im Grenzsaum des Geistigen angesiedelt« (Gunhild Pörksen). »und ein element ist ein muter, deren seind vier, luft, feur, wasser, erden; aus den vier mutern werden alle ding geboren der ganzen welt« (Paracelsus). Die Luft sieht Paracelsus als das wichtigste Element: Es umschließt alles Irdische, trägt die ganze Welt wie ein Haus und scheidet es von der ewigen. »wo diser luft nicht were, so möchten wir nicht leben; dan es ging kein element nicht für sich, es möchte kein wint gen, kein regen, kein schnee, kein sonnen scheinen, kein somer, noch kein wasser fliessen, kein erden tragen« (Paracelsus). Bemerkenswert ist, daß Paracelsus diese Elementarwesen nicht als Teufelswerke, sondern als Teil der Weltenschöpfung Gottes definierte. In der volkstümlichen und auch kirchlichen Tradition galten die Luftgeister als vorwiegend bedrohliche Dämonen, als Hexen- und Teufelsgestalten.

Seit der Umwertung der heidnischen Götterwelt durch das Christentum sah der Volksglaube die Luft mit den Gestalten des *Wütenden Heeres* oder der *Wilden Jagd* bevölkert. Der germanische *Wotan*, *Frau Holle* oder *Percht* (*Fru Gauden*) jagen auf einem Wagen, gefolgt von allen möglichen Luftgeistern – bellenden Hunden und Katzen –, durch die Lüfte. Besonders Wotan, den man für den eigentlichen »Wilden Jäger« hielt, wurde sodann als Sturmgott und Windgott und die von ihm im Wilden Heer verfolgten Frauen als Windsbräute verstanden. Das in der Luft dahinstürmende Heer konnte auch lasterhafte und mutwillige Menschen entführen oder töten (»Das Wilde Heer«; »Der Wilde Jäger«; »Fru Gauden oder Goden«; »Das Mutesheer«).

Da der Volksglaube die Seelen der Verstorbenen ebenfalls im Luftraum ansiedelte, mischen sich die Fegefeuererzählungen mit dem Sagenkreis um das Wilde Heer (»Die Flugbahn der Toten«). In solchen Erscheinungen von Geisterheeren sah man auch die Vorzeichen von Hungersnöten, Seuchen oder Krieg.

»Weitverbreitet ist die Sage vom wüthenden oder besser wüthigen Heere und der wüthigen und wilden Jagd. Es knüpft an Wuotan, den altgermanischen Urgott, an, und von ihm entlieh es den Namen, wie nach ihm selbst das noch stets im Schwunge gehende Wort ›Wuth‹ unverkennbar hindeutet, und von ihm abstammt. Das wüthende Heer ward gedacht als ein ›Todtenheer‹, als eine unselige Schaar, bestehend aus den Seelen ungetauft verstorbener Kinder, wie die thyrolische Perchtl sie führt, und die Seelen aller Menschen, die eines gewaltsamen Todes gestorben sind; in letzter Beziehung ist es Nachhall der frühesten Mythe von der Einheriar-Schaar, der gefallenen Kampfhelden, die mit Odin nach Walhalla ziehen... Mit der Jagd war es leicht, den Teufel, den ›Helljäger‹, den Seelenjäger, in Verbindung zu bringen, und so wurde das wüthende Heer zugleich ein teuflisches, sein Umzug war Strafe, Buße, analog der Buße im Fegefeuer, dessen Örtlichkeit auf der Erde selbst man kannte und nannte. Daher wurde auch die Huldenhöhle am Venusberge von der späteren Sage zur Fegefeuerstätte erkoren.« (Ludwig Bechstein)

Frühmittelalterliche Schriften bezeugen die Fähigkeit be-

stimmter Frauen, mit heidnischen Göttinnen und Dämonen durch die Luft zu fliegen. Solche Vorstellungen verdichteten sich im Spätmittelalter zu einem Glauben an Hexenflüge, der seinen Niederschlag in unzähligen Hexensagen gefunden hat (»Die Hexe vom Brigittenschloß«; »Hexentanzplätze«). Doch schon in dem Roman »Der Goldene Esel« des römischen Schriftstellers Apuleius wurde der antike Leser über die Kunst des Hexenflugs informiert (»Hexenflug«).
Die Hexenverfolgungen, die in Europa seit 1480 größere Ausmaße annahmen, stärkten den Volksglauben an die Fähigkeit, »durch die Luft zu fahren«. Während der Inquisition »gestanden« viele »Hexen« nach schlimmsten Folterungen, auf ihren mit »Flugsalbe« eingeriebenen Stöcken oder Besen zu Hexentänzen auf einen Berggipfel oder zum »Wetterzauber« geflogen zu sein. Auch die weltliche Literatur des 15. Jahrhunderts weiß viel über das »faren in den lüften« zu erzählen. Schon Alexander der Große soll, von mehreren Vögeln, zumeist Greifen, getragen, einen Himmelsflug gewagt haben.

Märchen von den vier Winden

Bereits Homer nennt die Winde *Boreas, Notos, Euros* und *Zephyros*. Aiolos, von Zeus als Verwalter der Winde bestimmt, schenkte Odysseus für seine glückliche Heimkehr einen Schlauch, in den er sämtliche Winde bannte. Jedoch die Mißgunst der Gefährten treibt sie dazu, den Sack zu öffnen, alle Winde stürmen heraus, und Odysseus und seine treulosen Kameraden erleiden Schiffbruch (»Odysseus beim Windgott Äolos«).
In der Antike wurden die Winde, ihrer Wirkung entsprechend – sie lösten Unwetter und Wirbelstürme aus –, als Raubvögel, Geier, Harpyien, Rosse und schlangengeflügelte

Ungeheuer dargestellt. Windkulte, in deren feierlichem Vollzug man versuchte, die Winde durch Opfergaben günstig zu stimmen, dürften zu den ältesten Schichten der griechischen Religion gehört haben (Delphi und Athen).
Noch heute ist im europäischen Volksglauben das Elementeopfer verwurzelt: In den Alpenländern ist noch der Brauch bekannt, »den Wind zu füttern«. Dabei müssen bestimmte Opfergaben, zum Beispiel Mehl- und Brotopfer, über das Hausdach geworfen werden. Manchmal werden dazu auch Beschwörungsformeln gesprochen, wie zum Beispiel:

»Wind und Windin
hier geb ich dir das deine,
laß du mir das meine!«

Im Mittelalter wurden die vier Winde den »vier Engelfürsten« zugeordnet: »Vier Engelfürsten sind über die vier Winde und die vier Teile der Welt gesetzt, und zwar Michael über den Ostwind, Raphael über den Westwind, Gabriel über den Nordwind, Nariel, der von den Anderen auch Uriel genannt wird, über den Südwind. Auch die Elemente haben ihre Beherrscher: über die Luft herrscht Cherub ...« (Agrippa von Nettesheim, »De occulta philosophiae«)
Auch im Volksgut, in Märchen und Sagen, treten die Winde als mächtige Gestalten, als personifizierte Beherrscher der Welt auf. Der Wind ist sogar mächtiger und wichtiger als Sonne und Mond (»Sonne, Mond und Wind«).
In dem russischen Märchen »Der Herr der Winde« – es stammt aus der Antarktis – müssen die Menschen, um den eisigen Schneesturm in der Tundra zu stillen, Kotura, dem Herrn der Winde, ein ganz besonders grausames Elementeopfer darbringen: Ein Mädchen muß sich schutzlos dem Element des Schneesturmes aussetzen, dann holt Kotura sie als Braut.

Der arme Müller, dem der Wind sein Mehl weggeblasen hat, erhält als Gegengabe ein Wunderkörbchen, das gleich einem »Tischlein-deck-dich« die herrlichsten Speisen herbeizaubert (»Das Geschenk des Windes«).

In dem norwegischen Märchen »Der Schiffer und Herr Urian« wird die Gewalt der unberechenbaren Winde in der Gestalt des Leibhaftigen – des Herrn Urian – dargestellt, den der Fischer (Motiv des geprellten Teufels!) schlau überlistet (»Der Schiffer und Herr Urian«). Interessant ist die Namensgebung für den Teufel: »Urian« hängt möglicherweise mit dem Engelsfürsten »Uriel« zusammen, der gleich »Urian« über den Südwind herrschte.

In den Mythen und Sagen der Litauer kennt man die »Wolkenfrau«, den »Windmann« und die »Windfrau«, die unheilvolle Ereignisse herbeiführen. Im Wirbelwind kommt der Teufel geritten, Krankheit und Tod befällt die Menschen. Die Wolkenfrauen entführen Schwangere, gewähren ihnen aber eine gute Geburt in ihrem goldenen Wolkenschloß (»Der Windmann, die Windfrau und die Wolkenfrau«).

Märchen vom Fliegen, dem uralten Traum der Menschheit

Im alten Ägypten ist der Flug in den Himmel Sinnbild für die Jenseitsreise. In den alten Pyramidentexten, welche die Gänge und die Grabkammern der Pyramiden schmücken, wird der Himmelsflug als Vogelflug dargestellt: Falke, Reiher, Kranich und Ibis können die aufsteigende Seele symbolisieren. »Ich bin erschienen als großer goldener Falke, der aus einem Ei hervorgegangen ist. Aufgeflogen bin ich und habe mich niedergelassen als ein Falke...« (»Totenbuch«) Die älteste literarische Überlieferung von einem legendären Himmelsflug findet sich in dem sumerischen »Etana-Epos«, aus dem zahlreiche Erzählmotive in spätere Märchen und Mythen eingeflossen sind. Der mythische König Etana wird, nachdem er die sagenhafte Zeitspanne von 1560 Jahren regiert hat, von einem riesigen Adler in den Himmel getragen. Der Himmelsflug des Königs Etana ist auch auf zahlreichen babylonischen Rollsiegeln überliefert. Das Motiv des »dankbaren Adlers« (zum Beispiel in dem Märchen »Der Adler, der Ochsen verschlang«) wird von manchen Forschern in engem Zusammenhang mit dem sumerischen Mythos gesehen.

Auch im chinesischen und südostasiatischen Kulturraum gibt es vielfältige und phantasiereiche Vorstellungen von imaginären und schamanistischen Himmelsflügen. Im europäischen Bereich spielt bei der Ausbildung unzähliger Sagen und Mythen über das Fliegen der griechische Mythos die wesentlichste Rolle.

Medea fliegt auf ihrem Drachenwagen durch die Luft, Phrixox und Helle fliegen auf dem goldenen Widder, Perseus kann sich mit seinen Flügelschuhen in die Lüfte erheben. Die berühmteste Mythe handelt von dem Flug von Dädalos und Ikaros. Die älteste Darstellung der Dädalos-Ikaros-Sage ist in einer Villa in Pompeji (79 n. Chr./Vesuvausbruch) erhalten geblieben. Die literarische Quelle dieser Sage ist bei Ovid (»Metamorphosen«) überliefert.

Dädalos, der größte Erfinder und Künstler der Antike (er baute unter anderem das Labyrinth für König Minos auf Kreta), konstruiert als erster Mensch Flügel aus Federn und Wachs, um – gleich den Göttern – fliegen zu können. Der mythische Flug von Vater und Sohn, der unheilvoll endet, ist als Symbol für das blasphemische Streben des Menschen zu deuten, der es versucht, den Göttern zu gleichen. Ikaros hält sich nicht an die vom Vater angegebenen Grenzen, er will in höhere Sphären der Luft vordringen, er berührt die Sonne, und er muß sterben. Ikaros' Himmelsflug wurde auch als Reise durch die vier Elemente gedeutet: Von der *Erde* erhebt er sich in die *Luft*, das *Feuer* der

Sonne vernichtet ihn, und er stürzt ins *Wasser* (»Dädalos und Ikaros«).

»Der fliegende Koffer« von Hans Christian Andersen erzählt in ironisch-skeptischem Stil von den Flugabenteuern eines Kaufmanns, der als fliegender Türkengott das Herz der Prinzessin gewinnt, der jedoch – desillusionierend genug! – zu seiner Braut nicht mehr zurückfliegen kann, da der Koffer durch eigene Schuld verbrennt. Zumeist ohne »happy end« berichten die Märchen von Andersen, wie es in der Welt wirklich zugeht und wie man auch sein Glück verfehlen kann (»Der fliegende Koffer«).

Urbild aller Zauberpferde, die in den Märchen der Welt in vielerlei Variationen gestaltet sind, ist das mythische Flügelroß *Pegasos*. In der griechischen Welt der Antike war der Mythos von Bellerophon und dem geflügelten Pferd Pegasos weit verbreitet: Pindar (ca. 522–442 v. Chr.) erzählt von dem goldenen Zaumzeug der Göttin Athene, mit dessen Hilfe der Held das Zauberpferd zu zähmen vermochte. Andere Versionen berichten von den Heldentaten des göttergleichen Bellerophon, der auf dem Rücken des Flügelpferdes Pegasos unter anderem die gefährliche Chimaira – ein feuerspeiendes Ungeheuer –, feindliche Völker und sogar die streitbaren Amazonen besiegte. Seit dem 10. Jahrhundert v. Chr. wird das Flügelroß Pegasos im griechischen Mythos als göttliches Pferd verehrt, das in den Olymp aufgefahren ist und, dem Göttervater Zeus gleich, Blitz und Donner symbolisiert. Ohne den Namen Pegasos gelangte die Vorstellung eines geflügelten Pferdes wohl ursprünglich aus dem Orient nach Griechenland. Das Märchen »Das hölzerne Pferd« thematisiert das aus »Tausendundeiner Nacht« bekannte Motiv des künstlichen hölzernen Pferdes, das dank geheimnisvoller Zauberkräfte durch die Lüfte schweben kann.

In dem Volksbuch über den Magier Georg Johann Faust (ca. 1480–1540), der »Historia von D. Johann Fausten«,

wird von einer legendären »Mantelfahrt« Fausts von Sachsen nach München, von Faust als »Wildem Jäger« und von seiner Himmels- und Höllenfahrt berichtet. Aufgrund seines Teufelspaktes kann er auf einem Luftwagen, gezogen von zwei fliegenden Drachen, den ganzen »Weltraum« erkunden und kehrt gesund zurück (»Wie Dr. Faustus in das Gestirn hinaufgefahren«).
Zahlreiche Mythen der Völker aus den Polarregionen – der Eskimo und anderer ethnischer Gruppierungen Nordeurasiens – erzählen von Himmelsfahrten und Flügen der Schamanen, welch letztere meistens in Gestalt eines Vogels gedacht werden (»Die Schwanfrau als Stammutter der burjatischen Schamanen«; »Wie die Rabenkinder zu Schamanen wurden«). »Die Seele eines Verstorbenen gelangt nach dem Beschluß der himmlischen Geister auf den in den Himmeln stehenden mythischen Schamanenbaum ... Auf den Zweigen befinden sich Vögel ... es sind die ›Tiermütter‹ der werdenden Schamanen, adlerartige Wesen mit eisernen Flügeln, die ein Ei legen, aus dem dann die Seele eines neuen Schamanen ausgebrütet wird.« (Findeisen) Das Südseemärchen »Der geschnitzte Vogel« berichtet von einem Zauberflug in einem aus einem bestimmten Holz geschnitzten Vogel, der sich aufgrund geheimer Zauberbeschwörungen gleich einem fliegenden Schiff in die Luft erhebt und den Märchenhelden zu dem gewünschten Ort bringt (»Der geschnitzte Vogel«).
Zum Schluß möchte ich all denjenigen danken, die zum guten Gelingen des Buches beigetragen haben.
Ganz besonders danke ich Sigrid Früh, Märchenforscherin und Herausgeberin mehrerer Märchenanthologien, für ihren sachkundigen Rat bei der Auswahl der Märchen.

Dettenhausen/Tübingen
März 1998 *Barbara Stamer*

Quellenverzeichnis

Luft als schöpferisches Lebenselement

Eurynome und der Nordwind Boreas
Originaltitel: »Der Pelasgische Schöpfungsmythos« (gekürzt), Robert von Ranke-Graves, Griechische Mythologie, Quellen und Deutung,
Abdruck mit freundlicher Genehmigung des Rowohlt Taschenbuch Verlages
© 1960 by Rowohlt Taschenbuch Verlag, Reinbek

Die Nacht, das Ei und der Eros
Karl Kerényi, Die Mythologie der Griechen, Die Götter- und Menschheitsgeschichten,
Abdruck mit freundlicher Genehmigung des Verlages Klett-Cotta
© 1997 by Klett-Cotta Verlag, Stuttgart

Leda, die Schwänin
Originaltitel: »Leda« (gekürzt)
Robert von Ranke-Graves, Griechische Mythologie, Quellen und Deutung,
Abdruck mit freundlicher Genehmigung des Rowohlt Taschenbuch Verlages
© 1960 by Rowohlt Taschenbuch Verlag, Reinbek

Der Fischer und die Urme
Heinrich von Wlislocki, Märchen und Sagen der transsilvanischen Zigeuner, Berlin 1886

Ilmatar, die Jungfrau der Lüfte
Auszug aus: »Kalevala, Das finnische Epos des Elias Lönnrot, Erster Gesang«,
Abdruck mit freundlicher Genehmigung des Hanser Verlags
© by Carl Hanser Verlag, München

Vögel als Boten zwischen Himmel und Erde

Die Schwanenfrau
Josef Haltrich, Deutsche Volksmärchen aus dem Sachsenlande in Siebenbürgen, Wien 1882

Die weißen Vögel vom Arpsee
Johannes Jägerlehner, Volksmärchen aus den Waliser Bergen, Basel 1917

Das Schloß unten im See
Originaltitel »Schwanjungfrauen«, Edm. Veckenstedt, Wendische Sagen, Märchen und abergläubische Gebräuche, Graz 1880

Der schönste Vogel und die lieblichste Frau
Knud Rasmussen, Die Gabe des Adlers, Eskimoische Märchen aus Alaska, Frankfurt o.J.

Warum Adler nie sterben
Friedrich Krauß, Sagen und Märchen der Südslaven, Leipzig 1883

Der Adler, der Ochsen verschlang
Von der Herausgeberin gekürzte Fassung von: »Das Märchen von Wassilissa der Weisen«, Russische Märchen, Moskau o.J.

Die Geburt des Gilgamesch
Auszug (»Vorgesang«) aus: Das Gilgamesch-Epos, neu übersetzt von Albrecht Schott, Stuttgart 1958

Die Krähen
Brüder Grimm, Kinder- und Hausmärchen, Ausgabe letzter Hand, Göttingen 1857

Tulungersaq oder Vater Rabe
Von der Herausgeberin gekürzte Fassung von »Der Mythos vom Ursprung allen Lebens«, Knud Rasmussen, Die Gabe des Adlers, Eskimoische Märchen aus Alaska, Frankfurt o.J.

Der weiße Falke
Württembergische Volksbücher, Sagen und Geschichten, Herausgegeben vom Württ. Evangelischen Lehrer-Unterstützungsverein Stuttgart o.J.

Luftgeister

Der Wilde Jäger
Carl und Theodor Colshorn, Märchen und Sagen, Hannover 1854

Fru Gauden oder Goden
ebenda

Das Wilde Heer
Originaltitel: »Wildes Heer bei Egliswil«, Ernst Ludwig Rochholz, Schweizersagen aus dem Aargau, Aarau 1856

Das Mutesheer
Originaltitel: »Das Mutesheer bei Wurmlingen«, Ernst Meier, Deutsche Sagen, Sitten und Gebräuche aus Schwaben. Erster und Zweiter Theil. Stuttgart 1852

Der Hexenflug
Auszug aus: »Der Goldene Esel« (Drittes Buch), Lucius Apuleius, übersetzt von Carl Fischer, München 1990

Hexentanzplätze
Heinrich Schreiber, Die Volkssagen der Stadt Freiburg und ihrer Umgebung, Freiburg 1867

Die Hexe vom Brigittenschloß
J.J. Hoffmann, Trachten, Sitten, Bräuche und Sagen in der Ortenau und im Kinzigtal, 1899

Die Flugbahn der Toten
Originaltitel: »Die Leichenflugbahn«, Widar Ziehnert, Preußens Volkssagen, Mährchen und Legenden, 1840

Der Menschheitstraum vom Fliegen

Der fliegende Koffer
Hans Christian Andersen, Märchen, Berlin 1938

Dädalos und Ikaros
Gustav Schwab, Sagen des Klassischen Altertums, Düsseldorf o.J.

Das hölzerne Pferd
Monés Anzeiger der deutschen Vorzeit, 1842

Wie Doktor Faustus in das Gestirn hinaufgefahren
Historia von D. Johann Fausten, dem weitbeschreyten Zauberer und Schwartzkünstler, Frankfurt 1587

Der geschnitzte Vogel
Paul Hambruch, Südseemärchen, Jena 1921
Die Schwanfrau als Stammutter der burjatischen Schamanen
Hans Findeisen, Dokumente urtümlicher Weltanschauung der Völker Nordeurasiens, Rengsdorf über Neuwied/Rhein o. J.
Wie die Rabenkinder zu Schamanen wurden
Originaltitel: »Der älteste Sohn des ›Schwarzraben‹ vermählt sich mit einem irdischen Mädchen, das daraufhin zwei Rabenkinder gebiert, die später zu Schamanenpriestern werden«, ebenda

Die vier Winde

Odysseus beim Windgott Äolos
Im Original ohne Titel, Gustav Schwab, Sagen des Klassischen Altertums, Düsseldorf o. J.
Sonne, Mond und Wind
Arthur und Albert Schott, Walachische Märchen, Stuttgart 1845
Der Schiffer und Herr Urian
Nordische Volksmärchen, II. Teil Norwegen, Jena 1915
Die drei Winde
Caspar Decurtins, Rätoromanische Chrestomathie, Erlangen 1901
Der Herr der Winde
Die goldene Schale und andere Märchen der Völker der Sowjetunion, Moskau o. J.
Das Geschenk des Windes
Theodor Vernaleken, Kinder- und Hausmärchen, Wien und Leipzig 1896
Der Windmann, die Windfrau und die Wolkenfrau
Originaltitel: »Wiesulas ir Wiesuliene (der Windmann und die Windfrau)« und »Debesene (die Wolkenfrau)«, Edm. Veckenstedt, Die Mythen, Sagen und Legenden der Litauer, Heidelberg 1883

Literaturhinweise

Bächtold-Stäubli, Hanns (Hrsg.): Handwörterbuch des deutschen Aberglaubens, Berlin und Leipzig 1929/1930/1986

Behringer, Wolfgang/Ott-Koptschalijski Constance: Der Traum vom Fliegen, Zwischen Mythos und Technik, Frankfurt 1991

Böhme, Gernot/Böhme, Hartmut: Feuer, Wasser, Erde, Luft, Eine Kulturgeschichte der Elemente, München 1996

Hohenheim, Theophrast von: Das Buch von den Nymphen, Sylphen, Pygmaeen, Salamandern und den übrigen Geistern, Faksimile der Ausgabe Basel 1590, übertragen und mit einem Vorwort versehen von Gunhild Pörksen, Marburg an der Lahn 1996

Kroll, Wilhelm: Paulys Real-Encyclopädie der Classischen Altertumswissenschaft, Stuttgart 1927

Ranke-Graves, Robert von: Griechische Mythologie, Hamburg 1987

Ranke Kurt (Hrsg.): Enzyklopädie des Märchens. Handwörterbuch zur historischen und vergleichenden Erzählforschung, Berlin/New York 1976 ff.

Roscher, W. H.: Ausführliches Lexikon der griechischen und römischen Mythologie, Leipzig 1894–1897

Rosenberg, Alfons: Engel und Dämonen, Reutlingen 1967

Treumann, Rolf: Die Elemente Feuer, Erde, Luft und Wasser, in Mythos und Wissenschaft, München/Wien 1994

Märchen der Welt

THEMENMÄRCHEN

Altägyptische Märchen
Herausgegeben von Hans Wuessing
Band 13454

Märchen der Antike
Herausgegeben von Erich Ackermann
Band 2891

Märchen von Brüdern und Schwestern
Herausgegeben von Ulrike Krawczyk
Band 11629

Märchen von der Erde
Herausgegeben von Barbara Stamer
Band 13675

Eskimo-Märchen
Herausgegeben von Gisela Perlet
Band 13159

Märchen vom Essen und Trinken
Herausgegeben von Hans-Jörg Uther
Band 11326

Märchen vom Feuer
Herausgegeben von Barbara Stamer
Band 13183

Europäische Frauenmärchen
Herausgegeben von Sigrid Früh
Band 13369

Märchen vom Glück
Herausgegeben von Hannelore Marzi
Band 12815

Gruselmärchen
Herausgegeben von Erich Ackermann
Band 12751

Märchen von Handwerkern
Herausgegeben von Frieder Stöckle
Band 11379

Märchen von Hexen und weisen Frauen
Herausgegeben von Sigrid Früh
Band 13363

Fischer Taschenbuch Verlag

fi 1524 / 16 a

Neueste Beschreibung

aller Merkwürdigkeiten

Wiens.

Ein Handbuch

für

Fremde und Inländer.

Mit vielen Kupfern.

Wien,

im Verlage bei Joseph Edlen von Kurzböck.

1779.

Gesamtherstellung Mechitharisten, Wien
ISBN 3 900689 04 0

Vorbericht.

Es sind wenige Städte, die nicht ihre Merkwürdigkeiten in besonderen hiezu bestimmten Werken den Fremden und Liebhabern der Wissenschaften vorzulegen im Stande wären. Wir haben auch wirklich verschiedene Beschreibungen der Stadt **Wien**, ihrer Vorstädte, u. s. w. Man hat noch erst vor wenigen Jahren dem Publikum zwey dergleichen in deutscher Sprache geliefert; eines im Jahre 1766-70. von **P. Fuhrmann**; das andere ebenfalls im Jahre 1770. von dem verstorbenen **Weiskern**. Es kame noch überdies im J. 1767. eine zwote vermehrte Ausgabe eines lateinischen Werkes über den nämlichen Gegenstand, dessen Verfasser **P. Fischer**, zum Vorschein; welches letztere aber hauptsächlich die Geschichte, und die Zeitrechnung begreift. Alle diese Werke bestehen aus mehreren Bänden, und man kann sich folglich derselben nur zu Hause be-

die-

dienen. Ueberdies findet man in den zween deutschen Schriftstellern, die freylich von jederman eher können verstanden, und genützt werden, als das lateinische, Unachtsamkeiten, die zwar unbeträchtlich scheinen, aber doch den Leser irre führen können. Der **P. Fuhrmann** sagt z. B. daß man auf einer der zwoen Gruppen, die an der einen Seite eines Endes des Burgplatzes sind, den **Herkules** sieht, wie er den **Minotaurus** bezwingt (welcher doch, der Fabel gemäß, von dem **Theseus**, nicht aber dem **Herkules** getödtet worden,) und man wundert sich sehr, wenn man sieht, daß der von ihm gebändigte Stier schlechterdings ein gemeiner Stier ist, der übrigens nichts von einem Menschen hat (wie es **Minotaurus** haben müßte;) und welchen Herr **Weiskern** seiner Seits beynahe eben so unrecht den nemäischen **Stier** nennet. Der **P. Fuhrmann** sagt weiters, daß auf dem Gesimse des **kaiserlichen Büchersaales Herkules** zu sehen wäre, wie er den Globus hält; und man verwundert sich ebenfalls, wenn man im Gegentheile findet, daß dieser vorgebliche **Herkules** eine Weibsperson ist; ungeachtet der von ihm angeführten lateinischen Stelle: Cœlum, jam fesso, & succumbente ponderi Atlante, humeris tulit. Die Verfasser dieser Werke ke haben auch übrigens, (ohne hier von anderen Uebersehungen eine Meldung zu machen) von den seltensten und artigsten Denkmälern dieses prächtigen Büchersaales, wie z. B. von dem berühmten antiken Grabmale, auf welchem der Streit der Amazonen in erhabener Arbeit zu sehen ist, und von einer Menge anderer denkwürdiger Sachen zu reden vergessen, oder ausser Acht gelassen. So großen Nutzen diese Werke übrigens, in Absicht auf den historischen und geographischen Theil, auch immer schafen mögen, können sie doch wegen ihrer Weitläuftigkeit, und der Kleinigkeiten, die sie öfters nach der Länge erzählen, denen wenig nützen, die nur mit ihren eigenen Augen die merkwürdigsten Denkmäler einer berühmten Stadt sehen, untersuchen, und in Erfahrung bringen wollen. Um nun diese auf die leichteste und wenigst kostspielende Art mit Wiens Denkwürdigkeiten bekannt zu machen, erschien im Jahre 1774. aus meiner Druckerey ein kleines Werk, unter dem Titel eines **Almanachs von Wien, zum Dienste der Fremden** 2c. wurde auch von dem Publikum so günstig aufgenommen, daß in kurzer Zeit alle Exemplarien vergriffen waren. Da nun seitdeme häufige Nachfrage nach diesem Almanach geschehen, so entschloß ich mich zu einer zwoten Ausgabe. Ich nützte von der er-

ersten, so viel ich konnte, traf an manchen Stellen durch den Zeitlauf nothwendig gewordene Abänderungen, und strebte durch viele neue höchst interessante Zusätze von Merkwürdigkeiten dieser Auflage nicht nur den Vorzug vor der alten, sondern auch sogar das Ansehen der Neuheit zu verschafen. Der Titel **Almanach** schien mir zu unbestimmt; ich wählte also vorstehenden an dessen Stelle. Uebrigens schöpfte ich die neuen Zusäze aus den Quellen, und wendete mich an jene, die mir das meiste Licht geben konten.

Gerne würde ich hier die Männer nennen, die mich in meiner Arbeit unterstützet haben, wenn sie es aus Bescheidenheit nicht verbeten hätten.

Joseph Edler von Kurzböck.

Kur-

Kurzer Begriff von der Stadt Wien.

Es ist hier nicht der Ort, sich über den Ursprung und das erste Entstehen der Stadt Wien in eine weitläuftige und mühsame Untersuchung einzulassen, und bis auf die spätesten und dunkelsten Zeiten zurück zu gehen, um das Alterthum dieser Stadt zu bestimmen.

Wien,

Wien, der ordentliche Wohnsitz der Kaiser seit den Zeiten K. Maximilians I. hat seinen Namen von dem kleinen Flusse Wien, oder Vien, welcher, nachdem er über die Fläche zwischen der Stadt und den Vorstädten geflossen, bey den Weißgerbern in die Donau fällt.

Die Stadt liegt ungefähr eine halbe Meile von diesem Flusse, von welchem ein Arm, oder vielmehr ein Kanal, welcher gemacht worden, da man seinen Lauf an diesen Ort leitete, doch von der Nordseite hart an den Stadtmauern vorbey fließet, und die Stadt von der Vorstadt, die Leopoldstadt genannt, absondert, mit welcher sie durch eine große und schöne hölzerne Brücke zusammen hänget.

Die Stadt ist mit 12 Bastionen (Pasteyen umgeben; sie hat 8 Thöre, wir werden ihrer jedoch nur 6 rechnen, weil die andern zwey unbeträchtlich sind.

Das

Das Stubenthor.
Das Kärntnerthor.
Das Burgthor.
Das Schottenthor.
Das Neuethor.
Der Rothethurm.

Ihr Umfang von der Pastey an zu messen, hält 2124. Klafter. Sie hat 8. ziemlich große, und 14. kleinere Plätze; 117. große und kleinere Gassen, unter welchen eine (die Kärntnerstrasse) von dem Thore gleiches Namens bis zum Rothenthurm, und von Mittag gegen Mitternacht mitten durch die Stadt gehet; 68 Kirchen, und öffentliche Kapellen, unter denen eine Domkirche, eine Dekaney, 5. Pfarrkirchen, 11. Mannsklöster, davon eines eine Abtey, und eine Probstey ist, 7. Frauenklöster, eine Kommenthurey des Deutschen, und eine des Maltheserordens; eine Universität; vier öffentliche Büchersäle; eine vereinigte Akademie der Malerey, Bildhauerey, und Baukunst, der Zeichnungs- und Kupferstecherkunst, und der Graveurs; mehrere Stiftungen für die Be-

för-

förderung der Studien, und Unterhaltung der Studirenden, zwey Schauspielhäuser; über 1344. Palläste, und andere Häuser, welche alle von Steinen erbauet, und insgemein 3. 4. bis 5. Stockwerke hoch sind; mehr als 3000. Herrschaftswägen, ohngefähr 200. Stadtlöhnkutschen, bey 400. gemeine Löhnwägen, und 50. bis 60. Sesselträger, deren Anzahl im Winter grösser ist.

Die Stadt, welche für sich selbst schon sehr bevölkert ist, wimmelt den Tag hindurch von noch mehrern Leuten, wegen der Menge der dahin kommenden Einwohner aus den Vorstädten. Sie ist in 4. Viertheile, und die Bürgerschaft, welche bewafnet ist, in Kompagnien eingetheilet. Das ganze Jahr hindurch wird die Stadt bey Nachts von 3445. Laternen beleuchtet, die von der Erfindung des Herrn v. Sonnenfels sind, und ausser, daß sie weniger Schatten werfen, noch den Vorzug vor den alten haben, daß sie heller brennen, und vor Sturm und Wind wegen ihrer Gestalt mehr geschützet sind; die an jedem Ende der Gassen angestellten Polizeywächter wachen durch diese Zeit für die öffentliche Sicherheit, die allhier so groß, als immer möglich, ist. Zu noch grösserer Bequemlichkeit des Publikums sind nun auch alle Hauptwege, die von der Stadt in die Vorstädte führen, zu Nachts mit einigen tausend Laternen beleuchtet — und das ist, besonders in einer schönen Sommernacht, gewiß ein herrlicher Anblick. —

Es sind zu Wien alle Jahre zween Jahrmärkte, welche beede auf dem Hofe gehalten werden. Der eine fängt den Tag nach dem Sonntage Jubilate, der andere den Tag nach Allerheiligen an. Das ganze Jahr hindurch, nur allein die Fasten, Freytäge, und einige Täge des Adventes ausgenommen, werden Schauspiele gegeben. Das an die Burg anstossende vorhin genannte französische Schauspielhaus ist nun zum Nationaltheater geworden. — Es werden hier ausser Komödien auch deutsche Singspiele aufgeführt. Dieses ganze

Thea-

Theaterwesen steht unmittelbar unter einer k. k. Hofdirektion. Das vormals so genannte deutsche Theater ist nun, nach der bey Regierung angesuchten Erlaubniß, allen fremden Schauspielergesellschaften offen — zu Zeiten werden da auch musikalische Akademien gegeben. In dem in der Vorstadt unter den Weißgärbern erbaueten wohleingerichteten Hetzamphitheater werden in den Kämpfen der Thiere, die sich selbst überlassene Natur, die verschiedenen Arten des Anfalles, der Gegenwehre, der Geschicklichkeit und Kühnheit verschiedener Thiere, durch alle Sonn- und Feyertage, im Winter ausgenommen, von einer Menge Zuseher aus allen Ständen mit Vergnügen und Beyfalle angesehen.

Das Kommerzium ist zu Wien ziemlich blühend, und die Manufakturen, von denen seit einigen Jahren mehrere errichtet worden, sind im gutem Stande. Man wird etwas weiter unten davon Rechenschaft geben. Der Aufwand ist groß, und, nach Verhältniß, stärker, als zu Paris.

Die

Pag. 16.

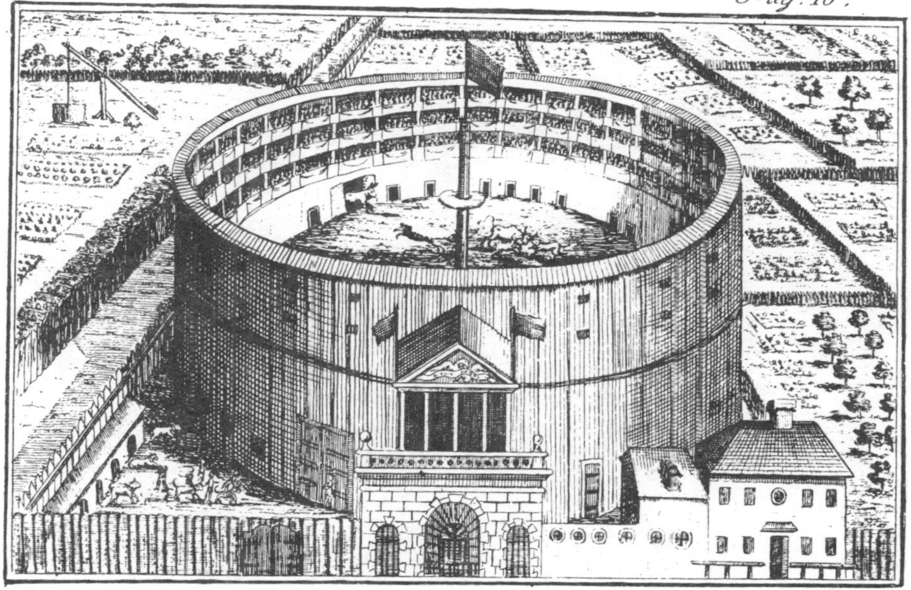

Die Burg.

Der kaiserliche Palast liegt am Ende der Stadt gegen Süd-Westen, und bestehet aus mehreren Gebäuden, die in verschiedenen Jahrhunderten erbauet worden, und derem mithin einige älter, andere neuer sind.

Das Gebäude, welches man die alte Burg nennet, ist gegen Morgen zu Anfange des 13ten Jahrhundertes von Leopold III. Herzoge von Oesterreich, welcher im J. 1230. gestorben, erbauet, und im J. 1275. durch eine große Feuersbrunst wieder in die Asche gelegt worden. Ottokar II. König in Böhmen, und damals Herzog von Oesterreich hat sie wieder zu erbauen angefangen, aber nicht vollendet, weil er von K. Rudolph I. im J. 1277. in einer Schlacht getödtet worden; und sie ist wahrscheinlicher Weise erst nach dem Tode Rudolphs, welcher im J. 1291. erfolgte, von seinem Sohne und Nachfolger Albrecht I. zu Ende gebracht worden,

K. **Ferdinand** I. hat diese Residenz im J. 1536. und 1552. vergrößert, und verschönert.

K. **Leopold** hat den ganzen gegen Mittag liegenden Theil der Burg im J. 1660. zu erbauen angefangen, und auch vollendet.

Der Theil gegen Abend ist gegen das Ende des sechszehnten Jahrhunderts erbauet worden. Man nennet diesen Theil anheute den amalischen Hofe, weil **Amalia** von Braunschweig hinterlassene Wittwe K. **Josephs** I. alda gewohnet hat.

Der Theil endlich gegen Norden, und folglich gegen der Stadt ist im J. 1728. unter der Regierung K. **Karls** VI. erbauet worden.

Alle diese aneinander hängende verschiedenen Gebäude machen ein ablanges Viereck, und stehen auf dem aus dieser Ursache also genannten Burgplatze, der 64. Klafter in der Länge, und über 34. in der Breite hält.

Das Burgthor gehet von der mittägigen Seite der Vorstädte auf diesen

Platz,

Platz, dessen Gebäude, welches der Sage nach von K. Leopold erbauet worden, von dieser Seite die ganze Länge von der alten Burg bis an den amalischen Hof einnimmt.

In diesem Gebäude nun sind die grossen Säle, und die Wohnzimmer Ihrer K. K. Majestäten, welche alle seit der Regierung Ihro K. K. A. M. prächtig ausgezieret, und eingerichtet worden. An dem mitternächtigen Ende dieses Theiles der Burg ist eine sehr kühn angebrachte große steinerne fliegende Stiege, die nach der Zeichnung des Herrn Jadot errichtet worden.

Das gegen der Stadt errichtete, im J. 1728. nach der Zeichnung des Hrn. Fischers von Erlach aufgeführte Gebäude, welches von dieser Seite auch die ganze Länge des Platzes von der alten Burg bis zum amalischen Hofe einnimmt, ist für die Reichskanzley, und die Wohnung des Vizekanzlers bestimmt: der kaiserliche Reichshofrath hält auch alda seine Sitzungen. Auf diesem nach einer zierlichen Bauart errichtetem Gebäude sind in der Mitte die Wappen K. Karls VI. und verschiedene andere Verzierungen aufgestellet; man sieht an jedem Ende desselben einen grossen Schwibbogen, und auf deren jeglicher Seite gegen dem Burgplatz zu eine Grouppe von kolossalischer Grösse von weissen Steine. Eine stellet den Herkules, als Ueberwinder des Antäus, die andere eben diesen Helden, als Ueberwinder des Busiris vor. In der dritten bändigt er den Löwen aus dem nemäischen Walde, und in der vierten bezwingt er den wütenden Stier, welcher die Insel Kreta verwüstete. Diese vier Grouppen sind von dem Herrn Lorenz Matthieli verfertiget worden, und verdienen allerdings betrachtet zu werden.

Die alte Burg macht gleichsam ein Viereck. Sie hat einen besondern Hof, in welchen man vormals von dem grossen Platze über eine Aufzugbrücke eingienge, die nun hinweggenommen worden; der zweete Eingang ist gegen der offenen Reitschule, welche aber itzt auf-

ge-

gehoben, und in den Platz vor dem K. Büchersale verändert worden. Die Bothschaftersstiege ist in diesem Hofe, von welcher man in die grossen Säle kömmt. Die Zimmer, welche Sr. itzt regierende K. Maj. noch als Erzherzog, und als römischer König mit den Prinzessinnen **Isabella** von Parma, und **Josepha** aus Bayern, Dero allerhöchsten Gemahlinnen bewohnt hatten, waren in eben diesem Gebäude, von dem die Rede ist, gemacht, sind aber um vieles vergrößert, und ausgezieret worden.

Der amalische Hof bildet auch ein Viereck, welcher eben, wie der andere, seinen besonderen inneren Hof hat, in welchen man von der einen Seite von dem grossen Platze, und von der anderen von jenem, welcher der Staatskanzley gegenüber ist, kommen kann. Dieser Theil der Burg, auf welchem ein Thurm mit einem Uhrwerke stehet, ist seit wenigen Jahren in seinen inneren Theilen, alwo sich anitzt mit gutem Geschmacke, und der größten Zierde an-

angelegte Wohnzimmer befinden, beynahe von neuem erbauet worden.

Die Burg hat drey Kapellen, welche alle drey zum öffentlichen Gottesdienst dienen. Die Hauptkapelle, welche in der alten Burg ist, hat K. **Friederich** III. im J. 1448. erbauet. Die zwote, oder die Kammerkapelle, stößt an die Wohnzimmer Ihro K. K. A. M. Diese ist eben itzt wieder von neuen erbauet, und von den künstlichen Händen des Herrn Vincenz Fischers, Lehrers der Baukunst in der K. K. Akademie der vereinigten Künste, und des Herrn Anton Maulbertsch's Mitgliedes eben dieser Akademie, zweener in ihrer Kunst auf das vollkommenste erfahrner Meister ausgeschmücket worden. Die dritte, welche eigentlich nur ein grosses Zimmer ist, ist eben, wie die erste, in der alten Burg.

Alle Sonn- und Feyertäge im Winter gehen Ihre Majestäten mit der gesammten höchsten Familie gemeiniglich gegen 11. Uhr durch die grossen Säle (Appartemens,) um in die grosse

Hof-

Hofkapelle zu kommen. Der Eingang in die Vorsälle (Antichambres) steht jedermann offen, selbst, wenn offene Tafel ist.

Am Neuenjahrstage ist alda Gala, Handkuß, und offene Tafel. Der Hof ist an diesem Tage in der größten Pracht; die hungarische adeliche Leibwache mit allen ihren Offiziers an der Spitze verfügt sich des Morgens zu Pferde auf den Burgplatz, und stellet sich den Wohnzimmern der allerhöchsten Herrschaften gegenüber in Ordnung. Die Chef der ersten Hof und Staatsämter begeben sich unter Vortrettung aller ihnen untergeordneten Personen auch nach Hof: der Obriststallmeister kömmt zu Pferde dahin.

Den 20 August, am Feste des H. **Stephans**, Königs von Hungarn, speisen **Se. Majestät** der **Kaiser** mit den **Großkreuzrittern** dieses Ordens an offener Tafel: die **Kommandeurs**, und Ritter speisen in einem daran stossenden Sale; alle sind mit dem Ordenskleide bekleidet.

Den 30 Wintermonat, am Feste des H. Andreas, als des Schutzheiligen des Ordens des goldenen Vlieses, speisen Se. Majestät der Kaiser mit den Ordensrittern auch an offener Tafel, wobey ebenfalls alle mit dem Ceremonienkleide, und den übrigen Ordenszeichen bekleidet sind.

Die kaiserl. Schatzkammer.

Die kaiserliche Schatzkammer enthält unschätzbare Reichthümer, und eine Menge Sachen, die der Aufmerksamkeit der Liebhaber, und der Fremden höchst würdig sind. Der ganze Schatz ist in Galerien, und andere Behältnisse eingetheilet, in welchen eine klassificirte Abtheilung aller darinn befindlichen Gegenstände mit vieler Ordnung und Einsicht gemacht ist.

Ohne von den Diamanten der Krone, den königlichen Kleinodien, den goldenen Geschirren, Servicen, Aufsätzen, u. s. w. eine Meldung zu machen, ist dieser Schatz sehr reich an allen Gattungen

der

der Edelgesteine, z. B. an Rubinen, Smaragden, Topasen, Saphyren, u. s. w. an geschnittenen und ungeschnittenen Onyxen, an Sardern, Lapis Lazulen, Jaspisen, Agaten, u. s. w. an sehr seltnen Gefässen, und anderen Stücken von dem höchsten Alterthume, und an Meisterstücken von den neuesten Zeiten.

Es würde ein eigenes großes Buch erfordern, um alles dasjenige, was in so vielen unterschiedenen Gattungen seltenes, kostbares, und unschätzbares vorhanden ist, nach der Reihe auseinander zu setzen; es wird genug seyn, wenn man hier nur sagt, daß man unter dieser Menge besonders anmerken könne.

Eine runde Schüssel von einem einzigen Agat, von zween Schuhen, und zween Zollen im Durchmesser, welcher auch etwas vom Onyx und Sarder hat, und den man in der ganzen Welt für den einigen in seiner Art hält.

Ein Gefäß aus einem weiß und braunen Agat, welches drey Wienermasse (pintes) fassen kann.

Ein Becher aus einem Onyx, in der Gestalt und Größe eines Pferdehufes, welches von innen des Bechers ein Amethyst ist.

Ein großer Onyx, auf dessen einer Seite man die Bildniß des **Augustus**, der **Livia**, des **Tiberius**, und des **Germanikus**, und auf der andern die Vorstellung eines Triumphes, bey Gelegenheit eines Sieges, welchen die Römer über die Pannonier und Dalmatier erhalten, in halb erhabener Arbeit geschnitten sieht.

Das Bruststück des **Julius Cäsars** in einem großen Agat geschnitten.

Ein Sarder, auf welchem **Hadrianus, Trajanus, Sabina**, und **Plotilla** geschnitten sind.

Ein Onyx von einer außerordentlichen Größe, auf welchem die Portraits des K. **Franz** I. glorw. Ged. der Kaiserinn Königinn Majest. und ihrer durchlauchtigsten 12 Sprossen geschnitten sind.

Unter den Diamanten der Krone zeichnet sich vorzüglich der berühmte Diamant

Pag. 20,

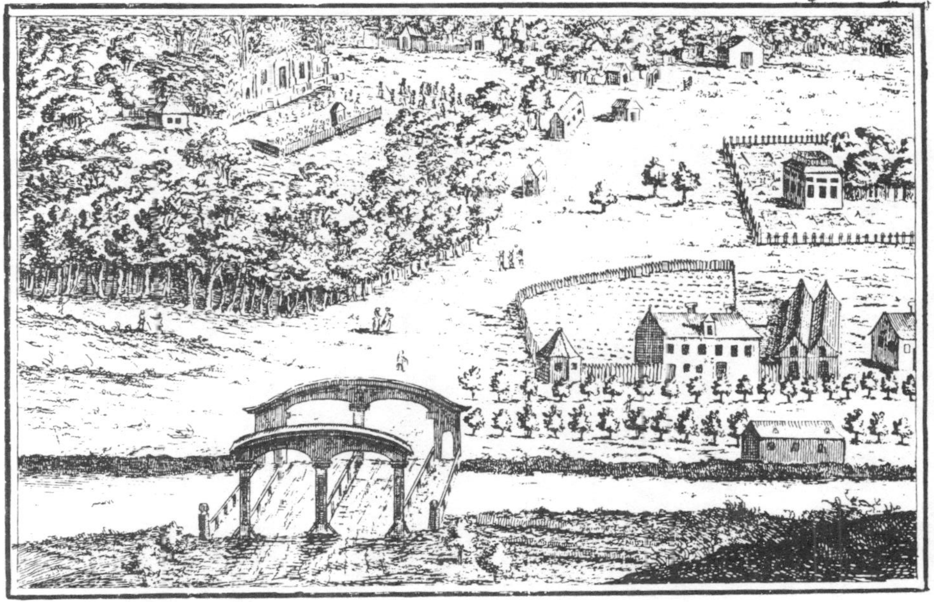

mant von Toskana aus, wie auch eine vollständige Kleidungsgarnitur, davon jeder Knopf ein einiger Brillant ist, welche vom K. Franz I. gesammelt worden, und ein anderer sehr großer Brillant, den dieser Monarch im J. 1764. zu Frankfurt bekommen hat.

Man bemerket überdies eine Stockuhr auf einem Fußgestelle von Schildkrötschalen, mit verschiedenen halb erhabenen Zieraten von Silber, welche alle Stunde ein Glockenspiel schlägt, und wo alsdenn die ganzen Figuren mit den wohlgetroffenen Portraiten K. Franz des I. und der Kaiserinn Königinn Maj. hervorkommen, welche eine Fama mit Lorbern krönet, und verschiedene andere Figuren Allerhöchstdenselben ihre Ehrbezeigungen erweisen. Unter diesen letztern befindet sich auch der verstorbene Herr Landgraf Ludwig von Hessen, welcher Ihren Majestäten diese Uhr überreichet hat.

Ein besonderes Zimmer enthält noch eine Anzahl von Reliquien, und kostbaren Ornementen zum Dienste der Kirche; z. B. tragbare Altäre, Reliquienkästkästchen, Einfassungen, u. s. w. welche alle mit Edelgesteinen und Perlen besetzt sind, mehrere Krucifixe von der seltensten und vollkommensten Arbeit, unter anderen eines, davon das Kreuz von Sarder, uud der Erlöser vom Golde ist; ein anderes, davon der Erlöser von dem berühmten Michel Angelo verfertiget ist; mehrere göldene Statuen von mittlerer Größe, eine Menge Statuen und Bruststücke von Silber, u. s. w. und einige 80. Gemälde von heiligen Gegenständen, welche alle von den größten und berühmtesten Meistern gemalt worden.

Wenn man diesen Schatz besehen will, hat man sich bey dem Herrn von Schuppe, Ihrer kaiserl. königl. Maj. Rath anzumelden; als welcher die Direktion darüber hat, und dessen Sorgfalt für die Fremden man nicht genug loben kann.

K. K.

K. K. Kabinete der Medaillen, der Münzen, der Physik, und der Naturgeschichte.

Diese drey Kabinete sind noch in der Burg selbst auf dem Augustinergange. Man kann von einem in das andere kommen, und sie machen zusammen eine lange Reihe aneinander hängender Säle aus, deren Fenster auf die Pastey gehen.

Die Hauptthüre ist mit Wandpfeilern von weißem Marmor bekleidet. Von beiden Seiten siehet man auf Fußgestellen von dem nämlichen Marmor Genien von gelbem Metalle mit den karakterisirenden Kennzeichen der unterschiedenen in diesen Kabineten aufbewahrten Gegenstände: das Portal ist mit dem Brustſtücke Sr. Maj. K. Franz I. glorw. Ged. ebenfalls von gelbem Metalle gekrönet; und man lieset daselbst in einer lateinischen Inschrift die allerhöchste Sorgfalt, und die Liebe dieses Monarchen für die Künste und Wissenschaften.

Die

Dieses Denkmal hat Ihre Maj. die Kaiserinn Königinn zum Gedächtnisse ihres unsterblichen Gemahls errichten lassen.

Medaillen- und Münzenkabinet.

K. Ferdinand I. machte im Jahre 1558. die erste Sammlung von antiken Medaillen; sie wurde nachmals durch die auf ihn folgende Fürsten vermehrt, nämlich durch K. Leopold I.; und durch K. Karl VI. glorw. Ged. vorzüglich bereichert; welcher Monarch unter andern das ganze Kabinet, welches er von den Kartheusern zu Rom erhalten, der vorigen Sammlung beygesellet hat; wodurch endlich die Zahl der antiken Medaillen des kaiserlichen Kabinets bis itzt auf ohngefähr 22000. Stücke angewachsen. Herr Eckhel dieser schätzbare Numismatiker hat sie in ein ganz neues Sistem geordnet, und davon einen vollständigen Katalog ans Licht gestellet — unter dem Titel: Cimmelium Viennense. Die Anzahl und der innenere Werth der neueren Münzen beläuft sich noch ungleich höher. Herr Verot, und Herr Schreiber haben über dieselbe Aufsicht. Eine Beschreibung davon wird der gelehrte Exjesuit Herr Heyrenbach, Kustos der K. K. Bibliothek, und öffentlicher Lehrer der Diplomatik, bearbeiten.

In diesem Kabinete ist noch die kostbare und einige Sammlung der grossen und kleineren Medaillen (Médaillons & Médailles,) und überhaupt aller Münzen der Welt von der Zeit, als die antiken Medaillen aufgehört haben, das ist, von der Zeit K. Karls des Grossen bis auf unsere Zeiten.

Diese letztere so weitläuftige, so wichtige und für die Geschichte des mittleren und neuesten Zeitalters so nützliche Sammlung rühret ganz allein von K. Franz I. glorw. Ged. her. Man kann leicht einsehen, wie viele Sorgfalt, wie große Aufwände die Anschaffung dieser Sammlung müsse gekostet haben; aber auch wie würdig ein solches Unternehmen des großen Fürsten seye, der es

in

in den vollkommenen Stand gesetzt hat. Sie ist in Klassen, und in zwölf große Medaillenkästen eingetheilet, samt einer kurzen Beschreibung eines jeglichen Stückes.

Physich- und mechanisches Kabinet.

Die erste Grundlage dieses Kabinets ist das physische Kabinet des Hauses Lothringen, welches Se. Maj. der letzt verstorbene K. **Franz** I. glorw. Ged. anfänglich nach Toskana geschickt, einige Zeit nachher aber größtentheils nach Wien kommen lassen.

Man hat nachmals alles zur Physik und Mechanik, und deren verschiedenen Theilen gehörige, bey Hofe, in dem k. k. Büchersale, und andern Orten bisher zerstreuete gesammelt, und diesem Kabinete einverleibet: auf diese Art hat das Kabinet seinen itzigen Zustand erhalten; insbesondere hat man eine vollständige Sammlung aller zur mechanischen Optik gehörigen, von der Erfin-

dung

dung des berühmten Desaguliers in selbem anzumerken.

Man sieht auch alda unter vielen anderen Modellen mit Vergnügen jene großen Maschinen, welche in den hungarischen Bergwerken gebraucht werden: diese Modelle bewegen sich eben so, und verrichten eben dasjenige, was die großen Maschinen selbst.

Die zur Elektricität gehörigen Instrumente verdienen gleichfalls besonders angemerket zu werden; wie auch eine Hand von Metall, welche auf Befehl Sr. Maj. K. **Franz I.** verfertiget worden, und, ohne jemandes Beyhilfe, was man verlanget, mit verschiedenen Buchstoben schreibet, die Feder, wenn es vonnöthen, in das Dintenfaß eintauchet, u. s. w.

Man siehet überdies in dem nämlichen Kabinete eine Perpendikuluhr, oder vielmehr ein ganzes System, von einem Priester aus Tyrol, Namens **Franz Borghesi**, welches wegen der Schönheit seiner ganzen Einrichtung überhaupt, und aller Theile insbesondere, den Beyfall aller Astronomen und Mechaniker verdienet hat. Dieses seltene Stück ist im J. 1768. auf Befehl Ihrer Maj. der Kaiserinn Königinn ins Kabinet gesetzt, und dem Herrn Borghesi ein Gnadengehalt ertheilet worden.

Auch sieht man eine Maschine in der Vorstellung eines goldenen Tugendtempels, wo sich eine Hand in einer Wolke zeiget, die die Worte: Austriæ Domui Deus nec metas rerum, nec tempora ponat, in schönster Frakturordnung schreibt, und die Feder selbst, so wie jene obengemeldte, in die Dinte taucht. Weiters ist zu sehen ein ganz kompendiöses mechanisches Schreibtischchen, solchergestalt eingerichtet, daß man auf einmal drey Briefe, drey Ingenierriße, drey Zeichnungen, u. s. w. entwerfen kann; welches dann bey Kopirung der Koncerte, Exemplarien ꝛc. gute und geschwinde Dienste thut. Beyde Schreibmaschinen sind von der Erfindung des Herrn v. Knaus.

Man

Man sieht weiters einen Bortenwebstuhl, welcher 60 Gattungen, und in wenig Zeit, viele Elleu Borten von sich selbst verfertiget.

Nicht minder werden vorgewiesen 3 grosse bewegliche Bildertafeln. In der ersten zeiget sich Orpheus, wie derselbe mittels seiner Harfe alles in Bewegung setzet. Die zweyte stellet vor ein Schauspiel in 5 Aufzügen, und die dritte die ländliche Lust, nebst dem daselbst beschäftigten Landvolke.

Hr. v. **Knaus**, Ritter des päpstl. palatinischen goldenen Kreuzordens, erkläret, als k. k. Inspektor, alle diese, und die übrigen daselbst vorfindigen Gegenstände, sowohl in französischer, als deutscher Sprache. Ausser den Sonn- und Feyertagen, und dem Montag, stehen diese Kabinete jedermann offen. Herr v. **Born** wird uns eine Beschreibung vom Naturalienkabinet liefern.

Noch muß man anfügen, daß in diesem Kabinete viele Kunststücke von dem Hrn. Hofrath v. **Kempeln** zu sehen sind, die in Erstaunen setzen.

Kabinet der Naturgeschichte.

Dieses Kabinet stehet unter der Direktion des Freyherrn von Baillou. Sein verstorbener Herr Vater hatte den ersten Grund dazu in Italien von 4 grossen Kabineten, die er anfänglich gekauft, gelegt, und die Sammlung durch 45 Jahre mittels der Uebersendungen seiner Korrespondenten, welche er in grosser Anzahl fast an allen Orten hatte, nach und nach vermehrt.

Dieses Kabinet war schon zu jener Zeit in Europa viel zu berühmt, als daß die Kenntniß desselben nicht bis zu einem Fürsten, dessen allerhöchste Aufmerksamkeit sich auf alle in Absicht auf Künste und Wissenschaften merkwürdige Gegenstände verbreitete, hätte gelangen, und ihn dieses Kabinet anzuschaffen verleiten sollen.

K. **Franz** I. ließe also mit kaiserlicher Freygebigkeit dem Eigenthümer eine ziemlich beträchtliche Summe, um ihm das Kabinet zu verkaufen, anbieten, und versicherte noch dessen jüngerem

rem Sohne, welcher sich auf diese Wissenschaft verlegt, und darinn schon grosse Kenntniß erlangt hatte, die Direktorstelle über dieses Kabinet.

Nachdem auf diese Weise die ganze Sammlung nach Wien überbracht worden, sahe dieser erleuchtete und unsterbliche Monarch den ganzen Nutzen, der für die Aufnahme der Wissenschaften, der Künste, und des Kommerziums hieraus entstehen könnte, und wie nützlich und wichtig es also wäre, das Kabinet zu vermehren, und mit allen Erzeugnissen, die in verschiedenen Ländern und Welttheilen anzutreffen wären, auszuzieren, gar bald ein. Er sparte auch keine Kosten, sich selbe anzuschaffen, und nebst dem auf das weiteste ausgebreiteten Korrespondenzen, die er zu diesem Ende überall unterhalten ließe, schickte er auch Männer, deren Geschicklichkeit und große Einsicht bekannt genug war, bis in Sibirien, und in die entlegensten Theile unserer Welt, ja sogar in Amerika (a) selbsten. Dies war noch nicht genug; er widmete mit einer wahrhaftig kaiserlichen Freygebigkeit eine Menge der kostbarsten Stücke, um dadurch die Bestandtheile der Körper, und neue der ganzen Menschheit nützliche Entdeckungen und Kenntnisse ins Licht zu setzen. Die Versuche mit den Diamanten, und andern Edelgesteinen über ihre Zerstörbarkeit im Feuer geben neben einer Menge anderer hierüber die wichtigsten Beweise.

Ueber die vollständigen Sammlungen der Analogen, das ist, der holzhorn- und steinartigen Meerprodukten, Korallen, und Muscheln, findet man im Kabinete alle Versteinerungen, die in den beyden Reichen bekannt genug sind; weiters die Salze, Schwefeln, Bergharze, Erden, und Erzeugnisse der Wässer: und diese Sammlungen sind eine

je-

(a) Herr von Jacquin, itziger Lehrer der Scheidekunst, und Kräuterkunde an der hiesigen hohen Schule, dieser gründlich gelehrte, angenehme, und fürtrefliche Mann hat diese Reisen zum Nutzen der Wissenschaften, und vollkommener Erfüllung der kaiserlichen Hofnung verrichtet.

jede mit sogenannten Piéces à Phénomènes, oder solchen Stücken, an welchen die Uebergänge der Verwandlungen von der Natur angezeigt werden, reichlich versehen, (so man nirgend anderswo findet,) und welche, da sie den Gang, den die Natur in ihrer Bildung hält, zu erkennen geben, zugleich die Ordnung, welche in diesem Kabinete beobachtet worden, rechtfertigen.

Die Bildung der Steine fängt allhier beym Sandkörnchen an, und hört, nachdem sie stuffenweise durch alle verschiedenen Grade der Härte und der Verwandschaft gegangen, bey dem Diamante auf.

Der Unterricht also, und nicht eine eitle Prahlerey, war der Zweck dieses Kabinets! und eben aus dieser Ursache macht sich der Freyherr von **Baillou** (außer den Tagen, an welchen der Eingang jedermann offen stehet) ein Vergnügen, den gelehrten Fremden, und Liebhabern, welche ihn hierüber ersuchen, noch besondere zu widmen, um ihnen das ganze Kabinet auf eine me-

 tho-

thodische Art vorzuzeigen, und zu erklären, und dadurch die Absicht zu erfüllen, welche sich der kaiserliche Stifter bey diesem so nützlichen Unternehmen, und der Errichtung dieser Sammlung fürgesetzt hat; die ganz gewiß alle von dieser Art, welche man an anderen Orten findet, weit übertrift.

Es sind noch in diesem Orte verschiedene mit eingelegten harten Steinen auf das zierlichste verfertigte Gemälde, wenn man sie mit diesem Namen benennen soll, welchen ihre außerordentliche Schönheit, und Aehnlichkeit mit wirklichen Gemälden verdienen: ingleichen ein großer Blumenstrauß, den Ihre Maj. die Kaiserinn Königinn hat verfertigen lassen, und dessen Blumen, samt den auf selben befindlichen Insekten von allen bekannten Gattungen der Edelgesteine auf das künstlichste und täuschendste gemacht sind.

Dieses Kabinet ist alle Montag Vormittag dem Publikum offen: die zwey andern aber alle Tage, den Montag allein ausgenommen; und die Hrn.

von

K. Büchersaal.

von Knaus und Nagel haben für die gelehrten Fremden und Liebhaber, welche sie hierüber ersuchen, die nämliche Achtung, wie der Freyherr von Baillou.

Beschreibung des kaiserl. königl. Büchersales.

Der kaiserl. Büchersaal, welcher nach der Zeichnung des Hrn. Fischers von Erlach erbauet worden, und unter die zierlichen Gebäude zu zählen ist, hat einen Eingang auf dem nämlichen Augustinergange, wie die schon beschriebene Kabinete, allein dieser ist nur allein für die allerhöchsten und höchsten Herrschaften.

Der Haupteingang ist auf dem Platze, auf welchem vormals die offene Reitschule war, und von dieser Seite hat dieses Gebäude eine sehr zierliche Fazade, in der Mitte mit einer Kuppel; Minerva sitzt alda in einem Triumphwagen, welcher mit 4. Pferden nebeneinander bespannet ist, die mit antiken prächtigen Decken von vergoldetem geldem Metalle bekleidet sind, und den Neid und die Unwissenheit unter die Füsse treten. An den Seiten sind, ein Atlas, welcher die Himmelskugel trägt; zwo Bildsäulen, welche die Sternkunde andeuten; die Göttinn der Erde, oder *Tellus*, eine Erdkugel in die Höhe haltend; und zwo andere Bildsäulen, durch welche die Erdmeßkunde angezeigt wird. Die zwo Kugeln sind von vergoldetem gelbem Metalle.

Dieser Büchersaal ist alle Tage, die Vakanzzeit, und die Sonn- und Feyertäge ausgenommen, im Sommer von 8 Uhr frühe bis auf Mittag, und im Winter von 9 Uhr frühe bis auf eben diese Zeit offen. Man hält dafür, daß dieser, nach dem Vatikanischen, der zahlreichste in Europa sey; die Sammlung besteht aus ungefähr 300000. Bänden.

Man geht über eine große Stiege, deren Mauern mit mehreren Brustbildern ausgezieret, und vielen antiken Inschriften überkleidet sind.

Man gelanget da in einem Saal, welcher 240. Fuß lang, und 54. breit

ist,

ist, dessen Plafonds zum Theil von grossen freystehenden Säulen mit vergoldten Fußgesimsen, und Aufsätzen getragen werden, wodurch er das Ansehen eines prächtigen Tempels erhält. Dieser Saal wird in der Mitte unter der Kuppel durch einen noch größeren ovalrunden Saal unterbrochen, und dadurch 100. Fuß breit. Die Bildsäule **Karls VI.** glorw. Ged. von karrareser Marmor ist in der Mitte dieses großen Saales mit einer lateinischen Inschrift auf ihrem Fußgestelle, welche enthält, daß dieser Monarch der Stifter dieses prächtigen Gebäudes ist: andere marmorsteinerne Bildsäulen verschiedener Kaiser vom Hause Oesterreich sind im Umkreise dieses Saales aufgestellet, und noch einige andere an den Säulen, in dem langen Saale, alwo vom Golde, vergoldeten gelben Metalle, und Marmor alle Seiten schimmern, und welcher noch überdies mit den schönsten Brustbildern und anderen kostbaren Stücken von dem höchsten Alterthume ausgezieret ist.

Man

Man sieht alda unter andern ein großes Grabmaal von weißem Marmor, welches Denkmal des Alterthums sehr wohl erhalten worden, und den allerschönsten Stücken, die von der alten Bildhauerkunst auf uns herüber gekommen sind, nicht im geringsten weichet; dieses Denkmal ist von dem Herrn Grafen **Maximilian** von **Fugger**, **Kommandeur des deutschen Ordens**, welcher nach dem Siege bey **Lepanto**, an welchem er großen Antheil gehabt, sich durch eine gelehrte Reise, welche er in klein Asien unternahm, neuen Ruhm einärndete.

Er entdeckte in den Gegenden von **Ephesus** dieses prächtige Denkmal, auf welchem man in halb erhabener Arbeit, und in der korrektesten Zeichnung einen Streit der Amazonen des sarmatischen Asiens siehet, welcher, wie man sagt, zur Erbauung der Stadt **Ephesus** Gelegenheit gegeben, und vielleicht der nämliche ist, welchen ihnen **Theseus** geliefert hat.

Man

Man bemerkt unter mehrern anderen griechischen Köpfen auch des K. **Pyrrhus** von Epiro seinen, mit einer Pikelhaube, welcher von einem graubraunen Marmor ist, und verschiedene etruskische Gefäße, deren eines insbesondere die Aufmerksamkeit, und Bewunderung des berühmten Antiquars, Herrn **Winkelmanns**, also auf sich gezogen, daß er verlanget, und auch erhalten hat, dasselbe abzeichnen lassen zu dürfen; weil er es für das schönste und vollkommenste Stück hielt, welches er jemals in dieser Gattung gesehen latte.

Die Kuppel, und Plafonds, welche die Künste vorstellen, sind von dem sehr hochgeachten Maler, Herrn **Gran**. (b) Die Bücherschränke, über welche grosse vergoldete Medaillonen aufgestellet sind, die herfürspringenden Gänge, welche in dem ganzen Gebäude angebracht worden, und auf die man über 4. verdeckte Stiegen kömmt, samt allem übrigen Holzwerke, sind von nußbaumenem

(b) Ueber diese Kuppel vom Gran ist ein besonders Buch heraus.

nem Holze, und auf das zierlichste gearbeitet.

Die Manuscripte, bey 12000. an der Zahl, und in allen Sprachen, werden in zween besonderen Sälen, welche aber an den Hauptbüchersaale anstossen, aufbewahrt; und weil man in dem letztern, wegen der Größe des langen Saales, und dem vielen Marmor, mit welchem er ausgeziert, und auch gepflastert ist, sich im Winter nicht aufhalten kann, ist man dieser Unbequemlichkeit durch zwey mit eingelegter Arbeit ausgezierte Nebenzimmer, welche alsdenn mittels eines saubern Ofens geheizt werden, und, gleich den zween vorigen, mit dem Großen Saale Gemeinschaft haben, vorzukommen besorgt gewesen. Eines dieser zwey letztern Gemächern ist für den erstern Kustos des Büchersaales, und die unter ihm stehenden Aufseher bestimmt: in das andere, (in welchem die untern Bedienungen sind) bringt man allen, welche alda lesen wollen, die verlangten Werke, und sie finden auch zugleich, um Aus-

zuzüge zu machen, Papier, Federn, u. s. w. in Bereitschaft.

Die erste Einrichtung des kaiserlichen Büchersaales hat man K. **Maximilian** I. zu verdanken, welcher die gelehrtesten Leute selbiger Zeit dazu gebraucht hat.

Man ersicht aus einer Inschrift, daß schon im J. 1662. unter der Regierung K. **Leopolds** I. mehr als 8000. Bände alda waren, und die Sammlung wurde unter der weitern Regierung dieses Monarchen noch stärker vermehrt. K. **Karl** VI. welcher das prächtige Gebäude im J. 1726. hat aufführen, und für das Publikum eröfnen lassen, bereicherte sie wieder auf das ansehnlichste, indem er mehrere schon für sich allein zahlreiche Büchersammlungen, und besonders jene des Prinzen **Eugen** von Savoyen der vorigen Menge beygesellte, die von diesem Prinzen mit so grosser Sorgfalt gesammelt worden, und mehr als 15000. ausgewähltesten Bänden bestund, ohne noch eine prächtige Sammlung von Kupferstichen zu rechnen,

nen, welche samt derjenigen, welche der kais. Büchersaal vorhin schon hatte, itzt wirklich eine der vollständigsten Sammlungen ausmacht, besonders glaubt man, daß jene der Portraite, davon die des berühmten Surintendanten **Foucquet** einen beträchtlichen Theil liefert, alle übrigen in Europa übertrift.

Ihre **Majestät** die **Kaiserinn Königinn** haben die fernere Vermehrung durch die Einverleibung der besonderen, und ausgesuchten Büchersammlung ihres glorwürdigsten Herrn Vaters, und mehrerer anderer, die der verstorbene **Freyherr van Swieten** auf allerhöchst deroselben Befehl angeschaft hat, wie auch durch die unzählige Sammlungen der geographischen Karten, die der vor einigen Jahren verstorbene Freyherr von **Stosch** durch eine unendliche Arbeit und Bemühung zusammengebracht hat, auf das ansehnlichste fortgesetzt. Der Büchersaal hat endlich noch einen Zuwachs von etlichen tausend Bänden, aus der hinterlassenen Büchersammlung des verstorbenen **Freyherrn van Swieten**

er-

erhalten, welchem unsterblichen Manne man auch die unvergleichlich schöne Ordnung, in welcher man anitzt die ganze Einrichtung mit dem größten Vergnügen sieht, zu verdanken hat: er hatte den kaiserl. Büchersal durch 27. Jahre unter seiner Direktion; er hat sich besonders viele Mühe kosten lassen, die unvollständigen Werke ganz und vollständig zu machen; und er hat unter andern alle Bücher, welche in der von **Ibrahim Effendi** zu Konstantinopel angelegten Buchdruckerey in der türkischen, arabischen, persischen, und anderen morgenländischen Sprachen gedruckt worden, anherkommen lassen, und der oft gesagten Sammlung einverleibet.

Unter einer Menge wichtiger, und einer besonderen Aufmerksamkeit würdiger Gegenstände werden gelehrte Fremde, und wißbegierige Liebhaber in dem kaiserl. Büchersale mit Vergnügen anmerken:

Eine große Sammlung von vierfüßigen Thieren, Vögeln, Pflanzen, Blumen, und Früchten, welche alle nach der Natur in Miniatur gemalt sind.

Alle Gemälde der kaiserl. Bildergalerie (von welcher wir alsogleich reden werden,) auch in Miniatur gemalt, samt den Namen ihrer verschiedenen Meister.

Das berühmte Senatus-Consultum, welches die Faßnachtspiele verbietet, und im J. 568. nach Eroberung der Stadt Rom abgefaßt worden, von welchem auch **Titus Livius** in seiner Geschichte redet.

Die berühmte Tafeln des **Peutinger.**

Die ältesten Manuscripte, welche in der Welt sind, vom **Dioskorides** und **Titus Livius**.

Eine Menge Urkunden, und andere Denkmäler von der alleraltesten Schreibart.

Verschiedene Deken (Porte-feuilles) mit Originalzeichnungen, und ersten Ideen der größten Meister.

Alle

Alle ältesten und seltensten Ausgaben der Bücher vom Anfange der Buchdruckerkunst.

Ein sehr vollständiges System vom Kopernikus, welches aufs künstlichste verfertigt, und um so merkwürdiger ist, weil es ein Werk eines deutschen Schreiners ist, Namens Nestsfell, welcher nur allein durch Anweisung seines natürlichen Verstandes, und ohne einige Wissenschaft einer andern, als seiner Muttersprache, eine ziemlich grosse Kenntniß, dieses System in Holz zu verfertigen, welches er auch nachher in Kupfer und Stahl gemacht hat, sich zu verschaffen wußte. Dieses wichtige, und seltne Stück ist im J. 1754. auf Befehl K. Franz I. glorw. Ged. nachdem es Se. Maj. dem Künstler abgekauft, und ihm noch einen Gnadengehalt angewiesen hatten, in den kaiserl. Büchersaal gesetzt worden.

Liebhaber, welche über diesen so sehenswürdigen Ort weitere Kenntniße sich verschaffen wollen, können hierüber das gelehrte Werk: *Analecta Monumen-*

torum omnis ævi Vindebonensia, welches von dem Herrn Kollar, Ihrer k. k. Majestäten Rathe, und ersten Kustos des kais. Büchersales im J. 1761. und 1762. in zween Bänden einem gelehrten Publikum geliefert worden, zu Rathe ziehen. Eben an diesem berühmten Manne haben sich Gelehrte und Wißbegierige in Absicht des kais. Büchersales zu wenden, sie werden an ihm einen Mann finden, bey dem eine angenehme Leutseligkeit, und Modestie, mit den ausgebreitesten und tiefesten Kenntnissen, und Einsichten in alle Theile der Wissenschaften in der genauesten Verbindung stehen. Auch der durch seine ausgebreitete Gelehrsamkeit bekannte Hr. Heyrenbach macht der Bibliothek Ehre.

Das Gebäude des kais. Büchersales, welches vor einigen Jahren den Umsturz drohete, ist durch die allerhöchste Freygebigkeit, der itzt glorwürdigst regierenden k. k. Majestäten im J. 1769. wieder in den beßten Stand hergestellet worden; und ist von der Seite der Stadt frey, und in seinem ganzen

Prach-

K: Reitschule.

Prachte zu sehen, nachdem man aus der vorigen Reitschule, welche mit einer ziemlich hohen Mauer umgeben war, und mithin einen Theil dieses ansehnlichen Gebäudes verdeckte, einen freyen und offenen Platz gemacht hat.

Die gedeckte Reitschule.

Auf der rechten Seite des ebengesagten Platzes, wenn man von der Augustinergasse hineingeht, ist die gedeckte Reitschule, die angemerkt und gesehen zu werden verdienet, und sogar für die schönste in Europa gehalten wird: es ist ein großes mit Säulen, Statuen, und anderen Verzierungen ausgeziertes Gebäude, welches gegen den Michaelerplatz, bis wohin es reichet, mit einer Kuppel versehen ist. Es ist von innen um und um eine steinerne Galerie mit ebenfalls steinernen Geländern, welche von 46. steinernen Säulen getragen wird. Dieses Gebäude wurde im J. 1729. vom K. Karl VI. nach der

Zeichnung des Herrn Fischers von Erlach aufgeführt, und war noch übrigens samt dem kaiserl Büchersale mit in dem Plane begriffen, welchen dieser berühmte Baumeister auf allerhöchsten Befehl dieses Monarchen zum völligen Gebäude der kais. Burg entworfen hatte, nach welchem sie dem im J. 1728. gegen der Stadt errichteten Theile gleich kommen sollte: welcher Plan jedoch wegen den beynahe immer aneinander hängenden Kriegen noch nicht hat ausgeführt werden können.

In eben diesem Gebäude wird auch die gewöhnliche Ziehung der Lotterie vorgenommen.

K. K. Bildergalerie.

K. Ferdinand der Dritte legte den Grund zu dieser Sammlung, und bediente sich dazu unter andern eines grossen Theils der Gemälde, welche ehemals dem unglücklichen König von Großbrittanien Karl dem Zweyten zugehörten.

ten. Kaiser Karl der Sechste, vermehrte sie ansehnlich, und ließ sie in der alten Stallburg in 7 grossen Sälen in Ordnung bringen; nun aber wurde sie in das sogenannte Belvedere übertragen, nachdem sie vom Hrn. Ritter v. Maron (einem gebohrnem Wiener, welcher, wegen seiner ausnehmenden Fürtreflichkeit, in Rom, seinem vieljährigen Wohnsitze, in größtem Ansehen stehet) und Hrn. v. Rosa, der Akademie zu Rom, London und Bologna Mitgliede, und wirklichen Direktor dieser Galerie, in neue Ordnung gebracht, und mit kostbaren Gemälden, die bisher in dem K. K. Lustgebäuden und Schlössern in Ungarn, Böhmen, und Tirol ꝛc. zerstreuet gewesen, bereichert worden.

Sie bestehet gegenwärtig aus 22 grossen Zimmern, deren 14 im ersten, und 8 im zweyten Stocke sind.

Die im ersten Stockwerk söndert ein grosser Sal ab, so daß also zu jeder Seite sieben grosse Zimmer zu stehen kommen. Man sieht hier Meisterstücke von den vornehmsten Künstlern Italiens, als einem Paulo Veronese, Titian, Tintoretto, Giorgione, Palma, Raphael, Coreggio, Leonardo Davinci, Caacci, Guido, u. s. w. Im zweyten Stocke sind ebenfalls von den schönsten Gemälden zu finden, worunter viele von holländischen Meistern, als Wuvermann, Berchem, De Hem, Reinbrand, Vandervelden, Muscheron, und andere sind.

Montags, Mitwochs, und Freytags steht die Galerie jedermann offen. *

Das große Zeughaus.

Das große K. Zeughaus auf der Hobenbrücke, welches theils vom K. Maximilian II. theils vom K. Leopold erbauet worden, kann im dem Stan-

* Hier müssen wir anmerken, daß es verboten ist, mit einem Stock in die Galerie zu tretten, weil verschiedene Vorwitzige die Gemälde damit betastet haben. -- Dieses Verbot ist sehr billig -- so man sollte viele nasenweise Herren, wenn es möglich wäre, ihre Finger; ablegen heißen.

Stande, in welchem es sich heut zu Tage befindet, von Niemand ohne Bewunderung angesehen werden, wegen der Menge der Waffen sowohl, als hauptsächlich wegen der bewundernswürdigen Eintheilung, mit welcher alle auf das zierlichste, und in der schönsten Ordnung aufgestellet sind, und von welcher es nicht möglich ist, alhier einen gehörigen Begriff zu geben.

Man kömmt anfangs in einen geraumen Hofe, welcher aus einem langen und ungleichen Vierecke besteht; und man findet alda zwo sehr große türkische Kanonen. Eine, die im J. 1516. gegossen, und zu Belgrad im J. 1717. erobert worden, trägt 180pfündige Kugeln, und hält 179 Zentner; die andere, welche im J. 1560. gegossen worden, wiegt 117 Zentner, und trägt 60pfündige Kugeln.

Neben diesen erstaunlich großen Stücken sind zween ebenfalls türkische Mörser zum Steinwerfen, deren der eine 400- und der andere 240pfündige steinerne Kugeln wirft; ein eiserner Mörser von einem außerordentlichen Kaliber, und um und um mit eisernen Ringen umgeben, von zween Zollen in der Dicke; und ein anderer sehr großer metallener Mörser, auf welchem man diese Worte lieset: SIGISMUNDUS Archidux Austriæ.

Der Hof ist noch mit verschiedenen andern Kanonen von 70- 48- 36pfündigen Kaliber u. s. w. mit anderen Stücken, Bomben, Kugeln, u. s. w. angefüllt. Er ist von allen Seiten mit einem Gebäude von einem Stockwerke, welches wie das raiz de chaussée in Gänge eingetheilet ist, umgeben; und die äußeren Mauern sind ihrer ganzen Strecke nach von allen Seiten mit einer Kette umgeben, die 200 Klafter in der Länge hält; ein jedes Glied dieser Kette wiegt 22, bis 24 Pfunde. Diese Kette ist doch nur ein Theil derjenigen, welcher sich die Türken ehemals bedienet haben, um die Donau von der Seite von Ofen zu sperren; in welcher Stadt man den übrigen Theil davon aufbehält.

Die

Die Gänge zu ebener Erde sind mit einer sehr großen Menge Artillerie, und allem dazu gehörigen angefüllet.

In den obern Gängen ist eine erstaunliche Menge Waffen zum Schießen und Hauen, Schilde, Pickelhauben, Harnische, u. s. w. in einer schon auf den ersten Blick das Auge bezaubernden, jedoch bey weiterer Untersuchung noch viel mehr einnehmenden Ordnung aufgestellt.

Man sieht alda (um, wenn es doch möglich, nur einen geringen Entwurf zu geben) runde, gewundene, ausgehöhlte Säulen; vier- und dreyseitige Pfeiler, von welchen das Fußgestell, der Schaft, und das Kapitell von Flinten, Pistolen, Bajoneten, u. s. w. zusammengesezt sind; Pyramiden von 3 und 4 Seiten, Festungswerke und Tropheen, die eben auf jene Art gebildet worden: man sieht die Plafonds mit Säbeln, Degen, Bayoneten, Klingen, Lanzen, Pickelhauben, eisernen Handschuhen, Flintenbeschlägen, Ladstöckenröhrchen, u. s. w. überkleidet, und diese also angebracht, daß das Auge

nichts,

nichts, als sehr wohl ausgeführte, und hundertfältig abwechselnde Figuren und Verzierungen wahrnehmen, und doch nicht unterscheiden kann, aus was für einzelnen Stücken das Ganze zusammengesetzt ist. Man sieht z. B. die Wappen von Oesterreich, von Hungarn, von Böhmen u. s. w. mit den Wappenhältern, den Ordensbändern, u. s. w. große Adler mit ausgespannten Flügeln, und Kronen auf den Häuptern, große Schilde, und tausend andere Gegenstände, welche man wegen großer Weitläuftigkeit mit Stillschweigen übergehen muß.

Einer von den Gängen wird durch einen runden Sal unterbrochen, in welchem man mehrere Bildnisse der Kaiser und Fürsten aus dem Hause Oesterreich in ihren vollkommenen auf das kostbarste und künstlichste gearbeiteten antiken Rüstungen, und den Pickelhauben auf dem Haupte antrift. Das Bruststück aus gelbem Metalle Sr. Durchlaucht des Herrn Joseph Wenzel, Fürstens von Lichtenstein, welcher im J. 1772.

die-

dieses Zeitliche verlassen, ist auch in diesem großen Sale, wohin es Ihre Majestäten im J. 1758. haben setzen lassen, samt einer lateinischen Inschrift, in welcher dieser Fürst den ansehnlichen Titel: Restaurator rei tormentariæ, führt. An der andern Seite des Sales diesem Bruststücke gegenüber, sieht man die Bruststücke Sr. k. k Maj. **Franz I.** glorwürd. Ged. und unserer unsterblichen Monarchinn **Maria Theresia** ebenfalls von gelbem Metalle, welche gesagter Fürst samt den lateinischen Inschriften, in welchen er seine ehrerbietigste Dankbarkeit gegen seine allerhöchste Herrschaft ausdrücket, errichten lassen zu dürfen, die Erlaubniß erhalten hat

Man findet noch in diesem Zeughause viele andere besondere merkwürdige Sachen, z. B. die Rüstung Gottfrieds von Bouillon, den Koller aus einem Büffelsleder des Königs in Schweden **Gustav Adolphs**, von einer Kugel durchbohret, die im J. 1632. diesem kriegerischen Monarchen in der Schlacht

bey

bey Lützen in Sachsen seine Tage abgekürzet, und ihn verhindert hat, Böhmen aufs neue zu verheeren.

Dieses Zeughaus begreift eine Rüstung für 40000 Mann, ohne daß man aus der schönen Ordnung, von welcher wir zuvor einen leichten Umriß gegeben haben, nur ein einziges Stücke zu nehmen genöthiget sey.

Wenn man diesen Tempel des Kriegesgottes sehen will, hat man sich an den Herrn Stabsoffizier zu wenden, welcher der Kommandant davon ist.

Das Zeughaus auf der Seilerstatt.

In der Gasse dieses Namens ist das zweyte Zeughaus, in welchem nichts besonders anzumerken vorkömmt, als daß die Kanonen alda gegossen werden.

Das

Das Zeughaus auf dem Salzgriese.

In diesem Zeughause findet man nichts besonders merkwürdiges. Man kann unterdessen doch den Kanal besehen, durch welchen der General von St. Hilaire im J. 1619. mit seinem Regimente unvermuthet in die Stadt dem K. Ferdinand II. wider die Unternehmungen der aufrührischen Protestanten zu Hilfe gekommen ist, deren sträfliches Vorhaben er hierdurch glücklich zernichtete.

Das bürgerliche Zeughaus.

Das bürgerliche Zeughaus auf dem Hofe, oder vormals großen Jesuiterplatze ist ein schönes Gebäude, welches im J. 1723. erbauet worden, und oben auf der Façada mit Statuen und Siegeszeichen, die das ganze Gebäude charakterisiren, gezieret ist.

Ne-

Neben einer ziemlich beträchtlichen Artillerie, und vielen heut zu Tage üblichen Waffen, befindet sich alda auch eine Menge alter Waffen, und viele andere Sachen, die man von den Türken, besonders da sie im J. 1683. von Wien hinweggeschlagen worden, erobert hat.

Man zeigt eben in diesem Orte den Kopf des **Kara Mustáfa**, welcher damals Großvezier war, und die türkische Armee kommandirte, und im darauf folgenden Jahre zu Belgrad erdrosselt worden, von wannen nachher sein Kopf nach Wien gebracht worden.

Es ist auch alhier der halbe Mond und der Stern, als die türkischen Wappen, welche im J. 1529. an die Spitze des St. Stephansthurms, (damit der türkische Kaiser Sülejman nicht auf diese Kirche seine Stücke spielen liesse) gesetzt, aber nach der letzten türkischen Belagerung im J. 1683. wieder herunter genommen, und an deren Statt das Kreuz, welches man noch itzt auf der Spitze sieht, auf Be-

fehl

fehl K. Leopolds hinauf gesetzt worden.

Wenn man dieses Zeughaus besehen will, hat man sich an den Offizier der bürgerlichen Kompagnien, welchem die Obsorg des Zeughauses aufgetragen ist, (den Zeugwart) zu wenden.

Nicht weit von diesem Zeughause, nämlich an der Ecke der Gasse, der Heidenschuß genannt, * wenn man vom Hofe auf die Freyung, oder den Schottenplatz gehet, zur linken Seite, sieht man ein kleines Bildniß eines Türken mit einem gespannten Bogen in der Hande, welches die Aufmerksamkeit der Fremden oft an sich ziehet, und von welchem man auch nur aus dieser Ursache alhier eine Meldung macht. Man gibt gemeiniglich vor, ** daß im J. 1529. die

E Tür-

* Dieses Haus ist nun neu erbauet worden; aber der Türk hat doch noch, wiewohl ohne Ursach, Platz gefunden.

** Dieses ist eine Erzählung, die ohne allen Grunde ist, wie Herr P. Fischer mit mehreren zeiget. Der Türk mit dem Bogen war das Wappen der Herren von Hey, denen dieses Haus

Türken bis unter dieses Hause ihre Minen gegraben hätten, welches damals von einem Bäcker bewohnt worden, dieser hätte die Minirer in seinem Keller, wo er eben den Teig knettete, gehört, und alsogleich dem Kommandanten der Stadt davon Nachricht gegeben; dieser aber ohne zu verweilen, dem Feinde entgegen graben lassen, und ihn dadurch gezwungen, die Belagerung wenig Tage nachher aufzuheben.

Die hohe Schule.

Das Gebäude der wienerischen hohen Schule, die im J. 1237. vom Kaiser Friedrich II. gestiftet worden, ist, wie man es itzt erblicket, ein prächtiger Pallast,

Haus ehemals gehörte, und von welchem nachher die Nachbarschaft den Namen erhalten. Nicht dem Bäcker, der im Keller den Teig knettete, sondern der auserlesenen schönen Armee muß man die Ehre der Befreyung der Belagerung zuschreiben, auf deren Annäherung die Feinde alsogleich die Flucht ergriffen.

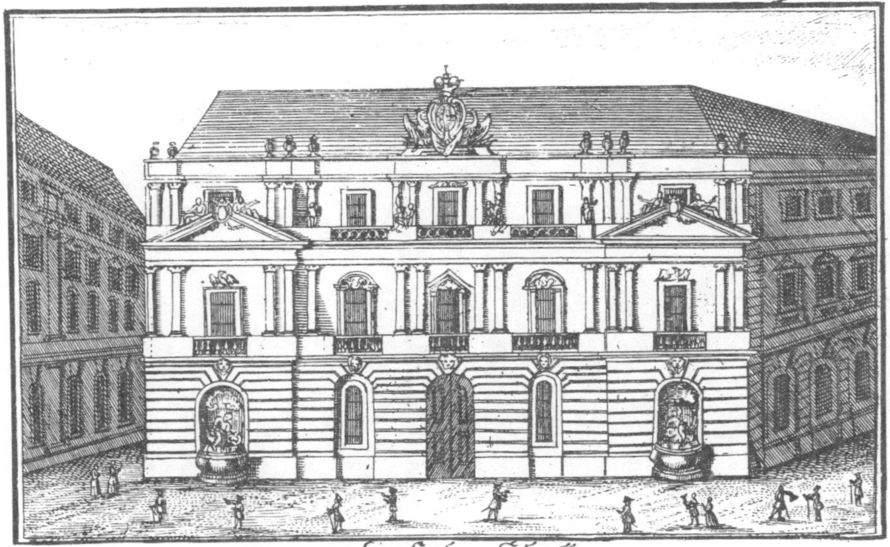

die Hohe Schull.

last, den die allerhöchste Freygebigkeit K. Franz I. glorw. Ged. und unserer gütigsten Monarchinn **Marien Theresien** den Wissenschaften errichtet hat, und der auch zu diesem Ende den 5ten April 1756. auf das feyerlichste eingeweihet worden. *

Die Hauptfazade gehet auf den Platz, welcher der untere Jesuitenplatz genennet wird, alwo das Gebäude nur ungefähr 15 Klafter breit ist; allein es erstrecket sich an die 30 Klafter in die zwo Gassen, die obere und untere Bäckerstrasse, bis an ein kleines Quergäßchen; und es steht also von allen Seiten frey.

Das Gebäude hat drey Eingänge; einen von dem eben gesagten Platze, die zween anderen von den beyden angemerkten Gässen.

Das ganze Gebäude hat zu ebener Erde einen großen Vorplatz, in welchem sich 20 große Säulen befinden, die das

 mitt-

* Hr. v. Scheib hat auf diese Feyerlichkeit eine Sammlung, unter dem Titel: Musæ gratulantur, &c. herausgegeben.

mittlere Gewölbe unterstützen. Von diesem Platze kömmt man über drey Hauptstiegen in den großen Sal, die übrigen Kollegien, die vereinigte Akademie der bildenden Künste, und die Sternwarte; zu ebener Erde aber in die Hörsäle der Arzney- und Wundarzneywissenschaft, und das besondere Versammlungs- und Prüfungszimmer der medicinischen Fakultät. Unter diesen Sälen verdient das anatomische Theater, und das chemische Laboratorium besonders angemerkt zu werden.

Man siehet in dem medicinischen Hörsale das vergoldete Brustbild von Metall auf einem marmornen Fußgestelle des berühmten Freyherrn van Swieten, welches Ihre k. k. ap. Maj. im J. 1769. diesem großen Manne zu Ehren, als ein glorreiches Denkmal der allerhöchsten Erkenntlichkeit für die Dienste, welche er dem Staate und den Wissenschaften erwiesen hat, samt einer zierlichen Aufschrift, und seinem Wappen haben errichten lassen.

Eben alda ist auch eine prächtige Sammlung der schönsten anatomischen Präparaten der berühmtesten Männer **Ruyschens, Albins, Lieberkühns,** u. a. m. welche gedachter Freyherr samt vielen Mikroskopen, und den darinn enthaltenen feinsten Präparaten für 20000 Gulden erkauft, und mit einer fürstlichen Freygebigkeit dem Kollegium der Aerzte geschenket hat. Alle diese Präparaten, samt den anatomischen und chirurgischen Instrumenten, und den sehenswürdigen und kostbaren Präparaten des berühmten Lehrers der Zergliederungs- und Wundarzneykunst, Herrn Ferdinand **Lebers**, hat der Herr Doktor F. X. **Schwediauer** in seiner Inauguralschrift beschrieben; * und sich durch diese Arbeit unvergeßlich gemacht. Herr D. **Barth** ist wirkl. öffentlicher Lehrer der Anatomie, und liest auch über die Augenkrankheiten.

* F. X. *Schwediauer* Differt. inaug. med. exhibens descriptionem præparatorum anatomicorum, & instrumentorum chirurgicorum, quæ possidet facult. Med. Vindobonensis, omnium, aliorumque nonnullorum, 5. Nov. 1772. 8vo. Bogen 5. Bl. 6.

Auf Befehl J. k. k. ap. Maj. ist zu Anfange des verg. Jahrs eine Sammlung verschiedener sehr schön erhaltener, und seltner ausländischer Thiere, Schlangen, Eydechsen, u. s. w. in den nämlichen Sale übersetzt worden.

Man kömmt über eine große und schöne Stiege in das erste Stockwerk, und von da in den berühmten großen und prächtigen Sale der hohen Schule, in welchem alle öffentlichen Ehrenhandlungen, Versammlungen, Vertheidigungen, Preiseaustheilungen, u. s. w. gehalten werden. Die Wände dieses Sales sind durchaus marmorirt, und mit vergoldeten Wandleuchtern, und mit Siegeszeichen von weißem Gipse ausgezieret; es sind auch mehrere große Bildsäulen, die die Tugenden der allerhöchsten Stifter bezeichnen, in Bilderblinden gesetzt. In der Höhe sind von beiden Seiten Erker für die bey den Feyerlichkeiten dahin zu stellende Musik, und mehrere Spiegel, durch welche viele getäuscht werden, und noch einen andern Sal zu sehen vermeinen. Die Decke ist

von

von dem berühmten italiänischen Maler Guillielmo gemalet, und stellet von den vier Seiten die 4 Fakultäten mit ihren Kennzeichen und Aufschriften vor.

Der Thüre dieses Sales gegenüber ist eine andere ähnliche, durch die man in den Hörsale der Physik, und Mechanik kömmt, dieser Sal ist mit allen zu denkenden Instrumenten, Maschinen, und Modellen zum Ueberflusse reichlich versehen. Hr. Herbert, der durch die Einführung der gründlichen Behandlung, und des ächten Erfahrungsgeistes in die Physik sich um diese Wissenschaft ungemeine Verdienste gesammelt hat, hält nun auch statt des vormaligen Lehrers Hr. Walchers an den Sonntägen des Sommers, zum Nutzen der Künstler und Handwerker, und aller Liebhaber überhaupt, seine Vorlesungen über die Mechanik, und alle Theile derselben.

Neben dem Hörsale der Physik ist jener der Gottesgelahrtheit: die Decke ist vom Herrn Anton Maulbertsch gemalet, und stellet die Taufe des Erlösers im Jordan vor.

Ueber eine andere, oder die hintere Stiege, die von der vorigen durch den untern großen Vorplatz abgesondert ist, gehet man in die Hörsäle des bürgerlichen und geistlichen Rechtes, der Reichsgeschichte, der Polizeywissenschaften, u. s. w. Man kann auch von dieser Seite in den großen Sal kommen. Im zweyten Stockwerke auf dieser und der vördern Seite ist die vereinigte Akademie der bildenden Künste; die man wegen der Menge der Zeichnungen von van Schüppen, der Preise- und Aufnahmsstücke aus der Maler- Bildhauer- und Baukunst ꝛc. den schönen Antiken, u. s. w. nicht ungesehen lassen muß. Besonders kann man ein Bildniß in Lebensgrösse des K. Karls VI. glorw. Ged. im Krönungsornat von Jakob van Schüppen, dem vormaligen Direktor der Akademie; ein anderes unserer allergnädigsten Landesmutter von dem Herrn Martin von Meytens, und ein drittes des Feldmarschalls Grafen von

Al-

Althann Excellenz, als vormaligen Protektors, welches durch den großen, aber gewiß nicht nach seinen Verdiensten allgemein genug geschätzten Raphael Donner, von weißem Genuesermarmor verfertiget worden, unter vielen anderen anmerken.

Endlich muß man auch die Sternwarte der hohen Schule nicht vergessen. Sie ist mit allen zu den astronomischen Beobachtungen erforderlichen Instrumenten aufs vollkommenste versehen. Unter andern ist auch der größte Theil der Instrumente des berühmten **Marinoni**, welcher alhier vor einigen Jahren verstorben ist, an diesem Orte aufbewahret. Die Herren **Hell** und **Pilgram** empfangen die Fremden, und andere Gelehrte, welche die Instrumenten, und die Sternwarte zu besehen, und zu benützen verlangen, mit der größten Leutseligkeit, und es wird niemand über den Empfang, und die erhaltene Nachricht unvergnügt hinweggehen.

Man kann sich, wenn man das ganze Gebäude besehen will, bey dem Hausmeister anmelden.

Der windhagische und gschwindische Büchersal.

Der windhagische Büchersal ist neben den Dominikanern, und nicht weit von der hohen Schule entfernet. Er hat den Namen von dem Grafen von Windhag, seinem Stifter, welcher sonst mit seinem rechten Namen **Enzmüller** hieße. Er war aus Schwaben von einem geringen und armen Herkommen: schon von der ersten Jugend an hatte er einen ausnehmenden Geschmack an den Wissenschaften, und zum Glücke fande er unter den Gelehrten einige Mecenaten, die ihm hierzu behilflich waren. Er wurde endlich zu Wien zum Doktor der Rechte gemacht, alwo er auch anfänglich die Stelle eines Advokaten vertratte. Bey dieser Verrichtung zeichnete er sich so vortheilhaft aus, daß

er

er vom K. Ferdinand III. zum kaiserlichen Rathe ernannt, und als Regimentsrath angestellt, ja endlich gar zur Grafenwürde erhoben worden.

Da er all sein Ansehen, und das gute Einkommen nur allein dem Studium zu verdanken hatte, wollte er auch durch seinen letzten Willen seine Erkenntlichkeit bezeugen, und widmete in dieser Absicht seine schöne Büchersammlung, und eine andere ziemlich zahlreiche Sammlung von Medaillen, und alten Münzen, physischen Instrumenten, u. s. w. zur Bequemlichkeit des Publikums, und vorzüglich zum Besten armer Studenten.

Im Jahre 1656. bestunde dieser Büchersal aus zwey bis drey und zwanzigtausend Bänden, und die Sammlung ist nach der Zeit bis auf mehr, als 30000. Stücke durch verschiedene dazu gekommene Werke, und besonders durch die Büchersammlung der niederösterreichischen Landschaftsakademie vermehret worden, welche letztere den windhagischen Büchersal im J. 1694, nach-

dem

dem gesagte Akademie aufgehoben worden, allein mit 5 = bis 6000. Bänden bereichert hat.

Der windhagische Büchersal stehet unter der Oberaufsicht des niederösterreichischen Landesmarschallenamtes; und die Verwaltung davon ist, dem Willen des Stifters gemäß, einem Geistlichen aus dem Predigerorden, welcher jedoch noch einen weltlichen Gehilfen haben muß, aufgetragen.

Der über der Thüre aufgerichten Inschrift zufolge ist dieser Büchersal im J. 1678. dem Publikum eröfnet worden: und der Eingang stehet auch das ganze Jahr hindurch, nur allein die Sonn = und Feyertäge, und die Vakanzzeit ausgenommen, von 9. bis 12. Uhr Vormittags, und von 2. bis 4. Uhr Nachmittags für jedermann offen.

Der von dem windhagischen nicht weit entfernte gschwindische Büchersal, welcher übrigens auch eben so verwaltet wird, und zu den nämlichen Stunden offen stehet, hat auch den Namen von seinem Stifter, dem Herrn Martin

Frey=

Freyherrn von Gschwind, Feldmarschallen, und Hauptmann über ein kaiserliches Infanterieregiment. Dieser ist nicht so beträchtlich, und mit so vielen Bänden versehen, als der vorhergehende: er ist aber auch seit dem Jahre 1723. zum Besten des Publikums gewidmet.

Andere öffentliche Gebäude.

Man wird unter den übrigen öffentlichen Gebäuden alhier nur jene namhaft machen, welche am meisten angemerkt zu werden verdienen; dergleichen sind:

Die Hof- und Staatskanzley, vom K. Karl VI. glorw. Ged. erbauet. — an der Burg.

Die hungarische und siebenbürgische Kanzleyen. — In der vörderen und hinteren Schenkenstrasse.

Die böhmische und österreichische Kanzleyen, ein prächtiges, mit Bildsäulen und andern Zierathen geschmück-

tes

tes Gebäude; die erste ist vom K. Karl VI. die zwote, welche mit der vorigen nur ein Gebäude von der nämlichen Bauart ausmacht, von K. Franz höchstsel. Ged. und der Kaiserinn Königinn Maj. erbauet worden. — In der Wildwerkerstrasse, und auf dem Judenplatze. Dieses Gebäude stehet von allen Seiten frey.

Das **Münzhaus**, vorhin der Palast des Prinzen **Eugens** von Savoyen, welches Ihre Majestäten ebenfalls erkauft haben. — In der Himmelpfortgasse.

Die **Stadtbank**, ein anders ansehnliches mit Bildsäulen und anderen Zierathen versehenes Gebäude, von eben diesem Monarchen erbauet. — In der Singerstrasse.

Das vorhin der **niederländischen Kanzley** gewidmete Gebäude. — Auf der Pastey bey den Augustinern.

Die Kanzler und Präsidenten dieser Stellen wohnen auch in den bisher gesagten Gebäuden.

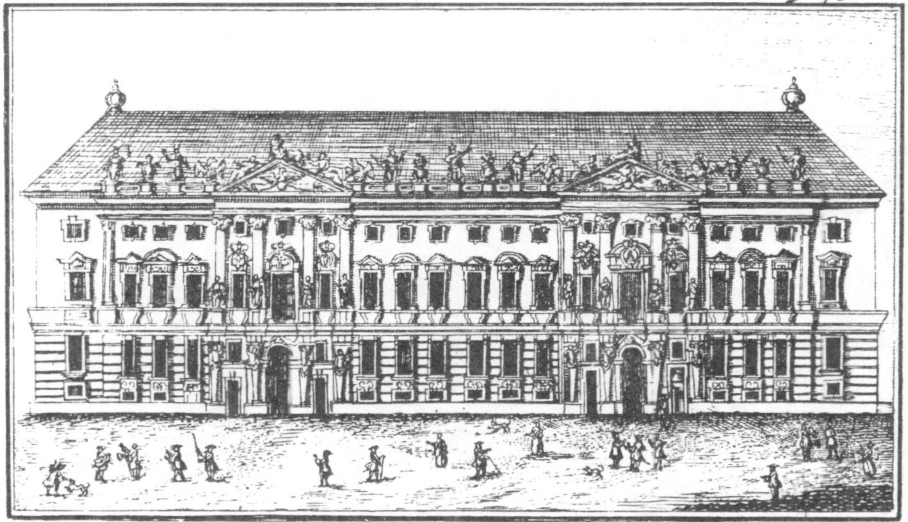

Oesterreichisch- und Böhmische Hofkanzley.

die Stadt Bank.

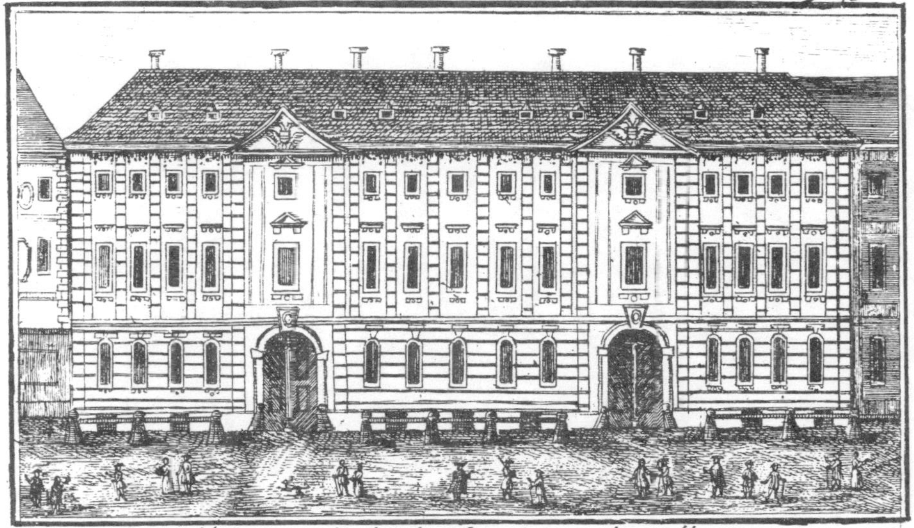

Neues Gebäude der Hauptmauthe.

Das neue Zoll- oder Mauthaus, vom Joseph II. und Marien Theresien erbauet. — Auf dem alten Fleischmarkte. Dieses Gebäude gehet auch auf die Pastey, und ist von dem Fleischmarkte sowohl, als von der Pastey die Ein- und Ausfahrt. Die neue Zollbrücke ist eben wegen der bequemern Ein- und Ausfahrt der Frachtwägen in dieses Gebäude erbauet worden.

Das Rathhaus. — In der Wildwerkerstrasse.

Das Schauspielhaus, welches im J. 1761. erbauet worden, nachdem das vorige den 2ten Wintermonat 1760. durch eine Feuersbrunst in die Asche gelegt worden. — Beym Kärntnerthore.

(Von dem andern Schauspielhause an der Burg ist weiter oben Meldung gemacht worden.

Vor-

Vorzüglichere Privatgebäude.

Damit dieser Absatz nicht zu weitläufig werde, werden wir uns auf eine kleine Anzahl der ihrem Baue nach besonders herfürstechenden Paläste einschränken; obwohlen auch noch mehrere namhaft gemacht zu werden verdienten: eben aus dieser Ursache werden wir eine Menge Gebäude mit Stillschweigen übergehen, welche wegen ihrer äußeren Schönheit und Verzierungen für große Paläste gelten könnten: ein solches z. B. ist das neubauerische Haus in der Singerstrasse, und mehrere Prälatenhöfe, welche zwar vorhin eben gar nicht viel Ansehen machten: anizt aber, da sie alle auf Befehl der Regierung vom Grunde auf neu erbauet werden, mit unter die schöneren Gebäude der Stadt zu zählen sind.

Der

Der erzbischöfliche Palast. — Bey St. Stephan.

Das kinskische Haus. — In der Waldzeile.

Das paarische Haus, in welchem vorhin das k. k. Hofpostamt war. — Beym Stubenthore. Dieses Haus verdienet wegen dem Prachte, mit welchem es seit kurzem in seinen inneren Theilen, unter der Direktion des Baumeisters, Herrn Kannevals, ausgezieret worden, und wegen der kostbaren Einrichtung besonders gesehen zu werden.

Das grosse Gebäude des deutschen Ordens, das deutsche Haus genannt. — In der Singerstrasse.

Das herzogl. savoysch = lichtensteinische Haus, anitzt das Stifthaus für Kanonißinnen. — In der Johannesgasse.

Das kaunitz = questenbergische Haus. — In der nämlichen Gasse.

Das schwarzenbergische Haus. — Auf dem neuen Markte, oder dem Kapuzinerplatze.

Das lobkowitzische Haus. — Bey den Augustinern.

Das lambergische Haus. Dieses gehöret itzt dem Fürsten v. Kinsky. — In der Wallnerstrasse.

Das esterhazische Haus. — In der nämlichen Gasse.

Das kaprarische Haus. — In der nämlichen Gasse.

Das lichtensteinische Haus. — In der Herrengasse.

Das batthyanische Haus. — In der oberen Schenkenstrasse.

Das auerspergische Haus. — In nämlicher Gasse.

Das palfische Haus. — In der hinteren Schenkenstrasse.

Das Ferdinand harrachische Haus. — Auf der Freyung, oder dem Schottenplatze.

Das Ernest harrachische Haus. — Eben alda.

Das schönbornische Haus. — In der Renngasse.

Das stahrembergische Haus. — Auf dem Minoritenplatze.

Das ulefeldische Haus. — Eben alda.

Das große lichtensteinische Haus. — Auf dem nämlichen Platze, und in der oberen Schenkenstrasse, alwo der Haupteingang ist. In diesem Hause ist eine schöne Bildersammlung, die eine besondere Beschreibung verdienet, und keiner andern, nur die bey Hofe ausgenommen, weichet.

Bildersammlung in dem grossen lichtensteinischen Hause.

Das Gebäude, in welchem diese Sammlung aufbehalten wird, und welches schon allein die Aufmerksamkeit der Liebhaber schöner Künste auf sich zu ziehen würdig ist, hat der Fürst Johann Adam der Stifter des hochfürstlichen lichtensteinischen Hauses, im J. 1699.

zu erbauen angefangen; und im Jahre 1711. ist es vollkommen zu Ende gebracht worden.

Eben dieser Fürst ist der Urheber des größten Theiles dieser schönen Sammlung, von welcher wir nur das merkwürdigste berühren werden: er hat die Verordnung gemacht, daß sie für beständig bey dem Hause Lichtenstein verbleiben, und immer auf den regierenden Fürsten kommen solle: durch diese gute Einrichtung ist sie von Tage zu Tage ansehnlicher und zahlreicher geworden.

Fürst **Joseph Wenzel** hat sie unter anderen durch mehr als 20. Jahre mit vielen kostbaren Stücken bereichert; und unter ihrem itzigen würdigen Besitzer Herrn **Franz Joseph**, Fürsten von **Lichtenstein**, hat sie einen Zuwachs von Vollkommenheit erhalten, der sowohl diesem Fürsten, der die Kosten darauf verwendet, diesen Schatz immer merkwürdiger und reicher zu machen, als der Einsicht und den Bemühungen ihres dermaligen Aufsehers Herrn **Dallinger** zu verdanken, welcher letztere mit seiner

son=

sonderbaren Geschicklichkeit in der Malerkunst eine weit seltnere, und für seinen Standort schätzbare Menschenfreundlichkeit verbindet.

In dieser Galerie findet man Denkmäler von den größten Meistern aus jeder Schule, und viele — und es sind nur neuerdings aus dem bey Weiskern 1ter Th. S. 163. angeführten Schlosse Feldsberg, und dem ebend. 3ter Theil, S. 191. citirten lichtensteinischen Palaste in der Rossau, viele kostbare Stücke von den ersten Meistern, als Franzeschini, Leonardo de Vinci, hinzugekommen. — Wir wollen nun, eine genaue Idee von derselben zu geben, mehr ins Detail gehen.

Man kömmt anfangs in einen grossen Sal, der 43 Fuß in der Höhe, 73 in die Länge, und 35 in die Breite mit 20 Fenstern hat, und mit verschiedenen Büsten, und 2 sehr grossen Gemälden von Skreta, einem Böhmen, gezieret ist.

Das erste Zimmer ist vorzüglich durch 2 Altarblätter von Rubens, und Guido,

Reni einer Skizze vom Raphael grau in grau, und der Mosaik wegen merkwürdig, welche letztere den Fürsten Wenzel v. Lichtenstein vorstellet. Auch nehmen sich hierinn noch der kreuztragende Christus von Leonardo de Vinci, und 2 Knaben von Rubens vor andern aus.

Das zweyte Zimmer enthält Gemälde meistens vom Handekatier, Weenix, und Damm.

Das dritte: Antikgemälde, Landschaften, und Bauernstücke; aber vorzüglich sind Gerards Basreliefs.

Aus dem vierten verdienen hauptsächlich die 12 Prospekte von Venedig vom alten Kanallti, und 2 Köpfe vom Seybold genannt zu werden.

Das fünfte nehmen größtentheils 19 mithologische Stücke vom Franzeschini ein.

Im sechsten erscheinen Zeichnungen vom Kastillione, und Gemälde vom Lukka, Giordano, und Pelegrini die Baldi.

Im

Im siebenten zeichnen sich der Hironimcs von Guido, und Gemälde vom Michael Angelo Karavacci aus.

Im achten kommen Stücke vom Poussin, und Pietro Testo vor.

Im neunten verdienen Vandyks Grablegung Christi, und der Hermaphrodit von Albani angemerkt zu werden.

Das zehente: Rubens Familie, und Malereien vom Domenichius.

Das eilfte pranget mit der berühmten Geschichte des Decius vom Rubens in 7 sehr grossen Gemälden.

Endlich kann man noch das Kabinet dazu rechnen, welches vom fünften Zimmer ins sechste führt, und mit verschiedenen geschnittenen Arbeiten, und vortreflichen Malereien geschmücket ist; der vielen Statuen, Bronzen, und Vasen nicht zu gedenken, die der inneren Einrichtung des Palastes nicht weniger zur Zierde gereichen, als die Platfonds vom Palucci.

Die Anzahl der Gemälde beläuft sich nunmehr auf 600 Stücke.

Unter den nicht so alten und neuern Stücken sieht man mehrere vom Vouvermanns, vom Bruyn, vom Bauer von Straßburg (von diesen letztern sind 25 Stücke vorhanden,) vom Hamilton, welcher im Jahre 1733., und von der Rosalba, die im J. 1757. verstorben ist, u. s. w.

Die Stücke dieses berühmten Frauenzimmers sind: das Portrait des Fürsten **Joseph Wenzels**, und seiner Gemahlinn **Josepha**, gebohrnen Fürstinn von **Lichtenstein**.

Wer eine ausführlichere Nachricht von diesem Kabinete zu haben wünschte, kann das im Jahre 1767. unter der Aufschrift: Descrizzione completa di tutto cio che si ritrova nella Galleria &c. di S. A. il Principe di Lichtenstein, herausgekommene, und vom Herrn Vincent Fanti, vormaligen Inspektor des Kabinets, verfaßte Werk zu Rathe ziehen, obwohl dieses Werk nach der dermaligen Verfassung der Galerie nicht mehr brauchbar genug ist, und man mit

Ver-

St: Stephans Dom = und Haupt Kirche.

Verlangen einer neuen Beschreibung entgegen sieht.

Kurze Beschreibung

der merkwürdigsten Kirchen und Klöster.

1. Sankt Stephan.

Billig muß man bey dieser Dom- und Hauptkirche den Anfang zur Beschrei- aller übrigen machen. Ihren ersten Anfang hat sie dem österreichischen ersten Herzoge **Heinrich Jasomirgott** zu verdanken. Dieser Fürst legte, wie aus glaubwürdigen Urkunden erhellet, im J. 1144. den ersten Grund zu dieser prächtigen Kirche, und also im 3ten Jahre, nachdem er die Regierung von Oesterreich angetretten: der Bau wurde ziemlich ämsig betrieben, also, daß

 im

im Jahre 1147. die Kirche vom Reinbrecht, dem passauerischen Bischoffe, zu Ehren des H. Stephan eingewenhet worden. Sie war aber auch damals nicht so groß, als man sie heut zu Tage sieht: ob sie schon gleich Anfangs zur Pfarrkirche gemacht worden. Man muß hier im Vorbeygehen anmerken, daß die St. Stephanskirche zur Zeit ihrer ersten Erbauung nicht, wie itzt, inner den Stadtmauern eingeschlossen gewesen; weil Wien damals eine ganz andere Gestalt hatte, und nachher erst erweitert worden. Im J. 1258. brannte sie vollkommen ab, daß auch von der großen Hitze die Glocken zerschmolzen: man bauete sie wieder auf: aber im Jahre 1265. brannte sie zum zweytenmale ab: worauf sie Ottokar, König in Böheim, nochmal vom Grunde auf wieder hergestellet hat. Im Jahre 1275. war diese Kirche schon in solchem Ansehen, daß, unter dem Vorsitze des päbstlichen Legatens, eine dreytägige Kirchenversammlung gehalten worden: und im J. 1278. stattete K. Rudolph I.

nach

nach erhaltenem Siege über K. Ottokarn, Gott seinen schuldigen Dank in der St. Stephanskirche aufs feyerlichste ab. Im J. 1326. wurde sie durch die angebaute tirnaische, und einige Jahre darauf durch die sogenannte Taufkapelle vergrößert. Im J. 1359. oder besser 1360. aber fienge Herzog Rudolph IV. mit seinen Brüdern Albrecht III. und Leopold sie aufs neue zu vergrössern, den Chor, oder das sogenannte Sanktuarium, und die 2. großen Thürme zu bauen an; und gab der Kirche den Namen zu allen Heiligen, der ihr aber nicht lange geblieben, indem sie bald hernach wieder, wie vorhin, zu St. Stephan genannt wurde. Jedoch konnte dieser Fürst das angefangene Gebäude nicht vollenden; da er 6 Jahre nach angettretener Regierung zu Mayland mit Tod abgienge. Es setzten derohalben Albrecht und Leopold, die Brüder des verstorbenen Herzogs Rudolph, dann Matthias, K. in Hungarn, Kaiser Friedrich IV. und andere nachfolgende Fürsten das

noch

noch Abgängige nach und nach zu, und brachten endlich das ganze Werk in den Stand, in welchem man es itzt erblicket, und bewundert. Dieses ist besonders anzumerken, daß der große annoch unausgebaute Thurm dem andern hätte sollen gleich gemacht werden: und daß, man, obwohlen er nicht höher, als 25. Klafter ist, doch mehr als 200. Jahre daran gebauet, aber das Werk gleichwohl nicht vollendet hat. So viel überhaupt von dem Urspruuge der St. Stephanskirche. Im J. 1365. wurde diese Kirche, welche vorher nur eine Pfarrkirche war, zu einer Probstey und Kollegiatkirche erhoben. Im J. 1468. wirkte ihr K. Friedrich IV. den Vorzug aus, einen Bischof erwählen zu können: und im J. 1623. erhielte sie, auf Vorspruch K. Karls VI. glorw. Ged. auch einen Erzbischof.

Die Länge der Kirche ist 342. die Breite 222. und die Höhe bis zum Gewölbe 78. ein halb. Schuhe. Das Gewölbe der Kirche wird durch 18. freystehende, und eben so viele Wandpfeiler

ler unterstützt. Diese sind so, wie das ganze Mauerwerk, nach gothischer Bauart von lauter gehauenen, aufs genaueste zusammgefügten, mit eisernen Klammern, und in die Fugen gegossenem Bley stark befestigten, und von innen und außen mit unzähligen Bildnissen von Menschen, und Thieren, Säulen, Pyramiden, Rosen, und anderen Schnitzwerken gezierten Quatersteinen aufgeführt.

Der Thurm, welcher einer aus den höchsten in Europa, und auf eine besonders künstliche Art gebauet ist, hält 434. ein halb Schuhe in der Höhe, und stehet gegen der Mittagseite: er ist, wie kurz vorher gesagt wurde, im Jahre 1360. zu bauen angefangen, und im J. 1433. vollendet worden.

Dieser Thurm, es sey entweder aus dem Eigensinne des Baumeisters, (dessen Bildniß in Bildhauerarbeit man in der Kirche unter der Kanzelstiege sieht,) oder durch einen ohngefähren Zufall, oder aus Ursache eines Erdbebens, denn man ist hierüber gar nicht einig; oder aber wahrscheinlicherweise, weil ein Theil

der

der Grundfeste tiefer gesunken, ist, wie man es leicht sehen, und anmerken kann, krumm, und hänget mehr gegen der Nordseite. In diesem Thurme ist, nebst anderen vier kleineren, die beruffene größte Glocke, welche 354. Centner (ohne den Schwengel, welcher insbesondere 1300. Pfunde schwer ist) wiegt. K. Joseph I. hat sie im Jahre 1711. aus einem Theile des von dem Türken eroberten Geschützes gießen lassen.

In dem oben gesagten, gegen der Nordseite stehenden, bisher noch unausgebauteu Thurme, welcher seit dem J. 1579. mit einer kupfernen Kuppel auf einem untergesetzten steinernem Glockengewölbe gedeckt worden, hänget eine andere Glocke, die samt dem Schwengel 28850. Pfunde schwer ist.

Zween andere, aber weit kleinere Thürme, die dem Vorgeben nach, schon im Jahre 1144. zugleich mit der ersten Kirche erbauet worden, sind auf der Abendseite an den zween Flügeln der Hauptpforte, welche im hintersten Theile

des

des Schiffes der Kirche, dem Hochaltare in gerader Linie entgegen, ist. Nebst dieser Pforte sind noch 4. andere, nämlich an jedem Ende der Seitengewölbe eine. Die Breite der Kirche zwischen den 2. großen Thürmen, oder von einer der hinteren 2. Thüren bis zu der anderen ist 37. Klafter, 2. Schuhe.

In dieser Kirche sind 38. größtentheils von Marmor verschiedener Farben erbauete Altäre; sie sind mit Bildnissen von weißem Marmor gezieret, und von einer Bauart, die sich mit ihren von vielen berühmten Meistern verfertigten Gemälden vortheilhaft auszeichnen.

Der überaus prächtige Hochaltar, welcher 25487. Gulden gekostet hat, ist vom Jakob **Bock** von Konstanz, und das auf eine zinnerne Platte gemalte Altarblatt, die Steinigung des **heiligen Stephans** vorstellend, von seinem Bruder Tobias **Bock** verfertiget worden, wofür er, nebst dem täglichen Unterhalte, 1218. Gulden bekommen hat. Die Säulen sind von dem schönsten

schwar=

schwarzen, und die Fußgesimse und Aufsätze von weißem Marmor. Der Tabernakel ist mit kostbaren, und künstlich gearbeiteten Edelgesteinen besetzt, und wird auf 7765. fl. geschätzt. Der grosse kostbare silberne Auffsatz, und die Einfassung des wunderthätigen Mariabildnisses solle auch nicht ungeſ hen gelassen werden.

Es sind in dieser Kirche mehrere merkwürdige Grabmäle; vorzüglich muß man hier von dem Grabmale Kaiser Friedrichs III. welcher im J. 1493. zu Linz verstorben ist, eine etwas umständlichere Nachricht anfügen.

Dieses Grabmal ist an der rechten Seite des Sanktuariums, im rechten Seitengewölbe der Kirche (wenn man von der Hauptpforte in die Kirche geht) gerade unter dem großen Kreuzaltare: es ist, samt der Grundlage, von weissem und rothen Marmor; um und um geht ein niedriges Bogengeländer von dem nämlichen Marmor: es hält 12 Sch. 3 Z. in der Länge, 6 Sch. 4 Z. in der Breite, und 5 Sch. in der Höhe.

Nebst

Nebst mehr als 200. Figuren, deren einige 1. ein halben Sch. andere aber nur einen halben Sch. und noch weniger, hoch, und ungemein fleißig ausgearbeitet sind, (obwohl sie, nach der itzt so vollkommen gewordenen Kunst betrachtet, doch eben nicht sonderliche Meisterstücke können genennet werden) unter anderen Zierathen, sieht man oben auf diesem Grabmale die liegende Bildniß K. **Friedrichs** III.: weil diese Bildniß ziemlich hoch ist, muß man, um sie besehen zu können, auf einen zu diesem Ende unten an dem Fuße des Altars gesetzten marmorsteinernen Staffel steigen. Der Monarch ist in Lebensgröße, mit dem kaiserl. Ornat, der Krone auf dem Haupte, in der rechten Hand den Reichsapfel, und in der linken den Zepter haltend, vorgestellt. Neben ihm sieht man ein aufgewickeltes Blatt mit den 5 Selbstlautern, A. E. I. O. U. über welche man verschiedene Auslegungen gemacht hat. Dieses prächtige Grabmal hat 40000. Dukaten gekostet.

An der linken Seite des Sanktuariums, im linken Seitengewölbe der Kirche, welches mit dem erstgesagten paralel ist, steht man ein anderes Grabmal, auf welchem zwo aus Stein gehauene Bildnissen in Lebensgröße ruhen. Die dabey befindliche lateinische Inschrift latet also:

„*Alberti Ducis Austrialis jacet inclyta proles.*
„*Conjugis ipsius de Ferretisque Joannæ*
„*Hoc tumulata locô populo recolenda devoto.*

Es ist klar, daß alhier vom **Albrecht** II. mit dem Beyname der **Weise**, oder der **Lahme**, die Rede ist: weil aber der Name, und der Sterbtag des alhier begrabenen Kindes nicht angemerket worden, weiß man eigentlich nicht, wer es gewesen: und man hält es, nur durch eine Muthmaßung, für **Friedrich**, den Sohn **Albrechts** II. * Es bleibt noch

* Friedrich, den man hier begraben zu seyn glaubt, ist im J. 1362. den 10. Christm. durch einen tödtlichen Schuß alhier sehr frühzeitig ums Leben gekommen.

noch ein anderer Zweifel übrig. Von zwoen auf dem Grabmale ruhenden Bildnissen hat die eine, welche eine Mannsperson vorstellet, einen Herzogshut; die des Frauenzimmers aber eine königliche Krone; aus welchem Umstande man vielleicht mit einigem Grunde schlüßen könnte, daß dieses Grabmal vielmehr nur ein Leichenstein, als ein wahres Grabmal ist, welcher zur Ge- Gedächtniß **Rudolphs** IV. und seiner Gemahlinn **Katharina**, einer königl. Prinzeßinn aus Böheim, und Tochter K. **Karls** IV. errichtet worden.

Das Grabmal des durchlauchtigen Helden Prinz **Eugen** von Savoyen ist im hintersten Theile der Kirche, an der Abendseite, in der sogenannte Kreuzkapelle.

Zur Linken des Gegitters, am Eingange in diese Kapelle sieht man das Grabmal des berühmten Geschichtschreibers, Philosophens, Arztes, Redners, Dichters, und Bürgermeisters zu Wien, **Johann Spießhamers**, (*Joannes*

Cuſpinianus) ſamt folgender von ihm ſelbſt aufgeſetzter Inſchrift:

JOANNES CVSPINIANVS,
Doctor,
quondam Ciuitatis Viennenſis Praefectus.
ANNA MARIA,
octo liberorum Mater,
AGNES,
altera Conjux.

Excolui primum *Muſas*, *et Apollinis Artes*,
Nempe fui *Medicus*, tàmque *Poëta* ſimul,
Poſtea me *rebus* natum *majoribus* auxit
CAESAR, et ornauit *Praeſidis* officiô.
Illa igitur noſtro ſint verba inſcripta ſepulchro,
Vitam vixi olim; CVSPINIANVS eram:
Hiſtoriae immenſae monumenta aeterna reliqui,
Viuus in his ſemper CVSPINIANVS erit,

Vi-

Vixit Annis LVI.
Annô M.D.XXIX. Menſe Aprilis, die 19.
obiit.

NOMINA LIBERORVM.

Sebaſtianus Felix. *Nicolaus Chryſoſtomus.*
Leopoldus Anaſtaſius. *Anonymus.*
Anna Theodora. *Joanna Agatha.*
Helena Alexandra. *Barbara Sophia.*

Unter den Grabmälen mehrerer wieneriſchen Biſchöffe kann man beſonders zwey anmerken: das eine, in welchem der im J. 1751. verſtorbene Kardinal **Kollonitz**, das andere, in welchem der im J. 1757. ebenfalls allhier mit Tod abgegangene Kardinal **Trautſohn**, ihren Ruheplatz haben: beyde ſind an der Mitternachtſeite, im linken Seitengewölbe der Kirche, wenn man von der Hauptpforte hineingehet, zur linken Seite.

Eben bey St. Stephan werden die Eingeweide der aus dem Hause Oesterreich verstorbenen Fürsten und Fürstinnen in eine Gruft beygesetzt, welche schon vom Rudolph IV. erbauet worden; die aber nachher also in Vergessenheit gekommen, daß niemand von ihrem Daseyn, oder Platze etwas wußte; endlich ist sie aber unter der Regierung K. Ferdinands III. durch einen ohngefähren Zufall wieder entdeckt worden. Es waren die Gebeine Albrechts III. (gestorben im J. 1390.) Albrechts IV. (gestorben im J. 1404.) und einiger anderen höchsten Personen aus dem Hause Oesterreich, vom beyderley Geschlechte darinnen; von welchen zwölf in der nämlichen Kirche begraben worden: der erste darunter war Friedrich der jüngste Sohn Albrechts II. welcher im J. 1362. unglücklicher Weise auf der Jagd erschossen worden, * und Ru-

* Von eben diesem ist kurz vorher gemeldet worden. Der berühmte österreichische Geschichtschreiber Gerhard von Roo sagt, daß er schon im 15ten J. seines Alters mit Tode abge-

Rudolph IV. welcher im J. 1365. verstorben ist: die letzte aber Maria, eine Tochter K. Maximilians II. welche im J. 1564. noch in der Wiege verstorben ist.

Die Schatzkammer der St. Stephanskirche hat einen grossen Ueberfluß an goldenen und silbernen, mit Edelgesteinen reichlich besetzten Reliquienkästchen, an einer sehr großen Menge verschiedener HH. Reliquien, an Silbergeschirren, an kostbaren Kirchenschmucke, Altarzierathen, u. s. w.: sie verdienet allerdings besehen zu werden.

Der sogenannte
St. Stephanskirchhof.

Außer den verschiedenen Stücken, welche theils zur Vestigkeit des Gebäudes, theils zur Zierde desselben dienen, (z. B.

G 4 ver-

gegangen, ohne die Art des Todes anzugeben. Cuspinianus schreibt zwar, daß Albrecht II. 4 Söhne, und 2 Töchter erzeuget habe; allein eben Friedrich III. hat er völlig mit Stillschweigen übergangen.

verschiedene Stützbögen, (*Arcsboutans*) Pyramiden, Obelisken, u. s. w.) und mit vieler Mühe bearbeitet worden, findet man noch von außen um diese ansehnliche Kirche eine Menge sehr alter Basreliefs, Bildnisse, und eine große Menge an die Mauer befestigter Leichensteine. Unter diesen ist z. B. auch jener des **Konrad Celtes** (*Celtes Protucius*) der eigentlich Meißel soll geheißen haben: er war im J. 1449. zu Schweinfurt bey Würzburg im Frankenlande gebohren, und ist im J. 1508. zu Wien verstorben. In der Mitte dieses Steines ist ein halb erhabener gehauener Lorberkranz, als das Zeichen der Ehre, welche **Celtes** erhalten hat, als er zum ersten Dichter in Deutschland gekrönet, und ihm der Lorberkranz von dem Kaiser selbst aufs Haupt gesetzt worden. Eben dieses **Konrads Celtes** hat sich **K. Maximilian I.** als er den ersten Grund zum kaiserlichen Büchersale legte, mit Vortheile bedienet. Nicht weit davon sieht man eine aus Stein gehauene Kanzel, welche deswegen merkwürdig

ist,

ist, weil der H. Johannes Kapistranus im J. 1451. alda geprediget hat; zur Gedächtniß ist die Bildniß dieses Heiligen in Lebensgröße oben auf diese Kanzel gesetzt worden.

Noch kann man ein altes römisches Denkmal anmerken, über dessen Erklärung sich die Gelehrten zwar viele Mühe gegeben, aber doch noch nichts gewisses ausgemacht haben.

Es bestehet aus einem blaulichten Steine, welcher beym unteren Thore, * durch welches man vom Erzbischofhofe in den St. Stephankirchhofe kömmt, unten in die Mauer gesetzt ist. Drey Personen sind bis auf den halben Leibe in einem Basreliefe gehauen; die zur rechten Seiten ist ein Mann, der seine rechte Hand an die Brust hält; die zur linken ein Weib, das mit ihrem Zeigefinger auf den Mann weiset; und in der Mitte, ein wenig weiter vorne an, ein Kind, das mit beyden Händen

* Man kann noch durch ein anderes Thor vom Erzbischofhofe in den Kirchhofe kommen, welches das obere kann genannt werden.

einen Vogel hält. Die drey Figuren sind mit einer Einfassung umgeben, unter welcher man drey Hunde sieht, davon zween die Ueberbleibsel eines getödteten Thieres auffressen, und der dritte einem Hasen nachsetzt. Ein wenig weiter unten lieset man folgende zwischen zwoen Säulen ,ingehauene Inschrift:

P. TITIUS.
FINITUS.
V. F. SIB. ET
IUCUNDÆ. CIVIS
FIL. CON.
AN. XL.

2. Die Kirche bey St. Ruprecht.

Wir wollen von dieser Kirche nur überhaupt anmerken, daß sie die älteste Kirche in Wien ist, weil sie um das J. 740. erbauet worden: wie folgende am

Bo-

Bogen des Gewölbes befindliche Inschrift zeiget:

Hoc. Sacellum. Sancto.
Ruperto. Sancti. Cunaldus. &.
Gisalricus. Avarum. Conversioni.
Destinati. Apostoli. erexerunt.
Anno. DCCXL

Als sie endlich baufällig geworden, ist sie durch die Freygebigkeit Georgs von Auersberg wieder vom Grunde auf im J. 1436. neu erbauet worden. Dies bezeugt folgende an die eine Seite des Bogens gehäftete Inschrift:

Georgius ab Auersberg
Nobilis Carniolanus
pene collapsam restauravit
Anno MCCCCXXXVI.

Auf der andern Seite des Bogens lieset man:

Georgius Nagl
Cæs. Officii Salinaris Præfectus,
Quorumdam Liberalitate adjutus,
iterum Ruinosam restauravit,
Anno MDCXXII.

Noch

Noch auf einer andern Seite des nämlichen Bogens stehet folgendes:

JOANNES BAPT. BARTOLOTTI
LIB. BARO à PARTENFELD,
Sac. Cæs. Maj. Supr Regiminis Austriæ
Consiliarius,
Ibidemque Redituum Salis Præfectus,
denuò ornavit, & reparavit.
Anno MDCCIII.

3. St. Peter.

Die erste Erbauung dieser Kirche muß ebenfalls sehr weit hinausgesetzet werden; weil sie schon von K. **Karl** dem **Großen**, um das J. 792. erbauet worden. Jedoch von diesem ersten Gebäude ist heut zu Tage nichts mehr übrig; obwohlen diese Kirche schon im J. 1276. zur Pfarrkirche gemacht worden, war sie doch sehr klein, dunkel, und wurde endlich durchaus baufällig. Zu

An=

St. Peters Kirche

Anfange dieses Jahrhunderts ist sie wieder von neuem erbauet worden; K. Leopold hat im J. 1702. den ersten Stein zum Grunde gelegt.

Diese Kirche ist anitzt eine Kollegiatkirche, sie hat einen Dechant, und mehrere Weltgeistliche, welche seit einigen Jahren durch den verstorbenen Herrn Joachim von **Schwandnern**, I. k. k. ap. Maj. Rath, gestiftet worden, dessen marmorsteinernes Grabmal man auch in dem Sanktuarium alda siehet.

Sie ist übrigens eine unter den schönsten wienerischen Kirchen, und ovalrund; oben auf ist eine mit Kupfer gedeckte, und in der Höhe mit einer Laterne versehene Kuppel. Alle innere Wände sind marmorirt, und in Glanz geschliffen. In dieser Kirche sind (den Hochaltar, welcher sehr schön ist, und erst im J. 1729. fertig geworden, mitgerechnet) 8 Altäre.

Im J. 1756. ist der Eingang mit einem prächtigen Portalle aus grauem Marmor verherrlichet worden; die darauf stehende zierliche Statuen sind vom

Herrn

Herrn Koll verfertiget worden. (Man sagt, daß sie Herr Donner gemacht hätte, allein er war schon eher verstorben; selbst der Unterscheid der donnerischen, und kollischen Werke kann uns hierüber belehren: der Irrthum mag vielleicht daher gekommen seyn, weil Herr Koll die vom Herrn Donner zurückgelassene Wittwe zur Ehe genommen: man hat also die vom Herrn Koll verfertigte Arbeit mit Unrecht dem Herrn Donner zueignen wollen.) Herr von Schwandner hat diese neue Zierde in seinem letzten Willen angeordnet.

Man sieht noch in dieser Kirche, wenn man zur Hauptpforte hineingeht, zur linken Seite, das Grabmal des berühmten Herrn Wolfgang Lazius, * welcher sich um sein Vaterland, und die Wissenschaften so verdient gemacht hat, mit folgender Inschrift:

Mag-

* Vom Lazius hat Hr. v. Kauz im Versuche einer Geschichte der österr. Gelehrten. Leipzig 1755. S. 143. gehandelt.

Magnifico. Nobili. Clarissimo.
atque.
Viro. Summa. Eruditione. ornatissimo.
Domino
WOLFGANGIO. LAZIO.
Viennensi.
Philosophiæ. atque. Medicinæ.
Doctori. &. Professori. Primario.
Celleberrimi. Archi Gymnasii.
Viennensis. Rectori. &c.
Superintendenti. Cæsareo. &. Ejusdem.
Sacræ. Cæsareæ. Majestatis.
FERDINANDI.
Sanctissimæ. Memoriæ.
Consiliario. &. Historico. Peritissimo.
Defuncto.
Anno. Domini. MDLXV. Die. XIX. Jun.
Positum.
MDLXXXVI.

2. Die

4. Die Kirche, und das vormalige Profeßhaus der Jesuiten auf dem Hofe.

Das Profeßhaus der Jesuiten war in den vorigen Jahrhunderten die Residenz der österreichischen Landesfürsten: eben aus dieser Ursache wird der große Platz vor diesem Gebäude der Hof genannt.

Im J. 1276. ist diese Residenz beynahe ganz vom Feuer verzehret worden. K. Ottokar ließe sie wieder erbauen; bewohnte sie aber nicht: sie wurde zum Münzhause, im J. 1336. aber zum Kloster der Karmeliten gewidmet, endlich im J. 1554. durch K. Ferdinand I. den Jesuiten geschenkt. Im J. 1625. machte K. Ferdinand II. das Profeßhaus daraus.

Den Vorschopf der Kirche, welcher vor Alter baufällig geworden, hat die K. Eleonora von Mantua, K. Ferdinands II. rückgelassene Wittwe, mit

Pag. 112.

Kirche am Hofe

mit kaiserlicher Freygebigkeit neu errichten, und zieren lassen: dies Werk ist nach ihrem Hinscheiden im J. 1660. angefangen, und im J. 1663. vollendet worden. Die Inschrift lautet also:

ANNA. ELEONORA. AUGUSTA.
DEO. REGINÆQUE. ANGELORUM.
POSUIT. A. MDCLXII.

Die Kirche ist groß, hell, schön, und mit vielen Altären, und reichen Kirchenornaten versehen. Der neue Chor, und das rasche wohlklingende Orgelwerk verdienen besehen zu werden.

Der oben gesagte Platz (der Hof) hält 71. Klafter in die Länge, und über 51. eine halbe Klafter in die Breite.

Nach Aufhebung des Jesuitenordens ist das vormals auf diesem Platze gestandene Profeßhaus in die k. k. Kriegskanzley verwandelt worden. Ausser der grossen Bequemlichkeit, daß nun alle Kriegsdepartements in einem Haus beysammen sind, hat auch der Platz selbst durch dieses Gebäude an Schönheit und Regelmässigkeit gewonnen.

Das Profeßhaus hatte immer eine gute Büchersammlung, die größtentheils schon K. Ferdinand II. den Jesuiten geschenket hat. Sie ist nun der Universitätsbibliothek einverleibet worden.

5. Die Kirche und Abtey der schottischen Benediktinermönche.

Man nennet diese Benediktinermönche gemeiniglich die Schotten, weil Heinrich der Erste, Herzog von Oesterreich, welcher diese Kirche samt dem Kloster um das J. 1155. zu bauen angefangen,

gen, beyde im J. 1158. den Benediktinern aus Schottland geschenket, und ihnen die Pfarrverrichtungen ausgewirket hat, welche damals verschiedene Häuser in Deutschland hatten, und in ziemlichen Rufe waren. Im J. 1418. sind ihnen deutsche Benediktinermönche im Besitze der Kirche, und des Klosters gefolgt.

Schon vom Anfange ihrer ersten Errichtung scheinen diese Gebäude zu mehrmaligen Feuersbrunsten bestimmt gewesen zu seyn. Im J. 1275. ist das Kloster samt der Kirche, und dem ganzen Schottenviertel; im J. 1488. sind die Thürme dieser Kirche, und die größte Glocke mit noch 5. anderen; im J. 1635. ist wieder der Kirchthurm, und im J. 1683. die Kirche, der Thurm, das Kloster, und alle anstossende Gebäude durchs Feuer verzehret worden. Im J. 1529. wurde das Kloster von der eingelegten Miliz sehr mißhandelt, und die Bibliothek vrheeret. Die itzige Kirche, welche nach dem im J. 1590. gemachten Plan zu erbauen angefangen worden, * ist ziemlich groß, und wohl geziert, sie wird auch immer sehr reinlich gehalten, welches gewiß sehr viel zur Schönheit eines Gotteshauses beyträgt. Unter mehreren andern Grabmälern sieht man auch alhier jenes des berühmten Feldmarschalls Herrn Grafen von **Kevenhüller**, welcher durch die in Oberösterreich, und Bayern erfochtenen herrlichen Siege mit Lorbern gekrönet, zu Anfange des J. 1744. verstorben ist.

Herzog **Heinrich**, welcher im J. 1177. verbliechen, hat in der ersten Kirche dieser Abtey, die er erbauet, sein Begräbniß gewählet, und einen Jahrtag gestiftet, welcher alle Jahre den 13. Jäner gehalten, und darunter den Armen Brod und Wein ausgespendet wird.

In

* Weil aber diese Kirche im J. 1683. das Feuer wieder verzehret hat, versteht sichs, daß die itzige Kirche nur nach dem vorigen Plane (nach der Feuersbrunst) wieder erbauet worden; und daß man also das Alter derselben nicht bis aufs J. 1590. hinaussetzen könne.

In der Abtey selbst ist nichts Anmerkungswürdiges, ausser einer kleinen Bildergalerie des Hrn. Prälaten, von der 8. der schönsten Stücke in die kais. Galerie gekommen, aber doch durch andere ersetzet worden; die Abtey nimmt einen sehr grossen Platz ein, weil mehrere andere Gebäude dazu gehören, worunter das ansehniichste der sehr grosse und weitläuftige Schottenhof ist: in welchem eine Menge grosse, und schöne Wohnungen sind, die verschiedenen Privatpersonen im Zinse verlassen werden.

Im Kreuzgange, in welchen man von der Kirche kommen kann, ist eine grosse Anzahl sehr alter Leichensteine.

6. Die Kirche und das Kloster der Minoriten.

Die Kirche und das Kloster sind im J. 1224. von Herzog Leopold dem Glorreichen gestiftet worden. Der H. seraphische Franciskus, welcher damals noch lebte, sendete eine geringe Anzahl Geistliche hieher, vom Kloster, und der Kirche Besitz zu nehmen. Die Gebäude, welche Anfangs nur sehr klein waren, brannten im J. 1275. ab, und wurden vom K. Ottokar wieder neu erbauet, welcher auch schon damals den Anfang zur Grundfeste der itzigen Kirche, wie man sie heut zu Tage sieht, hat machen lassen; sie wurde jedoch nur erst zum Anfange des vierzehnten Jahrhunderts durch Blanka aus Frankreich, die Gemahlinn Rudolphs III. Herzogs in Oesterreich, und Königs in Böhmen fortgesetzt, und nach dem im

J. 1305. erfolgten Hinscheiden dieser Prinzessinn (welche auch alda begraben worden, und zur weiteren Fortsetzung des Baues 1000. Pfunde in ihrem letzten Willen verordnet hat) durch **Isabella** von Arragonien, die Gemahlinn K. **Friedrichs** III. vollendet.

Diese Kirche ist eine von den größten in **Wien**, und mit 10 Altären versehen: es sind hier, nebst der eben vorhergesagten K. **Blanka**, der K. **Isabella**, und der letzten Gräfinn von Tyroll, **Margaretha**, sehr viele vornehme Personen begraben.

Im J. 1569. hat ein protestantischer Prediger die Kirche, samt einem Theile des Klosters in Besitz genommen, und die **Minoriten** haben nur noch den Chor, und die **Katharinakapelle** übrig behalten; bis die Protestanten im J. 1622. wieder ausgetrieben worden.

Das Kloster, welches vom Alter baufällig wurde, ist im Jahre 1743. vom K. **Franz** I. glorw. Ged. und unserer frömmsten **Monarchinn** wieder neu erbauet worden.

P. Alexander hat eine schöne Medaillen- und Naturaliensammlung durch viele Jahre mit Mühe zusammengetragen, welche man itzt in der Bibliothek des Klosters mit Vergnügen sehen wird.

Zu Anfang des 16ten Jahrhunderts war aus diesem Kloster berühmet der Minorit, **Johann Rikuzius Vellini**, oder wie er sich von seiner Vaterstadt Kamerino in Welschland, in allen seinen Schriften nannte, **Johann Kamers**, Regens im hiesigen Konvente seines Ordens, und Professor der Theologie auf der Universität.

7. Die Kirche bey St. Michael, und das Kollegium der Barnabiten.

Diese Kirche ist eine von den 3. Hauptpfarrkirchen der Stadt: St. Stephan, und die Kirche bey den Schotten, sind die zwo übrigen. Man weis das Jahr ihrer ersten Erbauung

eben

eben nicht genau; sie war jedoch schon im J. 1276. eine Pfarrkirche, die erste Stifterinn war, den alten Urkunden gemäß, eine fromme Wittwe. Im gesagten J. 1276. ist sie ganz abgebronnen, einige Zeit nachher aber wieder erbauet, im Jahre 1330. vom **Rudolph** und **Otto**, den Herzogen von Oesterreich, vergrößert, und endlich im J. 1416. vom K. **Albrecht** V. in den Stand, wie man sie itzt sieht, gesetzt worden. K. **Ferdinand** II. hat sie im Jahre 1626. samt dem Kollegium den regulirten Geistlichen von der Kongregation des H. Paulus, insgemein **Barnabiten** genannt, eingeräumet.

Die Kirche ist schön, und groß; sie besteht aus dem Schiffe, und zweyen Seitengewölben: der Hochaltar ist auf die römische Manier gemacht, der Tabernackel ist sehenswürdig: nebst diesem sind noch 15. andere Altäre in dieser Kirche.

Im Chor sieht man Denkmäler der trautsohnischen Familie, welche verdienen betrachtet zu werden.

Ueber dem Haupteinzange der Kirche, auf dem sogenannten Michaelerplatze, steht eine Gruppe, die den heil. Erzengel Michael, den überwundenen Drachen unter die Füsse trettend; dann einen Schutzengel, der ein Kind bey der Hande hält, und einen andern Engel, welcher eine Lilie hält, vorstellet. Diese Statuen sind vom Lorenz Matthielli, und werden, samt dem ganzen Portalle, von dorischer Ordnung sehr geschätzt.

Das Kollegium ist nach neuerer Bauart, und sehr groß: besonders, wenn man die zwey daranstossenden, und auch dazu gehörigen Häuser (das alte, und neue Michaelerhaus) mitrechnet.

In dieser Kirche sieht man das Grabmal des Kammerzahlmeisters von Mayer, wozu Hr. Denis die Aufschrift gemacht.

8. Die

8. Die Kirche und Probstey der regulirten Chorherren des Ordens des h. Augustins bey St. Dorothea.

Diese Kirche war Anfangs nur eine Kapelle, die im Jahre 1357. vom H. Albrecht II. (welcher das Jahr darauf verstorben) für Weltgeistliche zu bauen angefangen, und von seinem Sohne Rudolph IV. im J. 1360. vollendet worden. Im J. 1410. hat der letzte Benefiziat der bey dieser Kirche angestellten Weltgeistlichen, Andreas Plank, Pfarrer in Gars, Lehrmeister und nachmaliger Kanzler Albrechts V. von diesem Fürsten ausgewirket, daß ein Probst, und ein Kollegium der regulirten Chorherren des h. Augustins alda möchte angestellet werden, welches auch im J. 1414. geschehen ist.

Obwohlen die Kirche nicht gar groß ist, muß man sie doch ohne Widerspruch un-

unter die zierlichen wienerischen Gotteshäuser setzen: sie ist von einer niedlichen Bauart, und die Wände sind marmorirt, und in Glanz geschliffen. Nebst dem schönen Hochaltare sind noch 6. andere Seitenaltäre, und zwo kleine Kapellen. An verschiedenen vergoldeten Zierathen ist nichts gesparet worden. Der Eingang zwischen den zween Thürmen ist sehr artig.

In dieser Probstey sind verschiedene wahrhaft gelehrte Männer, unter welchen sich Hr. **Stütz**, als Naturalienkenner, besonders auszeichnet.

In der **Kreuzkapelle** (einer von den zwo kleinen Kapellen) sieht man das merkwürdige Grabmal, welches **K. Karl V.** dem Grafen **Niklas Salm**, der im J. 1529. zu **Wien** an den bey der Vertheidigung dieser Stadt gegen die Türken empfangenen Wunden verstorben ist, hat errichten lassen.

Das Wohngebäude des infulirten Herrn Probstes, oder Prälatens, unter welchen die Chorherren stehen, stößt an die anderen zur Probstey gehörigen

Häu-

Häuser, und alle zusammen erstrecken sich weit in die sogenannte obere und untere Dorothegasse.

Die daselbst vorfindige schöne Bibliothek verdienet gesehen zu werden.

9. Die Kirche und das Kloster der Augustiner.

K. Friedrich der Schöne, samt seinen Gebrüdern Albrecht II. und Otto, Herz. von Oesterreich, hat die Kirche samt dem Kloster für die Eremiten des H. Augustins um das Jahr 1227. gestiftet. Im J. 1630. hat sie K. Ferdinand II. den reformirten, oder barfüssigen Augustinermönchen übergeben, und ihre Kirche zur Hofkirche gemacht: von dieser Zeit an werden alle Vermählungsceremonien der Personen von der K. Familie, wie auch die Leichenceremonien, u. s. w. in dieser Kirche gehalten.

Das

Das Gewölbe der Kirche wird durch 8. sehr große Säulen unterstützt: das Schiff der Kirche hält 132. Sch. in der Länge, 90. in der Breite, und 61. in der Höhe. Der Raum des Chors ist 138. Sch. lang, 54. Sch. breit, und 80. Sch. hoch.

Im Schiffe der Kirche ist die **Lorettokapelle**, welche **Eleonora von Mantua**, die Gemahlinn **K. Ferdinands** II. im J. 1627. hat erbauen lassen. Damit solche desto genauer mit der Kapelle zu **Loretto** überein-stimmen möchte, sind im J. 1624. drey Baumeister in Italien geschickt worden, um die gesagte lauretanische Kapelle nach allen ihren Theilen abzumessen, und die ganze Gestalt von innen, und außen abzuzeichnen. Man sieht also an der wienerischen das ächte Ebenbild der wahren l a u r e t a n i s c h e n Kapelle, oder des Hauses der Gottesgebährerinn. In dieser Kapelle werden seit ihrer Errichtung die Herzen aller aus dem höchsten

Hau-

Hause von Oesterreich verstorbenen Fürsten und Fürstinnen beygesetzt: diese Kapelle hat einen sehr großen Schatz.

In der Augustinerkirche trifft man viele marmorsteinerne, und andere merkwürdige Grabmäler an.

Von der Kirche kömmt man in eine angebaute ziemlich große Kapelle, die **Otto**, Herzog von Oesterreich, um das J. 1337. zu Ehren des h. **Georgius**, und für die Ritter des **Georgiusordens** hat erbauen lassen. **K. Ferdinand** II. hat diese Kapelle nachher im J. 1634. der Todtenbruderschaft überlassen: von welcher Zeit an sie auch den Namen der Todtenkapelle erhalten. In diesem Orte ruhen die körperlichen Bestandtheile vieler großer Männer. Wir wollen hier von den Grabmälern des Grafen **Philipps**, und des Grafen **Leopolds** von **Daun**, und der unvergeßlichen Zierde unserer hohen Schule, des **Freyherrn Gerhards van Swieten**, (wel-

(welcher im Brachm. 1772. voll der Verdienste verstorben ist) eine Meldung machen. Das erstere ist vom Marmor, und wurde im J. 1741. zur Gedächtniß dieses kaiserlichen Generalfeldmarschalls errichtet. Das zweyte ist ebenfalls vom Marmor, das Portrait, und die Siegeszeichen aber von gelbem vergoldeten Metalle. Dieser berühmte Feldmarschall der kaiserlichen Völker, welcher im letzten Kriege das kaiserliche Heer angeführt, und sich sehr berühmt gemacht hat, ist im J. 1764. alhier mit Tode abgegangen. Das dritte ist zur Ehre des Freyherrn ebenfalls auf allerhöchsten Befehl errichtet worden. Nicht vergnügt genug, daß der Freyherr in eben dieser Kapelle unter den Helden seinen Ruheplatz haben sollte, wollte die dankbarste, zur Belohnung der Dienste berühmter Männer so thätige Monarchinn das Angedenken dieses unsterblichen Mannes noch durch ein prächtiges marmorsteinernes Denkmal * auch auf die

* Herr Balthasar Moll ist der Meister dieses Denkmals.

die Nachwelt verpflanzen. Es seye uns vergönnt, zur Ehre des Freyherrn hier folgendes einzurücken:

Viderat *Austriacis* *SWIETENUM* *Juppiter* oris
Pœoniæ faciem viderat esse *novam*:
Peste *facultatum* pulsâ, *chymicisque* chymeris
Hoc Duce jam *summô* cuncta vigere *locô*.
Nunc mihi vos *Celsum*, *Coumque* opponite vestrum
Romani, & *Graji*, nil juvat istud, ait:
SWIETENUS *Medicam* felix qui condidit artem
Hippocrates, *Celsus*, *Cynthius* ipse fiet.
F. X. de Wasserberg posuit.

In der Augustinerkirche sind, über die Loretto= und Todtenkapelle, noch andere Kapellen. Altäre zählt man, die in der Todtenkapelle mitgerechnet, zween und zwanzig. Von den merkwürdigsten Altarblättern wird weiter unten eine Meldung geschehen.

Das Augustinerkloster ist sehr weitläuftig, und wohl gebauet: es erstrecket sich von der Gasse gleiches Namens bis auf die Pastey.

10. Die Kirche, und das Kloster der Kapuziner.

Diese Kirche, und das Kloster (oder Konvent) welche K. Mathias, und seine Gemahlinn Anna von Oesterreich gestiftet haben, konnten, wegen dem zu frühzeitigen Hinscheiden der durchlauchtigsten Stifter, bey ihrem Lebzeiten nicht mehr erbauet werden; dieses geschahe nur erst im J. 1622. durch K. Ferdinand II. Sie sind mit der den Kapuzinerkirchen, und Klöstern durchaus gewöhnlichen Einfalt bezeichnet; eine Kapelle ausgenommen, die von der übrigen Kirche nur durch ein einfaches Gegitter abgesondert ist, und ebenfalls durch die K. Anna gestiftet wor-

worden; diese Kapelle hat einen ziemlich beträchtlichen, in die schönste Ordnung eingetheilten Schatz; den man nicht ungesehen lassen muß: er ist größtentheils von der K. Stifterinn der Kapelle geschenkt, von der glorwürdigst regierenden Monarchinn aber mit einer Menge Kostbarkeiten, die vorhin in der kais. Schatzkammer in der Burg waren, bereichert worden. *

Bey den Kapuzinern ist auch in einem weitläuftigen unterirrdischen Gewölbe die Gruft der Fürsten aus dem Hause von Oesterreich, vom K. Mathias anzufangen. Der Körper dieses Monarchen, welcher im J. 1619. im März verstorben ist, ruhete neben seiner K. Gemahlinn, die nur wenige Monate vorher verblichen war, in der Kirche des königlichen Frauenklosters der Klarisserinnen; ** beyde wurden erst

* Man kann die Beschreibung dieses Schatzes bey P. Fuhrmann Beschreib. der Stadt Wien, 2 T. 1 B. 10 K. S. 189 = 196. nachlesen.

** Diese Kirche samt dem Kloster wurde im Jahre 1582. von Elisabeth von Oesterreich der Wittwe Karls des Neunten, Königs in Frankreich, die auch alda begraben ist, erbauet.

im J. 1633. mit vielem Pracht zu den Kapuzinern übertragen.

Von dieser Zeit an sind 53. Körper der nachfolgenden Kaiser, Kaiserinnen, Prinzen, und Prinzessinnen alhier beygesetzt worden. Man sieht hier ihre prächtige metallene, und vergoldete, marmorsteinerne ꝛc. Grabmäler: besonders unterscheiden sich die des K. Leopolds, des K. Josephs I. und des K. Karls VI. Das Grabmal der Eleonora von Neuburg, der dritten Gemahlinn K. Leopolds, ist wegen seiner besonderen Einfalt merkwürdig. Diese tugendvolle Prinzessinn wollte für ihr ganzes Grabmal nur einen hölzernen Sarg, mit diesen Worten anstatt der Grabschrift:

Eleonora Magdalena Theresia, arme Sünderinn †. 20 Jäner. 1720.

Allein unsere frömmeste Monarchinn hat die Tugenden dieser christlichen Heldinn durch eine neuere hinzugefügte Inschrift verbreitet.

Im J. 1703. vergrösserte K. Leopold den Begräbnißort der Fürsten aus sei-

seinem kaiserlichen Hause mit einer neuen Kapelle; * und liesse einen Altar nach der römischen Bauart mit 6 Statuen von weissem Marmor hineinsetzen. Der Freyherr Peter von Strudel war der Meister dieser Statuen; unter welchen die Hauptfigur die seligste Jungfrau in ihrem Schmerze am Kreuze sitzend, und den Leichnam ihres göttlichen Sohnes auf den Knien haltend, vorstellt.

Ein wenig hinter diesem Altare erblickt man das prächtige Grabmal, aus einer Komposition von Zinn, welches die Kaiserinn Königinn Maj. für sich, und ihren kaiserlichen Gemahl schon im J. 1743. hat verfertigen lassen.

Das ganze Grabmal ruhet auf 3. marmorsteinernen Stuffen, und stellt einen großen viereckigten Sarg vor, auf des-

* Die allergnädigste Monarchinn hat im J. 1758. ein neues Mausoleum, weil das vorige schon angefüllet war, erbauen lassen. Die gewölbte Decke hat Herr Ignatz Mülldorfer gemalt: das Grabmal aber nebst mehreren anderen kleineren, und grösseren, in welcher die aus der k. Familie verstorbene Personen ruhen, der Herr Balthasar Moll verfertigt. Eine weitere Beschreibung kann man bey Hrn. P. Fuhrman nachlesen.

dessen Deckel die halbliegende Bildnisse K. Franz I. und der Kaiserinn Königinn Maj. ruhen, und von einem Sinngeiste mit der Krone der Unsterblichkeit gekrönet werden. Das römische Reich, das Königreich Jerusalem, und die Königreiche Hungarn, und Böheim sind in Gestalt trauervoller Personen an den 4 Ecken des Sarges.

Weil in dieser unterirrdischen Kirche alle Tage mehrere Messen gelesen werden, kann man auch alle Tage hinunter gehen: es führt aber der P. Kapuziner, dem die Besorgung der Grabmäler anvertrauet ist, die Fremde, und andere Personen, welche es verlangen, auch zu anderen Stunden des Tages in dieses herrliche Mausoläum.

11. Die Kirche zum heil. Geist, St. Klara, und Allenheiligen, im Bürgerspitale.

Diese Kirche, (die heut zu Tage eine Pfarrkirche ist) gehörte vormals zu einem Kloster der Klarisserinnen, welches Rudolph III. König in Böhmen, und seine Gemahlinn Blanka im J. 1303. samt der Kirche gestiftet haben: man sieht alda auch die Leichensteine mehrerer Prinzessinnen aus dem Hause Oesterreich, die in diesem, im J. 1529. aufgehobenen Kloster, als Chorfrauen gelebt haben: und bey einem sehr alten Altar findet man unter anderen kleinen vom Holz geschnitzten Figuren die Portraits Rudolphs, des Sohnes Albrechts, und seiner Schwester Katharina, welche mit einem Klosterfrauenkleide bezeichnet ist.

Das Bürgerspital, ausser welchem sonst keines in der Stadt ist, wohin es im J. 1530. von der Vorstadt übertragen worden, enthält nichts anmerkungswürdiges: es nimmt einen sehr grossen Raum ein, und besteht aus mehreren Höfen. In diesem Gebäude ist auch eine Bräupfanne; und die medicinisch-praktische Lehrschule.

12. Die vormalige Kirche, und Novitiathaus der Exjesuiten bey St. Anna.

Diese Kirche ist zwar eben nicht groß, sie verdienet aber doch wegen ihren marmorirten, und vergoldeten Verzierungen gesehen zu werden. Das Gebäude, welches nun der Normarschule bestimmet, ist groß, und schön, obwohlen die Bauart nur sehr gemein ist.

Dieses Haus war vom J. 1320. bis 1552. zu einen Hospital für die Pilgrime bestimmet: hierauf nahmen die

Rit-

Ritter des H. Stephans davon Besitze. Endlich schenkte es K. Rudolph II. im J. 1582. den Jesuiten, und Kaiser Ferdinand II. verordnete es im Jahre 1627. zum Noviziathause. In dieser Kirche wird die rechte Hand der h. Anna aufbewahret, und verehret. Die an die Kirche angebaute Kapelle des h. Franziskus Xaverius ist sehenswerth. Man sieht alhier das Grab dieses Heiligen, welches nach dem wahren in Goa befindlichen, genau nachgeahmet ist.

13. Die Kirche, und das vormalige Kollegium der unteren Jesuiten bey der hohen Schule.

Im J. 1622. haben die Jesuiten angefangen in diesem Kollegium ihre Schulen zu halten, welches vorhin die Wohnung der Tempelherren gewesen, und vom Albrecht III. der wienerischen hohen Schule, die dieser Fürst im J.

1363. wieder erhoben hat, geschenkt worden. K. Ferdinand II. hat das Gebäude davon vergrössert: und weil das Kollegium auf dem Hofe, wie wir oben gesagt haben, im J. 1625. zum Profeßhause gemacht worden, wurde dieses von den Jesuiten, die ihre letzte Gelübde noch nicht abgelegt hatten, und aus dem oberen ausziehen mußten, um den Profeßen Platz zu machen, besetzt.

Es ist ein sehr grosses, und ziemlich schönes Gebäude, wird aber, seit Aufhebung des Ordens, nur von einigen Professoren bewohnt.

Das physikalische und Naturalienkabinet ist den Hrn. von Herbert und Hell zur Aufsicht anvertrauet, die Büchersammlung aber der akademischen Bibliothek einverleibet worden.

Kaiser Ferdinand II. hat auch die schöne bey diesem Gebäude befindliche Kirche im J. 1627. zu erbauen angefangen. Der Bau wurde im J. 1631. beschlossen. Die vollkommene Ausfertigung desselben geschahe aber nur erst zu Anfange dieses Jahrhunderts.

Die-

Diese Kirche ist von einer zierlichen, und kühnen Bauart: das Gewölbe ruhet auf grossen gewundenen marmorirten Säulen; die ganze Kirche, samt den zwo Reihen Kapellen, und allen übrigen Zierathen sind durchaus marmorirt. Alle Altarblätter, und die besonders anzumerkende, in einem sehr künstlichen Perspektiv gemalte Kuppel sind von dem berühmten Baumeister, und Maler Frater Pozzo, aus der S. J. An der Kirche ist eine schöne Kapelle des heil. Franziskus Xav. An vörderen Giebel dieser Kirche lieset man folgende Inschrift:

Deo. Victori. Triumphatori. Opt.
Max Trophæum.Hoc.in.Memoriam.
B. Virginis. Mariæ. SS. Que. Ignatii.
Et. Francisci. Xaverii.
Ferdinandus. II. Imperator. statuit.
M.DC.XX.VII.

14. Die Kirche, und das Kloster der Dominikaner.

Das Dominikanerkloster wurde anfänglich im J. 1186. für die Tempelherren erbauet. Im J. 1226. schenkte es H. Leopold, der Glorreiche, den Dominikanern, oder Predigermönchen, die er aus Ungarn nach Wien kommen ließe. Im J. 1529. wurde es von den Türken ganz verstöret; Kaiser Ferdinand I. bauete es wieder auf, und K. Ferdinand II. hat noch vieles zur Vergrösserung beygetragen.

Die Kirche, welche auf ihrem Giebel mit mehreren Bildsäulen geziert ist, hat K. Ferdinand III. im J. 1631. erbauet. Sie ist ziemlich groß, und nett; und mit mehreren schönen Altären versehen, von denen weiter unten die Meister werden angezeigt werden. Die äussere Inschrift der Kirche ist folgende:

DEO.

DEO. MAG.no. MAG.næ. MAT.ri.
ROS.rii.MARIÆ. D.D. DOMIN.co.
CATHAR. ſen. OMN. SS. EP.lum.
hoc. EXRUctum. URB. VIII. P. M.
FERD. II. Imp. FE.rd. III. REGE.
REMP. XNA. GUB.bus.

Klaudia Felicitas von Oeſterreich, die zwote Gemahlinn K. Leopolds, welche im J. 1676. verſtorben iſt, ruhet in dieſer Kirche, wo man ihr Grabmal bey dem Altar des heil. Dominikus ſehen kann. Die Inſchrift auf dem Sarge lautet alſo:

Hoc in Sarcophago requieſcit
Auguſtiſſima Romanorum Imperatrix.
Claudia Eelix
Leopoldi Cæſaris altera Conjux
Ferdinandi Caroli
Archi Ducis Tyrolenſis
& Annæ Mediceæ Filia,
Mater
duarum Sereniſſimarum Filiarum,

Qua-

Quarum prima Anna Maria Matrem
præivit in cœlos,
Altera Maria Josepha sequitur.
Quarta Paschatis feria
Transiit ex mortali ad immortalem
vitam
Anno ætatis XXIII.
Cæsareo Conjugii tertio,
Nati Salvatoris supra millesimum
sexcentesimum Septuagesimô sextô.
Vivat, & quiescat æternum in Deo
Terris desideratissima Princeps:
Quia Austriaca erat.
Pia, Prudens, Amabilis, Liberalis.

✝ ✝ ✝

Die in eine marmorsteinerne Tafel eingehauene Inschrift ist folgende:

Siste gradum Viator;
Et uno in tumulo
Sceptra, & Coronas, Gratias,
& Amores, Orbis Spes, & Delicias
Clausas intuere, & lacrymare.

Hic

Hic jacet
CLAUDIA FELIX,
Filia Ferdinandi Caroli, & Annæ
Mediceæ Comes, & Archi - Dux
Tyrolis, & Auſtriæ,
Conjux
Leopoldi Cæſaris ſecundis nuptiis,
Mater
Archi - Ducum, & gratiarum
Annæ Mariæ, & Joſephæ,
Imperatrix!
Faſtigio ſupremæ dignitatis altior
Eminentiâ Virtutis.
Plura ſi quæras,
Scito Principem fuiſſe Auſtriacam,
Hoc eſt,
Piam, Prudentem, Liberalem,
Amabilem,
Annus 1653. animam ei, lucem dedit,
Annus 1676. eandem eripuit.

† † †

15. Die Kirche der großen Kommenthur des deutschen Ordens,

(im sogenannten deutschen Hause.)

Die deutschen Ordensritter sind um das J. 1200. nach Wien gekommen, und haben zu ihrer Kommenthur eine Kapelle gebauet. Die itzige, der heil. Elisabeth gewidmete Kirche, ist, wie im Anhange zum Kodex Austriakus zu lesen, im J. 1216. vom Georg Schiffering, einem Steinmetze von Nördlingen erbauet worden. Se. Excellenz der Generalfeldmarschall Gr. Guido von Stahremberg hat sie wieder erneuern, und auszieren lassen. Dieser Herr, welcher im J. 1737. verstorben ist, hat auch alhier seine Ruhestätte erwählet, und nur diese Worte: Miserere mei Deus, zur Inschrift auf das Grabmal zu setzen verordnet. Man sieht

sieht auch alda mehrere merkwürdige Grabmäler der Großkommandeuren des deutschen Ordens. Das deutsche Haus ist ein sehr weitläuftiges Gebäude, in welches man von dem St. Stephanskirchhofe, und von der Sängerstrasse, wo der Haupteingang, und die Kirche ist, kommen kann.

Die merkwürdigsten öffentlichen Denkmäler. *

1.

Auf dem Hofe, oder dem großen Jesuiterplatze, der Kirche der Kriegskanzley gerade gegenüber ist eine metallene Säule, aus einem Stücke auf einmal gegossen, im J. 1647. errichtet worden. Sie hält 24 Schuhe in die Höhe, und

K ist

* Eine weitläuftige Beschreibung findet man bey P. Fuhrmann, und im Werkchen: Monumenta Religionis Augustæ, seu Colossi, Dei, & Divorum honoribus Cæsarum Austriacorum munifica pietate Viennæ erecti. 1782. 8. Vindob.

ist 84 Centner schwer: auf dieser Säule stehet die Bildniß der allerseligsten Jungfrau ebenfalls von Metall, (welche 29 Centner hält) mit einem Drachen, (der 10 Centner schwer ist) unter den Füßen.

Der Säulenstuhl ruhet auf einer marmorsteinernen Grundlage, auf deren 4 Ecken 4 Engeln von Metall stehen; sie sind geharnischt, mit einer Pickelhaube auf dem Haupte, einem Schilde am linken Arme, und in der rechten Hand halten sie ein Schwerd, mit dem sie einen Drachen, oder eine geflügelte Schlange, die ebenfalls von Metall ist, überwältigen. Das Gewicht dieser verschiedenen Figuren beträgt 72 Centner: noch tausend Pfunde Metall sind für die Buchstaben der Inschriften, deren an allen 4 Seiten eine ist, verbraucht worden: daß also das ganze Gewicht des Metalls zusammen 205 Centner ausmacht. Die Bildniß der Gottesgebährerin ist schön; die 4 Engeln aber von einem ziemlich groben und schleppenden Geschmacke. Dieses Denkmal der österrei-

rei-

Säule der Seligsten Jungfrau auf dem Hofe

reichischen Frömmigkeit ist, alles zusammen gerechnet, auf 22233 fl. zu stehen gekommen.

An den beiden Seiten dieser Säule sind zween Springbrunnen, deren jeder mit einer Bildsäule in Lebensgröße gezieret ist. **Lorenz Matthielli** ist der Meister.

---

2. Auf dem Platze, der **Graben** genannt, sieht man eine sehr zierliche und prächtige, der **heiligsten Dreyeinigkeit** gewidmete Pyramide. **K. Leopold** hat sie zur Gedächtniß der glücklich abgewendeten **pest**, welche Wien im J. 1679. verheerete, errichten lassen.

Die Pyramide hat drey Seiten, und eine Höhe von 66 Schuhen: sie ist von weissem Marmor, zum Theil mit Wolken von dem nämlichen Steine bedeckt, und ruhet auf einer Grundlage, die mit einem ebenfalls marmorsteinernen Geländer umfangen ist. Die Pyramide ist ihre ganze Länge durch mit einer Menge Figuren, vielen aus den Wolken herfürkommenden Engeln, und mit einer Menge anderer Zierathen von Marmor und vergoldetem gelbem Metall geschmückt.

Unter den Figuren bemerket man vorzüglich unten jene der Religion in Gestalt einer Weibsperson mit einem Kreuze in der Hand; die Pest wird durch eine andere häßliche ausgetrocknete Weibsperson mit zerstreuten Haaren ausgedrückt, welche ein Engel mit einer Fakel herunterstürzt: auf dem Gesimse ist K. **Leopold** selbst auf einem Polster kniend, mit gegen dem Himmel gerichtetem Angesichte vorgestellt. Oben an der Pyramide ist die heiligste Dreyeinigkeit von vergoldeten Metall auf einem Gewölke von eben dieser Materie.

Noch muß man 9 Engeln in Jünglingsgröße nicht unangemerket lassen, welche unter verschiedenen Stellungen am Stamme der Pyramide auf den umgebenden Wolken angebracht sind, und die neun Chöre dieser himmlischen

Gei=

Säule der H. Dreyeinigkeit auf dem graben.

Geister vorstellen: nebst noch anderen sehr schönen Basreliefs. *

Dieses ganze Denkmal ist nach der Zeichnung des berühmten Baumeisters **Octavius Burnancini** errichtet, die Figuren aber vom Freyherrn von Strudl, und seinen Gehilfen, den Herren **Frübewirth**, und **Fischer** verfertiget worden. Alle Inschriften der Pyramide hat K. **Leopold** selbst verfaßt. Die Hauptsumme aller zu diesem Werke aufgewendeten Kosten beträgt 66645 fl. 59 kr. $3\frac{1}{3}$ pf.

Diese Säule ist vor kurzem gänzlich repariret worden.

In einiger Entfernung sind zween große Springbrunnen, deren jeder mit einer Bildsäule, vom **Lorenz Matthielli**, gezieret ist.

---

* Diese Engeln sind ein Meisterstück der Bildhauerkunst. Ein gewisser fremder Bothschafter, und erfahrner Kenner schöner Kunststücke ist von der Vollkommenheit dieser Figuren so eingenommen worden, daß er sich anerboten: 9 andere vom lautern Silber in der nämlichen Größe verfertigte Engeln auf die Pyramide setzen zu lassen, wenn man ihm die obengesagte marmorne davor ansfolgen lassen wollte.

3. Auf dem sogenannten Hohenmarkte hat K. Karl VI. im J. 1729. dem h. Joseph, und der Gottesgebährerinn ein herrliches Ehrenmal erbauet.* Es stellet die Vermählung dirser hh. Personen in einem aus 4 großen marmorsteinernen Säulen, auf welchen eine metallene, mit vielen metallenen vergoldetem Laubwerke, Blumen, und Palmzweigen gezierte Kuppel in Gestalt eines Baldachins ruhet, bestehenden Ehren-

* K. Leopold hat schon im J. 1702. dem h. Joseph eine Ehrensäule aus weißem Marmor angelobet, wenn seyn Sohn, der römische König, (nachmals Kaiser) Joseph von der Belagerung der Stadt Landau siegreich, nnd gesund zurückkommen würde. Der kaiserliche Wunsch wurde vollkommen erfüllet: und Kaiser Leopold truge auch dem Herrn von Fischer alsogleich auf, von der zu errichtenden Ehrensäule einen Entwurf zu machen. Er wurde gemacht, beangenehmet, und würde auch ohne Verzug ausgeführet worden seyn, wenn nicht der Tod K. Leopolden daran verhindert hätte. Er befahl jedoch seinem Nachfolger, gesagtem K. Joseph, das Gelübde zu entrichren. Dieser ließe auch ohne Verzug im J. 1706. den Ehrentempel an die Stelle, wo man den itzigen sieht, unterdessen von Holz errichten, bis nach einiger Zeit ein prächtigerer von Marmor würde können gesetzt werden. Aber auch diesesmal misgönnte der Tod dem Kaiser die Ehre, welche K. Karl dem Sechsten aufbehalten war.

Josephinische Säule auf dem hohen Markt

rentempel vor. Der hohe Priester mit den Opferkleidern angethan steht in der Mitte des Tempels auf einer Stuffe, die ein wenig höher ist, als auf der die h. Jungfrau, und der h. Joseph, einander die Hände bietend, stehn. Auf den Ecken an den 4 Säulen, sind vier Engeln in natürlicher Jünglingsgröße, welche die Zeichen der Reinigkeit in den Händen halten: weiter unten auf den Schnecken stehen 4, mit Basreliefs und eingelegten grünem Glase gezierte Töpfe von gelbem, vergoldeten Metalle: oben über die Kuppel schwebet der h. Geist in Gestalt einer Taube, von gelben stark vergoldetem Metall. Es ist Schade, daß das Verhältniß bey allen diesen Figuren ziemlich schlecht beobachtet worden, und die Ausführung von Seite der Bildhauerkunst der Erhabenheit des Gegenstandes gar nicht angemessen ist. Dieser Ehrentempel erhält durch die Leichtigkeit, und wohlüberdachte Erfindung der schönen Bauart seinen ganzen Vorzug.

Auch hier sind zween Springbrunnen an den beiden Seiten des Tempels angebracht, welche so, wie die ganze Grundlage von Marmorstein sind.

Die Figuren sind von Anton Corradini, einem Venetianer. Das ganze zierliche Gebäude aber, wie man aus sicheren Nachrichten weis, von Freyherrn von **Fischer**, und nicht, wie man sagt, von **Bibiena**.

---

4. Auf dem **Neuenmarkte**, oder dem Kapuzinerplatze ist ein grosses Brunnenbecken, in dessen Mitte die Klugheit in Gestalt einer Weibsperson mit ihren Kennzeichen von einer Bleykomposition auf einem runden Fußgestelle sitzt. Um dasselbe sieht man 4 Kinder, die in ihren Armen wasserausspritzende Fische halten.

Vor einiger Zeit sassen 4 unvergleichlich schöne Figuren der Flüsse von einer Bleykomposition auf dem Rande des Bekens; sie sind aber, weil die Fugen der Zusammensetzung nach und

nach

noch durch die Zeit verderbt worden, hinweggenommen, und indessen in das bürgerliche **Zeughaus** (alwo man sie besehen kann) gesetzt worden, bis sie von neuem werden abgeformt, und von gelbem Metalle gegossen werden.

Diese Flüße sowohl, als die Figur der **Klugheit**, sind von dem berühmten Künstler **Raphael Donner**.

Verzeichniß

der raresten Gemälde, welche in den Kirchen und Klöstern zu Wien, wie auch in verschiedenen Palästen, Privathäusern, und Kabineten zu sehen sind.

1. Bey St. Stephan.

Das Hochaltar, vorstellend die Steinigung des h. Stephans, von Tobias Pok.

An den zween Altären, unten bey den Staffeln des Sanktuariums. Der h. Karolus Borromäus — von Rothmayer. Der h. Johannes von Nepomuck — von Altomonte dem Vater.

Der große Seitenaltar gegen Mittag und dem Chor; ein großes Altarblat, vorstellend U. H. J. C. am Kreuze, zwischen zween Mördern, mit vielen an-

anderen Figuren, nämlich der allerseligsten Jungfrau, dem h. Johannes, u. s. w. — von Joachim Sandrart.

Der andere große Seitenaltar, dem vorhergehenden gegenüber. Ebenfalls ein großes Altarblat, vorstellend die Himmelfahrt Mariä — von Spillberger.

An dem nämlichen Seitenflügel an dem Chor auf zween kleinen Altären. Die Jungfrau Maria mit dem Kinde Jesus, und der h. Anna — von Tobias Pok. Der h. Antonius von Padua, von der h. Jungfrau das Kind Jesus in seine Arme empfangend — von Michael Angelus Unterberger.

In dem Schiff der Kirche gegen Mittag auf den 3 kleinen an die Pfeiler gesetzten Altären. Der h. Joseph mit dem Kinde Jesus — von Sconians. Der h. Januarius — von Altomonte dem Vater. Eine h. Familie — von Rothmayer.

Auf einem von den auf der anderen Seite an die Pfeiler gesetzten Altären. Der h. Michael, wie er die aufrühri-

schen

schen Engeln stürzet — vom nämlichen Meister.

Auf zween andern kleinen Altären des Flügels, der h. Franziskus im Gebet — vom nämlichen Meister. Die hh. Aposteln Petrus und Paulus — von Tob. Pok.

Nahe dabey an einem der Wandpfeilern. Ein Ecce Homo mit halbem Leibe — von Correggio.

In den zwo Kapellen, an den zween Eingängen, welche unten in den Thürmen angebracht sind. Die Marter der h. Barbara — von Altomonte, dem Vater. Die Marter der h. Katharina — von Schmid, dem Vater.

Der Plafond der Sakristey, in Oel gemalt — von Altomonte, dem Vater.

2. Bey St. Magdalena.

Auf dem St. Stephanskirchhofe.

Auf dem Hochaltar, die h. Magdalena — von Schmid, dem Vater.

3. Bey St. Peter.

Auf dem Platze gleiches Namens.

Die Kuppel der Kirche, und die gewölbten Decken der Kapellen sind in fresko gemalt — von Rothmayer. Die gewölbte Decke des Chors ebenfalls in fresko gemalt — von Anton Galli von Bibiena.

Das Hochaltarblat, den h. Peter, wie er Kranke gesund macht, vorstellend, — von Altomonte, dem Vater.

Die

Die Blätter der zwo ersten Kapellen zur rechten und linken Seite, auf deren einem der h. Michael, auf dem anderen eine h. Familie vorgestellet ist — von dem nämlichen Meister.

Die Blätter der zwo folgenden Kapellen, der h. Franz. von Sales, wie er einen Todten erweckt — von Rothmayer. Die Marter des h. Sebastians — von Sconians.

Die Blätter der zwo letzten Kapellen: der h. Anton von Padua — von Altomonte, dem Vater. Die Marter der h. Barbara — von Reem.

4. Bey den Karmeliterinnen, zu den 7 Büchern.

Hinter dem Hohenmarkte.

Das Hochaltarblatt: der h. Joseph, mit dem Kinde Jesus — von Freyherrn von Strudl.

5. In der kaiserlichen königlichen Hofkriegskanzleykirche.

Auf dem Hofe.

Das Hochaltarblatt. Die seligste Jungfrau, als eine Königinn der Engeln — vom Frater Pozzo, einem Jesuiten.

In der zwoten Kapelle zur rechten Hand das Altarblatt. Die Vermählung Mariä, und die zwey andern Blätter, das eine die Flucht in Egypten; das andere die Opferung in dem Tempel — von Sandrart.

In der dritten Kapelle zur linken Seite; die Erscheinung Mariä, und des Kindes Jesu dem h. Liborius — von Ludwig Carazzi.

6. Bey den schottischen Benediktinermönchen.

Auf der Freyung.

Das Hochaltarblatt. Die Heiligen in der Glorie — von Sandrart.

Auf den zween kleinen Altären beym Chor: der h. Peter, und der h. Paul, der gekreuzigte Erlöser, die Jungfrau Maria, und der h. Johann an den Seiten; und die h. Magdalena am Fusse des Kreuzes — vom nämlichen Meister.

In der ersten Kapelle zur rechten, und der ersten zur linken: der h. Sebastian: die Himmelfahrt Mariä — von Tobias Pok.

In der zwoten Kapelle zur Rechten, und der zur linken der h. Benedikt — von nämlichen Meister. Der Pabst Gregorius, mit vielen Engeln — von Pachmann.

In

In den zwo letzten Kapellen zur Rechten und zur Linken, eine h. Familie. Die Marter der h. Barbara, von Tobias Pok.

7. Bey den Minoriten.

Auf dem Platze gleiches Namens, hinter dem Landhause.

Am Ende der Kirche zur Linken des Chors, ein grosses Altarblatt der h. Michael, die Teufel vom Himmel stürzend — von Lucas Giordano.

Auf der nämlichen Seite, der heil. Johann von Nepomuck, wie er durch die Engeln in den Himmel getragen wird — von Gabriel Mathei.

In einer Kapelle im Hintertheile der Kirche zur Linken, der heil. Anton von Padua, auf einer Wolke, und unten auf diesem Blatte ein vom Teufel be-

befreyeter Besessener — von Steinmüller.

Zur Rechten, über die Kapelle der schmerzhaften Mutter: ein großes Blatt, die Anbethung der Weisen — von Spielberger.

Auf einem Altar dieser Kapelle, der h. Johann der Taufer in der Wüste — von G. Mathei.

Auf einem kleinen Altare des Schiffes der Kirche; der heil. Franziskus, welchem der Erlöser mit Flügeln seine Wundmale eindrückt — von P. Anton Muscherus, einem Minoriten.

Oben bey der heil. Stiege, das Altarblatt, das letzte Gericht — von Rothmayer.

Wenn man sich bey dem Bibliothekar dieses Konvents meldet, kann man noch verschiedene andere Gemälde von vortreflichen alten und neueren Meistern, im ersten und zweyten Kreuzgange der Bibliothek, und dem Konvente sehen.

8. Bey St. Michael.

Auf dem Platze gleiches Namens.

Hinten im Thore, rückwärts des Hochaltars, ein großes Altarblatt, der h. Michael, und der Fall der aufrühri- schen Engel — von Mich. Angelus Unterberger. *

Auf dem Altar der letzten Kapelle, zur Rechten, der h. Blasius, die Kranken segnend — von T. Pok.

In einer Kapelle zur Linken, eine kleine gewölbte Decke mit einem Chore der Engeln, in fresko gemalt, von Karl Carloni.

In einer andern Kapelle der nämlichen Seite, die Erscheinung des Kindes Jesu dem h. Anton von Padua — von Unterberger.

L 2 In

* Herr Michael Angelus Unterberger, war zweymaliger Direktor der k. k. Maler- Bildhauer- und Baukunstakademie alhier.

In der letzten Kapelle beym Eingange in die Kirche, der h. Karolus Boromäus, einen fliegenden Engel ansehend — nach der Manier des Guerchin, von einem unbekannten Meister.

9. Bey St. Dorothea.

In der Gasse gleiches Namens.

Das Gewölbe, und alles, was in Fresko gemalt ist — von Rothmayer.

Das Hochaltarblatt, die Marter der h. Dorothea, von T. Pok.

Auf 5 kleinen Altären, die Marter der h Barbara; eine Abnehmung vom Kreuze; der h. Augustin, für ein Volk, welches von der Pest geplagt wird, vorbittend — von Rothmayer. Der h. Anton von Padua, predigend; Jesus, Maria, und Joseph — von Altomonte, dem Vater. Auf diesen zween letz-

letzteren Altären stehen noch zwey andere Gemälde: eines der heil. Johann von Nepomuck, das andere, der heil. Peter Fererius — vom nämlichen Meister.

Ein großes Gemälde, an der Mauer hangend, der h. Kilian, in der Glorie, — von Rothmayer.

In der Sakristey, der Plafond, — von Altomonte, dem Vater. Zwischen den zwey Fenstern, ein Krucifix, und zwey eyrunde Gemälde — vom nämlichen Meister. Ueber der Thüre, die seligste Jungfrau, den Leichnam des gekreuzigten Erlösers auf ihren Knien haltend — von Rothmayer.

Im Speissale der regulirten Chorherren, Christus mit den Aposteln beym letzten Abendmale — von Zanetti.

10. Bey den P. Augustinern.

In der Gasse gleiches Namens.

Das Hochaltarblatt, die Heiligen in der Glorie — von Steinmüller.

Auf einem Pfeiler, der h. Wenzel, wie er von seinen Henkern angefallen wird — von Freyherrn von Strudel.

In der zwoten Kapelle zur Rechten, ein Krucifix von Holze geschnitten — von Petrel, hinter welchem man ein Gemälde, die Kreuzigung vorstellend, siehet — von T. Pok.

Im Hintertheile der Kirche, rückwärts der Lorettokapelle, die h. Anna, wie sie die h. Jungfrau lesen lehret — von Spielberger.

11. Bey den Kapuzinern.

Auf dem Neuenmarkte, oder dem Kapuzinerplatze.

Alle Altarblätter sind von P. Norbert, einem Geistlichen dieses Ordens, welcher ein geschickter Maler ist.

12. Im Bürgerspitale.

Auf einem Altare zur Linken, die Anbetung der Weisen — von Vinzenz Damiani.

13. In der Normalschulkirche.

In der Annagasse.

Die gewölbte Decke in Fresko gemalt — von Daniel Gran.

Auf dem Hochaltare, eine h. Familie — vom nämlichen Meister.

Auf den drey kleinen Altären, der h. Ignaz, der h. Joseph, der h. Sebastian — vom Schmid, dem Vater.

14. Bey den Ursulinerinnen.

In der Johannesgasse.

Das Hochaltarblatt: die Marter der h. Ursula, und mehrerer Jungfrauen aus ihrer Gesellschaft. An den Seiten dieses Altars die unbefleckte Empfäng-

niß

niß, der h. Franz von Paula — vom Spielberger. Auf zween kleinen Altären, die Erscheinung der h. Jungfrau dem h. Ignaz; die h. Angela, Stifterinn der Ursulinerinnen, vom Wagenschön.

15. In der Kirche des Maltheserordens.

Beym heiligen Johannes in der Kärntnerstrasse.

Das Hochaltarblatt, der h. Johannes der Täufer — von Schmid, dem Vater.

Auf den zween kleinen Altären die Marter der h. Lucia — von Altomonte, dem Vater.

Die h. Walburga, wie sie die Kranken heilet — vom nämlichen Meister.

16. Bey den Klosterfrauen bey der Himmelpforte.

In der Gasse gleiches Namens.

Die Blätter der vier kleinen Altäre, vorstellend, die Himmelfahrt Mariä — von Schmid, dem Vater. Eine heilige Familie — von T. Pok. Die Anbetung der Weisen. Die Bekehrung des h. Pauls — von Spielberger.

17. Bey den Franziskanern.

Auf dem Platze gleiches Namens.

Das Gemälde im Perspektiv hinter dem Hochaltar vom Frater Pozzo, einem Jesuiten.

Auf einem kleinen Altare zur Rechten: der h. Franz in der Verzückung — vom Schmid, dem Vater.

Auf dem Altare der ersten Kapelle zur Rechten, ein Krucifix — vom A. Carloni.

— — zur Linken, die unbefleckte Empfängniß — vom Schmid, dem Vater.

Auf dem Altare der vorletzten Kapelle der nämlichen Seite: die Marter des heiligen Johann Kapistranus — vom Wageschön.

In der letzten Kapelle der nämlichen Seite, die unbefleckte Empfängniß — von Rothmayer.

18. Bey den Klarisserinnen bey St. Nikola.

In der Sängerstrasse.

Das Hochaltarblatt: der h. Nikolaus und die h. Clara — vom T. Pok.

19.

19. In der Kirche des deutschen Hauses.

In der nämlichen Gasse.

Das Hochaltarblatt: die h. Jungfrau, und das Kind Jesus, wie sie einem knienden Ordensritter den Segen ertheilen. Der h. Georgius, und die h. Elisabeth sind auch auf dem nämlichen Blatte gemalt — vom T. Pok.

20. In der Universitätskirche.

Bey der hohen Schule.

Die Architektur, die Malerey in Fresko, und alle Altarblätter dieser Kirche sind von dem berühmten Frater Pozzo, aus diesem Orden.

21. Bey den Predigermönchen, oder Dominikanern.

Auf dem Platze gleiches Namens.

Die Blätter der kleinen Altäre, vorstellend:

Den heil. Dominikus, im Gebet; die heiligste Dreyeinigkeit, und die h. Jungfrau — vom T. Pok.

Die Anbetung der Hirten — vom Spielberger.

Die Marter der h. Katharina — vom nämlichen Meister.

Die heilige Katharina von Siena — vom Rothiers.

Der heilige Vinzenz Ferrerius, einen Todten erweckend — vom nämlichen Meister.

Der h. Thomas von Aquin — vom Pachmann.

Man

Man sieht in dieser nämlichen Kirche eine Menge Medaillons in Fresko gemalt, vom Denzala, einem der ersten Maler, die in dieser Gattung zu Wien gearbeitet haben.

Die Kuppel ist gleichfalls in Fresko gemalt — vom Frater Pozzo, einem Jesuiten.

22. Bey den Klosterfrauen, bey St. Lorenz.

Auf dem alten Fleischmarkte.

Das Hochaltarblatt: der h. Lorenz in der Glorie, mit vielen Engeln — vom Freyherrn von Strudel.

23. In der Kapelle im Köllnerhof.

In der untern Bäckerstrasse.

Das Hochaltarblatt in Fresko gemalt, die Auferstehung des Erlösers — von Lanzani.

Zur rechten Seite, die seligste Jungfrau, den Leichnam des gekreutzigten Erlösers auf den Armen haltend. Zur Linken, die Geburt Christi — vom Freyherrn von Strudel.

Ueber den Thüren der Sakristey, der h. Ignaz von Loyola. Der h. Franz Xav. — vom Rubens.

24. Bey den Klosterfrauen

des Ordens des heiligen Augustins, die Jakoberinnen genannt.

In der Römerstrasse.

Das Hochaltarblatt: die Himmelfahrt Mariä — von einem unbekannten Meister.

25. In der Kapelle des Zeughauses.

Auf der Seilerstatt.

Die Anbetung der Weisen — vom Spielberger.

26. Bey St. Yvo.

In der alten Juristenschule, in der Schülerstrasse.

Der h. Yvo — vom T. pok. Auf dem Altare rechter Hand: der h. Johannes von Nepomuk, wie er in die Moldau gestürzt wird — von Van Schüppen.

27. In der Kapelle des h. Stanislaus Kostka.

Der heil. Stanislaus Kostka, wie er von den Engeln mit dem heil. Sakramente versehen wird — vom Spielberger.

28. Bey den Theatinern, oder den sogenannten Kajetanern.

Der h. Kajetan zu den Füssen der seligsten Jungfrau, die das Kind Jesu auf den Knien hält — vom Paul Troger.

In einer kleinen Kapelle im innern des Hauses: der Leichnam des Erlösers, auf den Knien seiner h. Mutter— vom van Deyk.

29. In der großen Hofkapelle.

Auf dem Altare rechter Hand ein Blatt: die seligste Jungfrau, auf den Knien das Kind Jesu haltend, welches der h. Katarina einen Ring giebt: und der h. Dominikus, und der h. Petrus der Martirer vom Ferri von Mantua.

Auf

Auf dem Altar zur Linken: der h. Johann der Täufer in der Wüste — vom Titian. In der itzt wieder neuerbauten sogenannten Kammerkapelle hat die Architektur der berühmte gründlich erfahrne Herr Vinzenz Fischer, Lehrer der Baukunst an der hiesigen vereinigten Akademie der bildenden Künste, und Mitglied derselben, gemalt: die Figuren, welche die 12 Aposteln vorstellen, sind vom Herrn Maulbertsch, ebenfalls einem würdigen Mitgliede dieser Akademie, das Hochaltarblatt in der nämlichen Kapelle der sterbende h. Joseph — vom Karl Marati.

Die Altarblätter der zween kleinen Altäre: der Erlöser auf dem Oelberge, und die h. Theresia — vom Freyherrn von Strudel.

Manufakturen.

Auch unsere Manufakturen und Fabriken verdienen die Aufmerksamkeit der Fremden. Haben wir es den Ausländern nicht zuvor gethan, so sind wir ihnen doch in vielen Stücken gleich gekommen, und es ist in der That zu bewundern, daß wir es in einer so kurzen Zeit, und bey so manigfältigen Hindernissen auf diesen Grad haben bringen können.

Wir wollen hier nur die merkwürdigsten Fabriken anführen, die entweder in Wiens Bezirke, oder doch nicht sehr entfernet von seinen Linien liegen, und müssen also die vortrefliche Kottonfabriken in Fridau, Sassin, Schwechat, die Wollenzeugfabrik in Linz, die Meßingfabrik zu Nadelburg bey Neustadt, die Klingenfabrik zu Pottenstein, die k. k. Spie-

Spiegelfabrik zu Neuhaus in Varafeld, die k. k. Majolikafabrik zu Hollitsch, und die sehenswürdige Fabrike vom englischen Leder in Potzneysiedel, nebst vielen andern, die alle dem Vaterlande Ehre machen, mit Stillschweigen übergehen.

Wir stellen die Porcelainfabrike an die Spitze aller übrigen. Sie wird auf Kosten des Hofes unterhalten, und ist ein grosser Zweig unsers Komerzium. Ihre Produkten, die sowohl an Dauerhaftigkeit, als an Gestalt, und Geschmack in Zeichnung, und Kolorit die Fremden weit übertreffen, werden durch ganz Deutschland, und bis an die äussersten Gränzen Italiens verführet. Ausser den kostbaresten Servicen werden in dieser Fabrike auch prächtige Aufsätze und ungemein schöne Gruppen von Figuren verschiedener Grösse verfertiget. Das Magazin ist mit so vielem feinem Geschmack eingerichtet, daß es mehr einem Tempel der Kunst, als einem Waarenlager ähnlich sieht. Das Gebäude ist sehr geräumig, das Personal ansehnlich, und überall herrscht Ordnung.

Unter den Seidenbandfabriken verdienet jene zu Penzing vorzüglich gesehen zu werden. Sie ist in dem vormals gräfl. Zoberischen, nun aber viel veränderten Gebäude nächst dem k. Lustschloß Schönbrunn. Die Herrn Weigel und Komp. Herr M. Salint, und Hr. v. Schulz, der hiesigen Reichskanzley Taxator, sind die alleinigen Eigenthümer dieses Werkes. Mit Inbegrif der Kinder werden von dieser Fabrike dreyhundert Menschen unterhalten. Sie hat 90 Band, oder sogenannte Mühlstühle von unterschiedenem Verhältniß; von 8 bis 26 Gängen, deren viele noch mit sehr künstlichen Nebenmaschinen versehen sind, um zugleich allerley Figuren und Blumen auf Bänder würken zu können. Auch hält sie, was fast von keiner andern gesagt werden kann, ihre eigene Maschinentischlerey, wo all ihr Werkzeug, und selbst ihre künstliche Maschinen verfertiget werden, und ihre

eige=

eigene Seidenfärberey; wo aber nur für sie allein gefärbt wird. Sie ist meistens nach Schweizerart eingerichtet, und fabricirt man da alle Gattungen Seidenbänder, die in der Schweiz, in Holland, oder Frankreich auf Mühlstühlen gemacht werden, nebst vielen anderen, die hier anzuführen der Raum nicht gestattet.

Auch die Bandfabrike der Herren Luz auf dem Rennwege verfertiget alle Sorten seidener, gewässerter und geblümter Bänder, und zeichnet sich besonders aus. Ausser dieser hat Herr Zouba auf der Landstrasse, und Herr Bouvard im Strudelhof eine ähnliche Bandfabrike, wo verschiedene Gattungen gemacht werden.

Bey Gelegenheit, als die Fremden das prächtige Lustschloß Schönbrunn besuchen, rathen wir ihnen, das bey Hiezing auf der Feistenmühl errichtete Seidenfilatorium nicht ungesehen zu lassen, und auch die nahe daran gelegene Fabrike der Neapolitaner, und krausen Seidenflöre in Augenschein zu nehmen.

Von den hiesigen Lederfabriken empfehlen wir die an der Wien gelegene k. k. Lederfabrike, und jene zu Herrnals im gr. czoberischen Hause. Erstere verfertiget alle Gattungen ausgearbeiteter Ochsen- und Kühhäute; letztere arbeitet auch Kordnan, und andere Felle auf brüßler, samisch, und türkische Art.

Wien besitzt auch eine vortrefliche leonische Drathzugsfabrike. Sie liegt zu Margereten, und wird von einem Theil der schwarzleutnerischen Kreditoren fortgesetzet. Ihre Erzeugnisse bestehen in unterschiedenen Gattungen von leonischen, sowohl vergoldt- als unvergoldt- und versilberten Drath, allen Sorten von deutsch- französisch- und türkischen Plasch, auch vergoldeten Tressen, Borten, Spitzen, Pollion, Kripp, und vielen anderen Artikeln. Der Absatz ist sehr beträchtlich.

Von den Papiertapetenfabriken verdienet jene des Herrn la Fontaine im

stah-

stahrembergischen Freyhause auf der Wieden, und jene des Herrn Aichinger vorzüglich gesehen zu werden.

An Seidenzeugfabriken haben wir eine grosse Anzahl, deßwegen wollen wir nur von einigen Meldung thun, weil Fremde sich leicht eine Idee von den übrigen machen können. Wir rathen ihnen also folgende zu besehen — die des Herrn Hornbostels im Tempel auf der Wieden; des Herrn Joseph Hebenstreits, auf dem Neubau bey St. Florian; des Herrn Andreas Jonas, auf der neuen Wiede in der Armenschule; und jene des Herrn Michael Ritter, im nämlichen Gebäude. Alle diese verfertigen Tafet, glatte und façonirte Grosdetours, ganz= und halbreiche Zeuge, und auch Sammet, Plüsch, u. s. w.

Nachdeme wir die vorzüglichsten Fabriken angezeigt haben, kann es Ausländern nicht unangenehm seyn, mit den hiesigen Handelshäusern bekannt zu werden, die zur Aufrechthaltung des Komerziums, und zum Verschleiß aller inländischen Produkten am meisten beytragen. Sie sind in Niederleger und Großhändler eingetheilet. Erstere existiren schon durch viele Jahre; Letztere genießen ihre Freyheiten erst seit kurzem.

Niederleger sind:

Die Herren Bender und Komp.
Herr Joseph Brandesky sel. Erbinn.
H. Emerich Felix Baader, Wittib.
H. Joh. Bapt. Bouward.
H. Christian Heinrich Coith.
H. Julius Friderich Coith.
H. Ludwig Edler von Decret.
H. Stephan Donon, Wittib.
H. Frieß und Komp.
H. Paul Fachiny.
H. Stephan und Franz Gaillard.
H. Wolfgang Frid. Heylmann.
H. von Küner und Komp.
H. Kollmann und Jacoud.
H. Johann Paul Krauß.
H. Klinger und Dragan.
H. Johann Lutz.

Herr

Herr Mayer, Hey und Komp.
H. Peter Joseph Passy und Komp.
H. Peter Ochß.
H. Joh. Christoph Plattensteiner.
H. Peter Klaudy Passy und Komp.
H. Gottlieb Richard Paldinger.
H. Johann Bapt. Ruard.
H. Joh. Heinrich Stammetz.
H. Gottlieb Friederich Scharno.
H. Joseph schwarzleithnerische Kreditoren Ausschuß.
H. Jos. Anton Segalla, Edler von Kornfeld.
H. Joh. Georg von Scheidlin.
H. Joh. Georg Sörgel und Komp.
H. Ignaz Franz Schefler.
H. Melchior Steiner und Komp.
H. Christian Wilhelm Teuerlein.
H. Joseph von Weinbrenner.
H. Weigl, und Komp.
H. Zehentner, und Komp.

Großhändler:

Herr Emanuel Bozenhard.
H. Joh. Adam v. Binnenfeld.

Herr

Herr Brentano Cimarolt.
H. Joh. Nepom. Freyherr von Fuchs.
H. Franz Fischer.
H. Joh. Mich. Edler von Grosser.
H. Joh. Ignaz Müller.
H. Melchior Peter Sohn und Komp.
H. Schuller und Komp.
H. Pappe und Gerhardt.
H. Leopold Ignaz Perghofer.
H. Joh. Friederich von Rieger.
H. R. C. D. Stahremberg.
H. Jakob Edler von Smittmer.
H. Anton Edler v. Trattnern. sel. Wittib.
H. Ignaz Violant.
H. Franz Anton Weigl.

Be-

Besondere

Kabinete und Sammlungen in Privathäusern.

Kunstkabinete.

Die Gemäldesammlung Seiner Durchlaucht des Fürsten von **Kaunitzrittberg** in seinem Palaste, worunter sich eine berühmte **h. Familie** von **Titian**, der **Mucius Scävola** von **Rubens**, viele Portraite von **van Dyk**, u. s. w. sich befinden.

Das Kabinet Seiner Excellenz des Reichshofrathspräsidenten Freyherrn v. **Hagen**, unter den Tuchlauben, worian besonders zwey Hauptgemälde von Corregio, Paolo **Veronese**, **Carragi** u. a. m. merkwürdig sind.

Der

Der Herr von **Gundel**, geheimer Reichshofrathsreferendarius, auf dem Graben, im pilgrimischen Haus, besitzt eine sehr vollständige, und ausgesuchte Kupfersammlung.

So hat auch Herr Hofrath von **Hertelli**, unter den Tuchlauben, Nro. 569. eine sehr zahlreiche und schöne Sammlung von alten und neuen Kupferstichen, die mit ungemein vielen Geschmack eingerichtet ist. Er besitzt ausser dem noch eine vortrefliche Kollektion von Conchillien, u. s. w.

Herr von **Grosser**, in seinem eigenen Haus, auf dem Kohlmarkt, besitzt eine zahlreiche Sammlung von kostbaren Gemälden, nebst einer Kollektion von geschnittenen alten Steinen.

So giebt es noch viele andere interessante Kunstsammlungen, wie z. B. diejenigen des Herrn von **Brambilla**, des Herrn von **Stuttner**, des Herrn von **Birkenstock**, &c.

Von

Von den Kabineten der auswärtigen Gesandten sind jene Seiner Durchlaucht des Herrn Fürsten von **Gallizin**, und Seiner Excellenz des General von **Wallmoden**, vorzüglich merkwürdig.

Antiquitäten- Kuriositäten- Naturalien- und andere Kabinete.

Hier ist vorzüglich zu bemerken; das ungemein prächtige Kabinet des Herrn Reichshofraths von **Heß**, und seiner Frau Gemahlinn, welches unter dem Namen des de Francischen allgemein bekannt ist. Es ist in ihrem eigenen Haus, und enthält einige Tausend der seltensten, goldenen und silbernen antiken Medaillen, Schaumünzen, gegrabenen Steinen, Kameen, und andere sehr wichtige Kostbarkeiten. Besonders ist darinn ein Agat merkwürdig, auf wel-

chem

chem **Alexander** der Grosse, und seine hauptsächlichsten Begebenheiten vorgestellet sind; dieser Stein ist auch im Kupfer gestochen, und wird davon in mehreren gelehrten Werken Erwähnung gemacht. Noch eine überaus grosse Menge Büsten, Vasen, und s. w. von den seltensten Steinen, die auch größtentheils in Gold gefasset sind. Viele Vasen, Trinkgeschirre, u. s. w. von Kristal. Ueberhaupt ist diese gewiß eine der schönsten und vollständigsten Sammlungen eines Partikuliairs.

Freyherr von **Kettler** hat eine schöne Sammlung von Kriegskarten; von seltnen Versteinerungen; von Rubinen, Topasen, u. s. w.; eine Sammlung militärischer Alterthümer der von den Römern innen gehabten Plätze längst der Donau, u. s. w.

Auch zeichnet sich hier das Naturalienkabinet Seiner königlichen Hoheit der Frau Erzherzoginn **Mariana** aus, an welchem Höchstdieselbe viele Jahre ge-

gesammelt, und das der Herr Hofrath von Born besorgt.

Die windhagische Bibliothek besitzt ein Münzkabinet, das ganz artig. Jenes des Herrn Hofraths von Freysleben besteht aus römischen Münzen, und das von Herrn von Ideler größtentheils aus modernen.

Bey Herrn Hofkriegsrath von Hauer findet man eine schöne Sammlung von Bergstofen, antiken verschnittenen Steinen, Kupferstichen, und Originalzeichnungen.

Herr Kanonikus Neumann, bey St. Dorothe, besitzt eine Sammlung von griechischen und römischen Münzen, und Herr Kanonikus Schütz, im nämlichen Stift, eine andere von Bergstofen.

Herr von Vernet hat eine Naturaliensammlung, welche vorzüglich aus Konchylien besteht.

Auch das vom Herrn von Moll hinterlassene Naturalienkabinet existirt noch, und verdienet vorzüglich gesehen zu werden.

K. k. Theresianum.

Die k. k. theresianische Ritterschule ist im Jahre 1746. von ihrer Majest. der Kaiserinn in dem ehemaligen Sommerpalaste, die Favorite genannt, in der Vorstadt, auf der Wieden gelegen, gestiftet, und damals der Aufsicht der Jesuiten anvertrauet worden. Die Gesetze derselben sind von der weisen Stifterinn selbst angegeben, und in ausserordentlichen Fällen, wird jedesmal ihre allerhöchste Entscheidung erfordert. Die jungen Kavaliere erhalten Unterricht in Religion, Sitten, und sowohl nützlichen, als schönen Wissenschaften; in Sprachen, Tanzen, Fechten, und anderen ritterlichen Uebungen. Es ist aus dieser Schule manch brauchbarer Mann für den Staat hervorgegangen. Die dasige garellische Bibliothek verdienet gesehen zu werden. Sie bestehet aus 11000 Bänden, zwar nur gedruckter, aber meist auserlesener Werke, wovon nebst dem geschriebenen alphabetischen Katalog, auch ein wissenschaftlicher im Jahre 1778. fertig geworden. Der diesem Bücherschatz vorstehende Bibliothekar, und Professor der Bücherkunde daselbst, der berühmte Herr **Michael Denis**, hat die Merkwürdigkeiten dieser Bibliothek (zu deren Vermehrung seine ausgebreiteten Kenntnisse und sein wachsamer Fleiß nicht wenig beygetragen) samt den daselbst vorhandenen Münzen in einem eigenen Werke beschrieben, welches bereits unter der Presse liegt. Auch verdienet das am Theresianum befindliche, und zum Gebrauch der studirenden Jugend bestimmte Naturalienkabinet alle Aufmerksamkeit; Herr **Eder**, Lehrer der Naturgeschichte, hat die Aufsicht darüber. Sonn- Feyer- und Donnerstäge ausgenommen, steht obige Bibliothek Jederman offen.

Akademische Künstler.

Historienmaler.

Herr Ablasser.
- Altomonte.
- Auerbach.
- Bergel.
- Bittermann.
- Brand Christian, Professor.
- Dallinger, fürstl. liechtensteinisch. Galerieinspektor.
- Fischer, Professor.
- Grundemann.
- Hauzinger, Professor.
- Kastenauer.
- Kohl.
- Kreipel.
- Leicher.
- Linder, derzeit abwesend.

Herr

Herr Maldinger.
= Maulpertsch.
= Maurer.
= Quiduggi.
= Sambach, Direktor der Malerklasse.
= Sigrist.
= Steiner.
= Unterberger Ignaz.
= Unterberger Martin.
= Wagenschein.
= Zimbal.

Landschaftmaler.

Herr Brand Christian, Professor.
= Brand Friedrich, Professor
= Dallinger, fürstl. liechtensteinisch. Galerieinspektor.
= Grill.
= Jauscha.
= Rosa, k. k. Galeriedirektor.
= Schinnagel.
= Wutky, derzeit abwesend.
= Wachsmann.

Thiermaler.

Herr Brand Christian, Professor.
- Dallinger, fürstl. liechtensteinisch. Galerleinspektor.
- Fuchseder
- Grafenstein.
- Rosa, k k. Galeriedirektor.
- Wachsmann.

Blumenmaler.

Herr Brand Christian, Professor.
- Pichler.

Portraitmaler.

Herr Auerbach.
Bayerinn Madame.
= Brand, Christian, Professor.
= Donat.
= Dusch.
= Elenheins.
= Hauzinger, Professor.
= Hickel, zween Brüder.
= Jäger.
= Janscha.
= Jungblut.
= Kohl.
= Kolanitz.
= Maurer.
= Meinert.
= Militz.
= Reiter.
= Remlich.
= Steiner.
= Traunfelner.
= Unterberger Ignaz.
= Weikert.
= Zollinger.

Miniaturmaler.

Herr Balbi.
- Basili.
- Bauer.
- Götz.
- Mansador.
- Scheidl.
- Trewetzky.
- Winkler.
- Walter.

Wappenmaler.

Herr Bauer.
- Heidlof.
- Mayer.
- Matthäi.

Bild-

Bildhauer.

Herr Andrioli.
- Bayer, k. k. Statuarius.
- Dorfmeister.
- Egger.
- Finazer.
- Fischer.
- Hableinwille.
- Hagenauer, Professor.
- Kögler.
- Leitner.
- Moll.
- Müller.
- Platzer.
- Segen.
- Vogel.
- Zachel.

Münzgraveur.

Herr Haynl.
" Jetzl.
" Kaiserswerth.
" Kraft, derzeit abwesend.
" Reddeslow.
" Wiedemann.
" Würth, k. k. Obermünz- und Medaillengraveur.

Erzverschneider.

Herr Domanöck, Direktor der Erzverschneiderklasse.

Elfenbeinschneider.

Herren Heß, zween Brüder.

Siegelschneider.

Herr Abraham, Jud.
" Schega.
" Weiß.
" Wiedemann.

Bossirer.

Herr Eisenhuter.
" Kolonitz.
" Spann.

Architekten.

Herr Castenauer.
- = Fischer, Professor.
- = Gannabal, Hofarchitekt.
- = Gfall.
- = Hillebrand von, Hofarchitekt.
- = Hochenberg von, Hofarchitekt, und Direktor der Architekturklasse.
- = Martinelli, Hofunterarchitekt.
- = Münzer, Hofarchitekt.
- = Schütz.
- = Valeri, Stadtunterkammerer.

Kupferstecher.

Herr Adam.
- = Assner.
- = Conti.

Herr

Herr Brand Friedrich, Professor.
- „ Feigel, derzeit abwesend.
- „ Fiesinger.
- „ Jakobe, derzeit abwesend.
- „ Janota.
- „ Kohl.
- „ Landerer.
- „ Mannsfeld.
- „ Maik.
- „ Mesner.
- „ Pechwill.
- „ Schmuzer, Direktor der Kupferstecherklasse.
- „ Schütz.
- „ Westermayer.
- „ Zenger.

Zeichner.

Herr Seiz hält eine Nationalhandwerkerklasse für Sticker, Juwelenfasser, Zizzeichner und Schlosser.

Des-

Öffentliche Spatziergänge
und
Belustigungsörter.

Bevor unser menschenfreundlicher Monarch den Prater eröfnen, und den Augarten zur schönsten Promenade umschaffen ließ, hatte Wien wirklich einen Mangel an nahe gelegenen Spaziergängen und Belustigungsörtern, und dazumal hatten Fremde Recht, wenn sie sagten, daß die ländlichen Unterhaltungen in Wien sehr kostspielend wären. Nun wird diese Klage nicht mehr Statt finden; denn der einzige Prater ist hinlänglich den Bewohnern der Kaiserstadt ein wohlfeiles und abwechselndes Vergnügen zu verschaffen. Wir rathen den Fremden, diesen Ort vor allen andern zu besuchen; sie können sich daselbst von der Bevölkerung dieser Hauptstadt eine

Idee

Idee machen, und den Geschmack und Karakter unsrer Nation besser, als irgend anderswo studiren. Der Prater schließt so manigfältige Schönheiten in sich, daß er einer Beschreibung des ersten Dichters würdig ist. Außer der dreyfach angelegten Alee ist alles Natur. — Der Prater liegt längst dem Donaustrom, und erstrecket sich auf eine halbe Meile. Stuwer brennt auf einem, eigends dazu bestimmten Platz seine Kunstfeuer ab, bey denen sich eine ungeheure Anzahl von Menschen einfindet. An diesen Tägen sind Nachts die Gänge durch den Wald beleuchtet. Fremde werden erstaunen, unter mehr, als zwölf Tausend Menschen, von so verschiedenen Klassen, die sich nächtlicher Weile in einem Walde beysammen befinden, nichts, als Ordnung, Eintracht und Sittlichkeit zu erblicken. Hier ist kein Unterschied des Ranges; der Adel mischt sich unter den Pöbel; und der Monarch selbst steht oft ohne Gefolge, von der Liebe seiner Unterthanen geschützet, mitten unter seinem Volk, und theilt seine Freuden. —

Ein anderer Lustort, der eben sehr häufig; aber nur von dem feineren Theil des Publikums zur Promenade besuchet wird, ist der schöne, mit allem Geschmacke angelegte Augarten; ein Ort, den Wien ebenfalls seinem grossen Kaiser zu danken hat. Er liegt in der Leopoldstadt an einem Arm der Donau, und wurde vorhin die alte Favorite genannt. Der Monarch ließ diesen fast unbesuchten Garten, mit vielen Kosten in einen der prächtigsten Spaziergänge verwandeln, neue Aleen anlegen die alten verlängern; einen artigen Speissal mit Erfrischungszimmern errichten, und zu noch grösserer Verschönerung an dem einem Ende dieses Gartens eine Terasse aufführen, von der man die herumliegenden Gegenden weit übersehen kann.

Ausser dem hat Wien noch zwey öffentliche Spaziergänge: das **Belvedere**, wo gegenwärtig die kais. Galerie ist, und den fürstl. schwarzenbergischen Garten. Sie liegen in einer sehr gesunden Gegend. Im ersteren zeichnen sich einige

Sta=

Pag. 208.

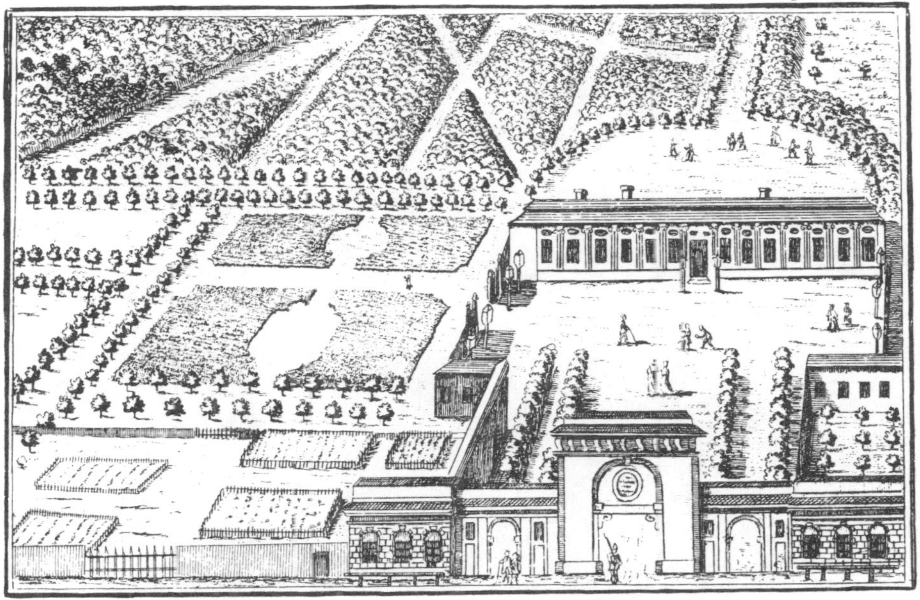

Pag. 209.

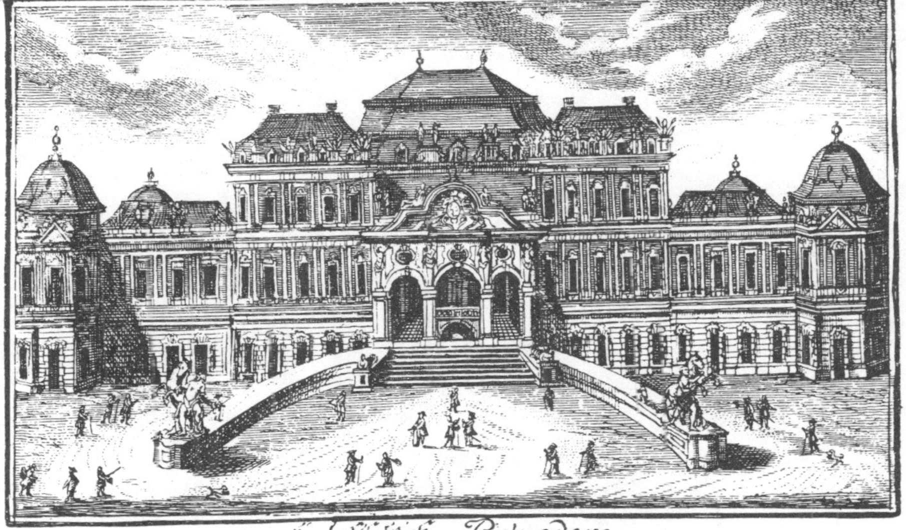

K. Lustschloß Belvedere.

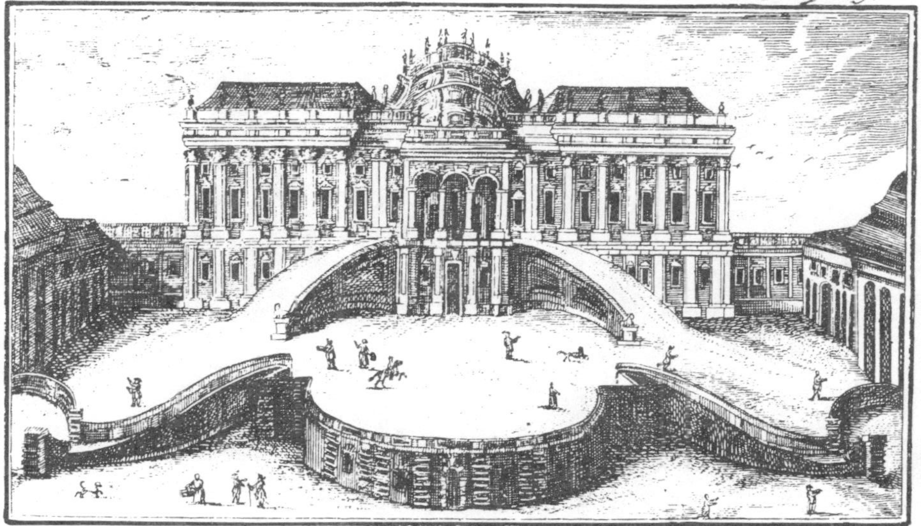

Fürstl. Schwarzenbergischer Pallast

Statuen und Gruppen in den Bassins aus. Der Schwarzenbergische hat starken Schatten, und viel Abwechselndes im Plan. Die Aussicht auf der Terrasse ist herrlich; überhaupt hat dieser Garten im Kleinen (die Simetrie weggerechnet) einige Aehnlichkeit mit den Englischen.

Am St. Brigitbetag findet sich in der Brigitbeau, die durch das ganze Jahr gesperrt ist, nicht weit vom Augarten, eine Menge Volkes ein. Nach dem Gottesdienste wird da getanzet, gespielt, geschmauset, und gezecht. Diese Au hat einige schöne Spaziergänge, besonders an der rechten Seite der Donau; aus Furcht aber, man möchte das Wild verscheuchen, dürfen die Menschen dieses schönen Spazierganges an diesem Tage nicht geniessen; und das macht es den Fußgängern beschwerlich; denn sie müssen die grosse Wiese wandeln, wo sie ausser dem unleidentlichen Staube der Karossen, noch der brennenden Sonne ausgesetzet sind.

Ausser den Bastelen, mit denen die ganze Stadt umgeben, und die gegen Abend stark besuchet werden, hat Wien innerhalb der Linien keine öffentliche Promenaden.

Es wird nun den Ausländern nicht unangenehm seyn, wenn wir ihnen die Lieblingsörter der Wiener anzeigen, die ausserhalb der Linien liegen.

Wir empfehlen den Fremden das k. Sommerschloß, Schönbrunn. Alles entspricht hier der Grösse der Monarchinn, die es bewohnt. Das Gebäude ist prächtig, die Meublirung kaiserlich, und nach dem feinsten Geschmacke. Im Garten ist alles beysammen, was die Kunst je Grosses hervorgebracht hat. — Majestätische Aleen, Kaskaden, Ruinen, Bassins, dunkle heilige Gebüsche Grotten, lebendige Quellen, Springbrünne, Piramiden, Labirinthe, Statuen, Wildniß, Pavillons, Teuche, Menagerien, Vögelgebauer, und eine auf dem Berg angelegte Kolonnade, mit der herrlichsten

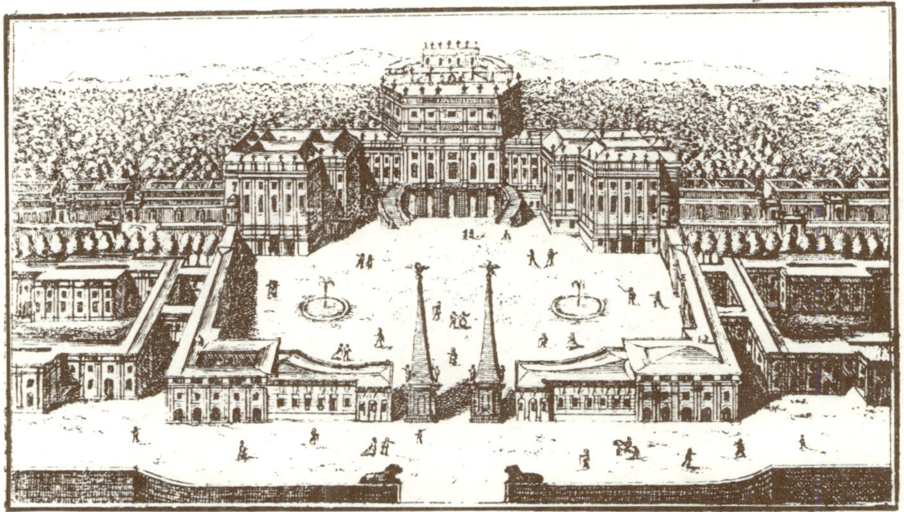

K. Lustschloß Schönbrunn.

Pag. 210.

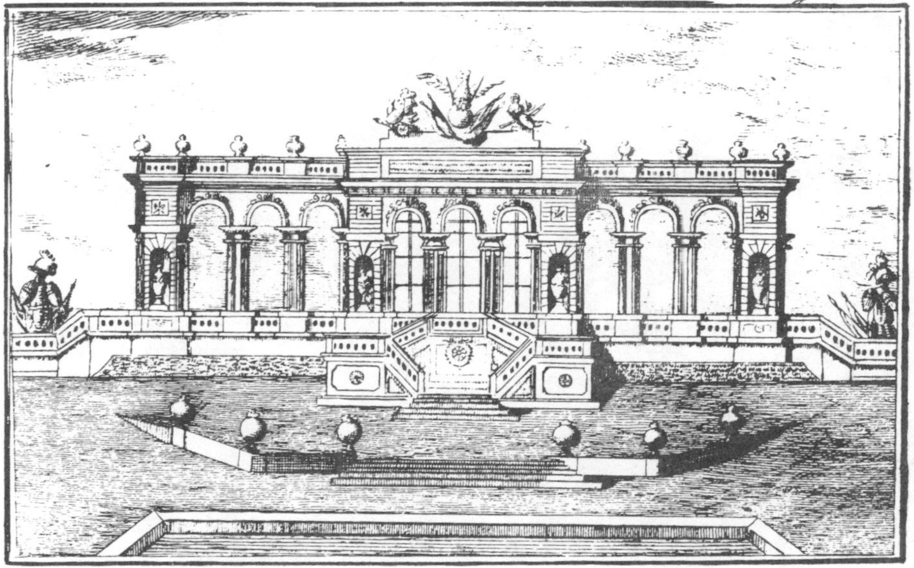

Pag. 210.

sten Aussicht. Seitdem die Monarchinn ihren Unterthanen ohne Ausnahme den Zutritt in dieses Elisium gestattet, wird es von Tausend und Tausenden besucht. Das Innere des Schlosses wird jedem Fremden gewiesen, sobald die Monarchinn nicht zugegen ist. Sie haben sich deswegen an den Schloßhauptmann zu wenden.

Noch ein anderes kais. Lustschloß ist **Laxenburg**. Eine drey Stunden lange Alee führet sowohl von der Favoritenlinie, als von Schönbrunn dahin. Der Hof bringt da nur wenige Wochen zu. Da es sehr entfernet ist, so wird es ausser der Zeit, wo das Lustlager da aufgeschlagen, nicht sehr häufig von den **Wienern** besuchet. Weit lieber wandeln sie nach **Mariabrunn**, **Burkersdorf**, **Mauerbach**, lauter angenehme Oerter, die mitten im Wald liegen, und die schönsten Spaziergänge anbieten. Man kann in **Wien** von den Linien aus um 3 Kreuzer eine Meile Weges fahren; eine Bequemlichkeit, die man nicht leicht in einer andern Hauptstadt antreffen wird. Auch der Kalteberg ist ein Lieblingsort der hiesigen Bewohner. Auf seinem Gipfel liegt ein Kloster, das von Kamalduensern bewohnt ist. Der Weg führt durch die schönsten Weingärten dahin. Fußgänger steigen den Berg in einer Stunde. Die Aussicht ist romantisch. — Man sieht die Kaiserstadt zu seinen Füssen liegen, wie in Nebel eingehüllet. Das Aug verliert sich auf einer unabsehbaren Fläche von fruchtbaren Feldern und Wiesen, und Wäldern, und glücklichen Dörfern. Man trinkt hier vortreflichen Wein — bekömmt aber kein Fleisch, sondern blos Fastenspeisen zu essen. Vom Kaltenberg kömmt man durch einen dunkeln Wald nach dem Leopoldberg, auf dem man noch Trümmer von dem Schloß antrifft, das einst der h. Leopold bewohnet hat. Man gewinnt hier die Aussicht von Seite der Donau, und erblickt bis hundert kleine Inseln, die auf ihrem Rücken daher zu schwimmen scheinen. Sie fließt dicht am Fuß des Berges vorbey. Das

Prä-

Präcipiz ist gräßlich, und der Berg von dieser Seite so hoch, daß man mit blossem Auge die auf den vorbeyfahrenden Schiffen befindliche Ruderknechte kaum unterscheiden kann.

Unter den anmuthigen Gegenden Wiens können wir Dornbach nicht mit Stillschweigen übergehen. Der Feldmarschall von Lasci hat da sein Lustschloß. Der Weg durch das Dorf ist nicht der angenehmste; aber um soviel schöner ist die Gegend jenseits des Schlosses, welches nicht prächtig, aber mit Geschmack eingerichtet ist, und dem philosophischen Geist seines Bewohners entspricht. Die Kunst hat hier wenig gethan, oder scheint wenigstens nicht viel gethan zu haben, so häufig sind die Spuren der unverfälschten reizenden Natur. Ausserhalb des Schloßgartens liegt ein kleines sans - souci. Man findet hier dichtverwachsene sich kreuzweis durchschlingende dunkle Gänge, von hellem rieselnden Wasser durchströmt, heilige Grotten, Pavillons mit entzückender Aus-

Aussicht, sanfte Rasenbänke am murmelnden Bache, zum hohen Denken bestimmte Lauben; dann ein kleines Ideal eines englischen Gartens mit Brücken, Teuchen, Auen, und gleich daran ein Wald mit der schönsten Jagdbarkeit. Noch ehrwürdiger wird dieser schöne Lustort, bey der Erinnerung, daß hier von seinem Bewohner, so viele der österreichischen Monarchie zum Ruhme gereichende Entwürfe gemacht worden. —

Um nach Dornbach zu kommen, muß man durch Hernals, wo der Kalvarienberg, und das h. Grab, welches nach dem Model desjenigen in Jerusalem aufgeführt ist, sich befinden. In der Fastenzeit, besonders, wenn die Witterung günstig, ist hier ein starker Zulauf. Die meisten gehen dahin, um zu sehen, und gesehen zu werden; wir ersuchen also die Fremden, sich keine nachtheilige Begriffe von der Andacht der Wiener zu schaffen.

Die übrigen Belustigungsörter sind Baaden, Simmering, Hüteldorf, Debling, Wäring (wo ein Sal ist, in dem man Abends ausgesuchte Gesellschaft antrifft) und die Auen zwischen den Donaubrücken. Keiner von diesen Orten bleibt an Sonn- und Feyertägen unbesuchet.

Im Winter unterhält man sich mit Spielen, Spektakeln, Akademien, Schlittenfährten, und im Fasching auf den Redouten, wo maskirte Bälle für alle Klassen ohne Ausnahme gegeben werden. — Kurz, ein Fremder, der Sitten und Lebensart mit sich bringt, wird in dem gastfreyen Wien über Mangel an Unterhaltung und Lustbarkeiten nicht klagen können. Wir dürfen dies ohne Großsprecherey sagen; denn die Herren Ausländer rechtfertigen uns selbst dadurch, daß sie alle so ungerne Wien verlassen, wenn sie einmal mit seinen Freuden vertrauter geworden sind.

Noch einige Merkwürdigkeiten.

Wir bitten alle Fremde, den auf dem Rennweg gelegenen und dem Herrn Professor von Jaquin anvertrauten botanischen Garten in Augenschein zu nehmen, und auch die Bienenschule im Belvedere nicht ungesehen zu lassen.

Von Seite der Baukunst zeichnen sich noch, die schöne **Karolikirche**, vor dem Kärntnerthor, der Pallast des Prinzen von **Hildburgshausen**, und die Wohnung der königlichen ungarischen Leibgarde aus.

S. pag. 215.

Kirche des H: Karls vor dem Karnerthore.

216.

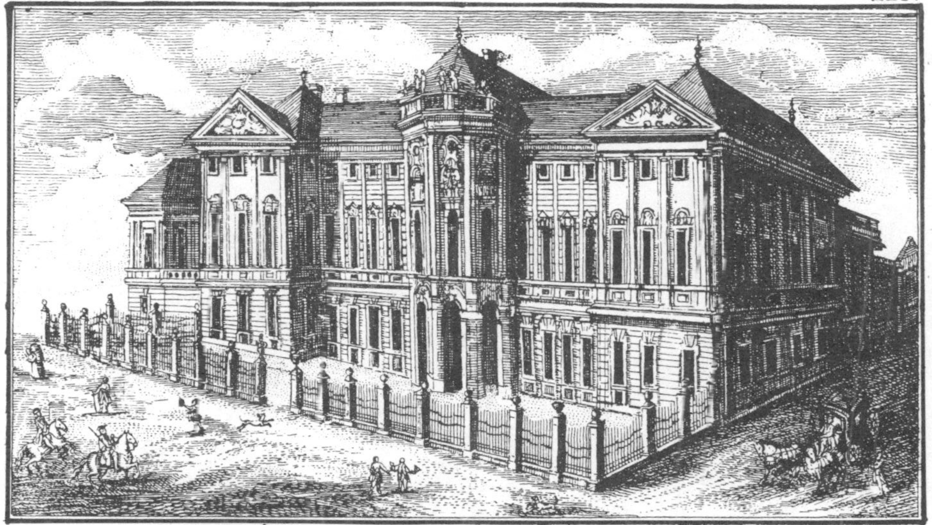

Pallast des Prinzen von Hildburgshausen.

Fürstl. Trautsohnischer Pallast; jtzt Quartier der Adelichen Hungarischen Leibwache.

Zeitungen und Journale.

Wien hat fünf politische Zeitungen: das Wiener Diarium, bey von Gehlen, eine französische und Kriegsnachrichten, bey Edeln von Trattnern; eine welsche und lateinische, bey Joseph Edeln von Kurzböck, bey dem auch die k. k. privil. Realzeitung ausgegeben wird, die von allen in Oesterreichs Staaten erscheinenden Schriften ein kritisches Verzeichniß liefert, und unter der Aufsicht der gegenwärtigen Verfassern sich auch bey den Ausländern ein entscheidendes Ansehen verschaffet hat.

Das Theaterjournal, welches sehr interessante Nachrichten von auswärtigen und inländischen Theatern liefert, wird vom Herrn Rath Schmidt ausgegeben, der zugleich die Aufsicht über das Lekturkabinet führet, wo man gute Journale und Bücher zu lesen bekömmt.

Zum Beschluß fügen wir an, daß in **Wien**, nach Art derjenigen zu **Paris**, eine kleine Post errichtet ist, die dem Publikum sehr viel Bequemlichkeit um wenig Kosten verschaffet.

Calvarienberg in Hernals.

Inhalt.

Seit.

Vorbericht.

Kurzer Begriff von der Stadt Wien. 11

Die Burg. 17

Die kais. Schatzkammer. . 24

Die Kabinete der Medaillen, Münzen, Phisik, und Naturgeschichte. . . 29. 30. 32. 36

Beschreibung des k. k. Büchersales. 41

Die

Seit.

Die Reitschule. 53

Die k. k. Bildergalerie. . . 54

Das k. grosse Zeughaus . . 56

Das Zeughaus auf der Seilerstatt. 62

Das Zeughaus auf dem Salzgriese. 63

Das bürgerl. Zeughaus. . . 66

Der windhagische und gschwindische Büchersal. 74

Andere öffentliche Gebäude. 77

Vorzügliche Privatgebäude. 80

Bildersammlung in dem grossen lichtensteinischen Hause. 83

Be-

Seit.

Beschreibung der merkwürdigsten Kirchen und Klöster. . 89

Die merkwürdigsten öffentliche Denkmäler. 145

Verzeichniß der raresten Gemälde, welche in Kirchen und Klöstern zu sehen sind. . 154

Manufakturen und Fabriken. 180

Ein Verzeichniß der k. k. Niederleger und Großhändler. 186

Besondere Kabinete und Sammlungen in Privathäusern. 189

Antiquitäten = Kuriositäten= Naturalien, und andere Kabinete. 191

Das k. k. Theresianum. 194

Ein

Seit.

Ein Verzeichniß der akademischen Künstler. 196

Oeffentliche Spaziergänge und Belustigungsörter. . . . 206

Noch andere Merkwürdigkeiten. 216

Zeitungen und Journale. . . 117